U0559103

第六轮宁波市哲学社会科学研究基地课题
"中外合作大学生活–实践育人模式研究——宁波诺丁汉大学的探索与实践"
（编号JD6-063）结项成果

中外合作大学生活—实践育人模式研究

宁波诺丁汉大学的探索与实践

董红波 等◎著

STUDENT LIFE AND EDUCATION IN SINO-FOREIGN COOPERATIVE UNIVERSITIES:
INSIGHTS FROM UNIVERSITY OF NOTTINGHAM NINGBO CHINA

ZHEJIANG UNIVERSITY PRESS
浙江大学出版社
·杭州·

图书在版编目（CIP）数据

中外合作大学生活-实践育人模式研究：宁波诺丁汉大学的探索与实践 / 董红波等著. -- 杭州：浙江大学出版社，2024. 6. -- ISBN 978-7-308-25152-5

I. G641

中国国家版本馆 CIP 数据核字第 2024P9J023 号

中外合作大学生活—实践育人模式研究：
宁波诺丁汉大学的探索与实践
ZHONGWAI HEZUO DAXUE SHENGHUO-SHIJIAN YUREN MOSHI YANJIU：
NINGBO NUODINGHAN DAXUE DE TANSUO YU SHIJIAN

董红波　等著

策划编辑	吴伟伟
责任编辑	陈逸行
文字编辑	梅　雪
责任校对	马一萍
封面设计	雷建军
出版发行	浙江大学出版社
	（杭州市天目山路 148 号　邮政编码 310007）
	（网址：http://www.zjupress.com）
排　　版	浙江大千时代文化传媒有限公司
印　　刷	杭州高腾印务有限公司
开　　本	710mm×1000mm　1/16
印　　张	16.25
字　　数	219 千
版 印 次	2024 年 6 月第 1 版　2024 年 6 月第 1 次印刷
书　　号	ISBN 978-7-308-25152-5
定　　价	78.00 元

版权所有　侵权必究　　印装差错　负责调换

浙江大学出版社市场运营中心联系方式　　（0571）88925591；http://zjdxcbs.tmall.com

序　一

在中国高教界，宁波诺丁汉大学是一个独特的存在。作为我国第一所具有独立校园、独立法人资格的中外合作大学，今年正好建校 20 周年。作为宁诺的创始人之一，回望廿载风华，我耳边常常回响起时任浙江省委书记习近平同志的寄语："宁波诺丁汉大学的创建和成立，开创了我国高等教育与国外优质高等教育资源相结合的先河，为中国教育走向世界创造了一种新的模式，也为高等教育发展注入了新的活力，提升了高等教育的办学水平。"2006 年 2 月 23 日，宁波诺丁汉大学校园落成，习近平同志出席落成仪式。①

回望，总是令人激动。总书记的嘱托始终激励着我们一路前行。宁诺创建伊始，我们就定下了明确目标：创办世界一流的大学，为世界了解中国、中国走向世界，提供独特的宁诺方案。流淌着一腔热血，敢为天下先，初心不改，使命必达。办学 20 年取得了骄人业绩，宁诺的创办被载入教育部编制的《奠基中国——新中国教育 60 年 60 件大事》。

作为第一所中外合作大学，宁诺天然地具有创新性、探索性特征，但必须解决好培养什么样的人、如何培养人以及为谁培养人这个根本问题，把立德树人作为中心环节。宁诺的办学实践，从教育学生学会做人、学会做事这些最基本的要件起始，专业课与思政课紧盯学生的成长规律，从生活习惯、生活礼节、诚信友善等基础价值教育入手，让

---

① 本书编写组.干在实处　勇立潮头：习近平浙江足迹[M].北京：人民出版社；杭州：浙江人民出版社，2022：336-338.

思想政治工作回归社会,回到生活。可以说,"生活思政"的深入实施,创造性地落实了教育行政管理部门有关大学生思想政治教育的要求,抓住了中外合作大学的教学特征、学生特点,成为构建大思政工作体系的重要组成部分。

做好思政教育的重要性和必要性毋庸置疑,在中外合作大学如何更好地开展思政教育,是一个需要持续思考和深入实践的大课题。在宁诺,师生来自全球60多个国家和地区,各国的文化和思想在这里碰撞和交融,专业课程以原汁原味的英伦高校教学为主基调和主内容,而对于落实《中华人民共和国中外合作办学条例》有关思政课的要求,不管是师资配备,还是教学模式或是教学方法,仅仅照搬传统高校的思政课堂模式,教学效果以及教育成效不尽如人意。为此,我们认识到要上好思政课,更应注重学生教学课堂之外的场域,更应落脚于日常生活。

以"大思政课"拓展全面育人新格局,把思政小课堂和社会大课堂结合,宁诺的深入实践探索,实现了专业课与思政课的"双向奔赴"。让人感到欣慰的是,宁诺已培养的2万多名本科毕业生中,近85%选择继续留学深造,其中近90%的学生进入世界百强院校,30%的学生进入世界综合排名前十的顶尖名校。学生在国外完成学业后,又有90%以上的学生选择回到祖国发展。高回国率的深层原因,与宁诺的思政育人高度相关。

2018年,我们提出了"生活思政"理念:学生在学校学习,学会做人是本质,后勤也是非常重要的育人平台。后勤管理服务人员也是学校的一份子,也负有育人之职责。学生思想政治工作队伍不仅有专职辅导员,还包括生活园区的生活老师,构建全方位、立体化、多层次的学生思想政治教育工作团队,各类育人主体形成协同协作机制,落地落实思政要求,以实现1+1+1≥3的工作效果,即"生活思政"。同年12月,中共浙江省万里教育集团委员会发布《关于积极推进"生活思政"建设的指导意见》,这是浙江万里教育集团第一个有关"生活思政"的专门文件,成为宁诺推进"生活思政"工作的总纲领。

2019年1月，为进一步推进"生活思政"工作，中共宁波诺丁汉大学委员会印发《关于开展"生活思政"建设工程的实施意见》的文件，宁诺后勤服务中心成立"生活思政"工作室，对内涵定义、顶层设计、路径规划、工作支持等予以明确界定。

宁诺党委结合中外合作大学工作实际，总结归纳了"4321"党建工作新模式，获评2020年宁波市教育改革创新十大典型案例。其中"1"指的是一门课，即思政课。宁诺在"思政课程""课程思政"之外，落实"生活思政"的理念，三者相辅相成，把立德树人深植在学校管理和服务的基因中，一以贯之地开展"大思政"教育。

要完成立德树人的根本任务，不仅要着眼于课堂，还应该回归生活。课堂以外的校园生活是践行包括社会主义核心价值观在内的核心素养的重要场所，学校思想政治教育理当涵盖第二课堂，从而构建从课堂到校园、从校园到社会的全过程思政工作体系。在实施日常思政教育的过程中，责任部门不能仅仅局限于学生工作部门，而应拓展至其他行政管理和后勤服务等。

《中外合作大学生活—实践育人模式研究——宁波诺丁汉大学的探索与实践》一书，研究和阐述的是"生活思政"的宁诺模式，探索和实践的是中外合作大学在"思政课程"和"课程思政"之外的第三条思政教育路径，总结和凝练的是20年来宁诺"生活思政"教育的内涵经验。本书探讨并验证思政教育源自生活，提炼并培育学生今后生活应具有的素养与品质，为"生活思政"的理论研究与实践应用做了有效论证和素材补充。

"生活思政"的本质就是落实培养具有家国情怀的国际化人才。从中外合作办学的特色和实际出发，借鉴吸纳国内外高等教育"育人"理论和实践经验，创新性构建宁诺学生发展核心素养的指标框架，进一步具化和明晰人才培养需求，提出宁诺生活—实践育人模式的六大核心素养：人文素养、健康素养、自我管理、社会责任、国际认同和跨文化交流。

实践推动理论不断迭代更新,使本书的应用性和实践性特色凸显。学工、身心健康、安保、后勤四大功能在宁诺校园实现有机统一,从组织上保证立德树人的根本任务在教学区和生活区全面落实;学生工作队伍从教学区延伸到生活区,在业务上接受学务中心指导,从机制上保障党建与思政教育在生活区有效落地;身心健康中心加强心理健康支持与服务,使身心健康工作更加体系化、标准化、规范化;安全与保卫办公室在全校范围织密织细安全保护网络,确保师生校园安全保障;后勤事务中心在生活区设立"一站式服务中心",在空间上保证"温度后勤"有效实施。

本书集 20 年宁诺思政工作总成,包括理论总结和经验积累的内容,自然需要时间和实践的检验。衷心希望读者们不仅把这本书作为一本总结汇编性读物,还可将此作为一个引子,一个关于中外合作高校思政工作的"火种"。希望本书能引起业界同行对中外合作大学思政教育的关注和思考,开启深入研究中外合作大学"生活思政"的一个新起点,进而深度思考中外合作高校的发展与未来。

当然,如果对于思政教育体系严整的国内其他高校有所借鉴的话,那是本书的额外之喜。

是为序。

应 雄 研究员

浙江省万里教育集团党委书记、董事长

浙江万里学院董事长

宁波诺丁汉大学原党委书记

2024 年 6 月

序 二

宁波诺丁汉大学是经教育部批准的中国第一所中外合作大学,国际化程度高,充满发展活力,其优异的教学质量与海外名校高升学率令人印象深刻。在这样一个多元文化碰撞的中外合办大学中开展生活—实践育人模式的思政工作探索,无疑是一件富有挑战且很有意义的事情。《中外合作大学生活—实践育人模式研究——宁波诺丁汉大学的探索与实践》一书的出版,生动而具体地回答了这个问题。

本书以马克思主义和习近平新时代中国特色社会主义思想为指导,遵循思想政治教育的基本原理,根据国际国内形势的深刻变化以及高校思想政治教育领域出现的新情况,结合中外合作大学实际,紧紧围绕生活—实践育人模式这一核心,进行了深入的理论思考与实践探索。

本书具有如下显著特点:

第一,传统文化与现代文化相统一,挖掘精神内核,讲好中国故事。本书追溯中国传统文化中与思政相关的教育理念,解读近现代专家相关论述,讲述中外合作大学的生活实践案例,展示了学生如何在日常生活中践行中国传统文化和新时代背景下"大思政"的深刻意义。这种育人模式不仅注重引导学生领悟传统文化的精神内涵和价值观念,做好守护者和传承者,而且鼓励学生以开放、包容、平等的姿态,了解不同文化之间的差异和联系,促进文化交流和融合。值得一提的是,生活—实践育人模式采用外国学生"听得懂""听得进""听得信"的方式,更好地传播中国文化,在为学生提供更加广阔的学习和发展空间的同时,也为传播中国文化、讲好中国故事做出了积极贡献。

第二,国内与国际的教育理念相融合,探寻育人共性,实现有机融合。本书探讨了中西方教育的育人理论,寻找国内外共性的育人规律,进而发现了"生活思政"的育人目标,提出了宁波诺丁汉大学学生发展核心素养体系。该体系明确身为宁诺学子应当具备的六大核心素养,即人文素养、健康素养、自我管理、社会责任、国家认同和跨文化交流。在此核心素养体系下培养的国内外学生,不仅具有较为扎实的专业知识和技能,而且具备较为宽广的国际视野和浓郁的家国情怀。

第三,理论思考与实践探索相结合,理论指导实践,实践丰富理论。本书遵循实践创新发展的一般规律以解决实际问题,同时由经验上升为科学理论,在实践的基础上进行理论创新。从理论依据的追溯到理论框架的建立,从育人目标的构建到育人途径的确认,从育人原则的概括到育人方法的凝练,辅之阵地建设、制度建设等多重保障,最后落脚在丰富的育人成效上。本书将"立德树人"的根本任务贯穿思政育人工作始终,注重培养学生的文化自信和历史使命感,充分体现了中外合作大学思政育人工作的理性探究和实践特色,其中不乏有新意的思考和有创新的实践。

第四,思政教师与育人团队相协同,整合工作力量,形成育人合力。本书强调思政教育不仅要有课堂内的传道授业,还要在课堂外全面激活与提升学生工作和后勤服务团队的育人功能。学生工作注重对学生日常生活的关心关爱与身心发展;后勤服务团队则侧重为学生营造一个健康、安全、和谐的生活环境。两个维度相互补充,使思政育人体系覆盖学生成长的全过程。书中展示了宁波诺丁汉大学的思政工作者们深入剖析学生工作、后勤服务工作的核心职责,定位和思考这些岗位的设置和意义,更好地阐释了它们在学生成长中的重要作用,并在实际工作中不断探索和创新,做到了思政教育与学生的日常生活紧密结合,从而为学生的全面发展提供了有力的保障。

《中外合作大学生活—实践育人模式研究——宁波诺丁汉大学的

探索与实践》一书,不仅对中外合作大学的思政工作具有重要的学术价值和实践价值,而且对其他类型的高校育人工作也有很好的参考价值。适逢宁波诺丁汉大学 20 周年校庆之际,衷心祝愿宁波诺丁汉大学开先河、探新路、结硕果,在中外合作大学生活—实践育人模式研究上百尺竿头,更进一步!

马建青

国家万人计划教学名师

浙江省思想政治教育学科研究会会长

浙江大学二级教授,博士生导师

2024 年 6 月

目　录

第一章　生活—实践育人模式的研究导论

第一节　生活—实践育人模式的研究缘起

中外合作大学是我国在高等教育国际化进程中出现的特殊类型的高等教育机构,它突出中外两所大学在办学过程中的合作,借以引入国外优质的高等教育资源。党的二十大报告指出:"教育是国之大计、党之大计。培养什么人、怎样培养人、为谁培养人是教育的根本问题。育人的根本在于立德。全面贯彻党的教育方针,落实立德树人根本任务,培养德智体美劳全面发展的社会主义建设者和接班人。"中外合作大学虽然表现出了突出的国际化特色,但也不能忽略为谁培养人的根本问题和立德树人的根本任务,需要在培养德智体美劳全面发展的社会主义建设者和接班人方面贡献力量。因此,需要通过加强思想政治教育工作培养学生较高的思想道德素养。鉴于传统的思政教育主要局限在课堂教学中,中外合作大学需要通过思政教育模式创新,将思想政治教育的因素渗透到学生校园生活的各个层面,落实"把思想政治工作贯穿教育教学全过程,实现全程育人、全方位育人"的教育方针。为此,中外合作大学需要探索思政教育生活化的新路径,这不仅是为了落实国家的相关教育方针,也是由中外合作大学的特殊校情决定的,是建设高水平中外合作大学的必然要求。

一、中外合作大学与思政教育模式创新

中外合作大学作为特殊类型的高等教育机构,由中外两所大学合作举办,具有独立法人地位和独立校园,独立开展教育教学活动,是中外合作办学机构中的高级形式。第一所中外合作大学——宁波诺丁汉大学(简称宁诺)在 2004 年成立以后,我国陆续成立了西交利物浦大学、北京师范大学-香港浸会大学联合国际学院、昆山杜克大学、上海纽约大学、温州肯恩大学、香港中文大学(深圳)①、深圳北理莫斯科大学、广东以色列理工学院、香港科技大学(广州)②等十所中外合作大学,对于我国高等教育领域的国际化产生了广泛而深远的影响。

在思想政治教育方面,中外合作大学坚持国家的相关教育方针,积极配合习近平新时代中国特色社会主义思想建设,努力不懈地探索如何做好引导学生成人成才的工作,为国家培养兼具全球化技能与本土思想素养的人才。尤其是在当今风云变幻的国际形势下,作为中外思想汇聚碰撞场所的中外合作大学,思想政治教育工作如何能守住本土立场以进一步提升人才培养的质量,这是必须仔细思考的问题,而解决这个问题依靠照搬照抄传统大学的思政教育模式是不行的,要创新思政教育模式,探索出适合中外合作大学的思政教育新路径。

二、生活—实践育人模式的提出

长期以来,思政教育的主要运行状态是"自上而下"的单向知识传递,缺乏与教育者的良性互动和与实际生活的交互,因此要提高思政教育的成效应该使思政教育回归现实生活。宁波诺丁汉大学原党委书记应雄认为,回归生活不应该只是简单地满足物质需求,而应该是人生的社会实践大事。因此,从本质内涵来看,生活—实践育人模式是一种成人教育,即推动生命更加完整、成全人生的教育。以 2020

---

① 内地与香港合办的大学按照中外合作大学的政策执行。
② 内地与香港合办的大学按照中外合作大学的政策执行。

年的新冠疫情为例,我们发现,个人的生活实实在在地连接着国家和全球的未来发展。中外合作大学作为中外文化交织的国际社区,如何推进思政教育工作实现"大德不德、上善若水"?如何向国际社会传递可供借鉴的中国经验、故事、文化?学校的思政教育工作者期冀通过更深度的资源统筹和研究来贡献力量。从具体内容来看,中外合作大学思政教育工作的实施,需要充分关注学生品牌、文化品牌和国际品牌这三个维度。具体来讲,引导学生在国际社区中学会生活的需要,推进中国文化深度传播的需要,国际对话交流的实际需要,都必然将思政教育导向生活,成为中外合作大学创新生活—实践育人模式的现实依据。

(一)经营学生品牌:引导学生在国际社区中学会生活的需要

中外合作大学赖以生存的第一条件是学生的发展。从办学实际来看,学生的需要是中外合作大学必须考虑的重要内容。这不仅是因为大学的主要职能是人才培养,而且学生是中外合作大学的直接客户,学校办学经费的主要来源是学生的学费。因此,对学生负责是办学活动中需要坚持的基本原则。此外,中外合作大学的学生除了关注学术进步,也日益关注学会生活,认为学习的不只是知识技能,而是终身学习、生活学习。这一点与中外合作大学发展战略所持的观点不谋而合,如宁波诺丁汉大学发展战略中的一项战略目标是"丰富校园体验",旨在使校园能够满足师生对开放、丰富、有启发性的社会、文化和体育生活的需要。这意味着大学为学生提供的服务不能局限于学术方面,而是要扩展到学会生活的更多领域。

事实上,中外合作大学的学生在求学阶段的第一年,其身处的生活环境必定会蕴含大量的挑战。一方面,这些挑战与传统大学有类似之处,包括人际交往活动、自我管理活动的适应性调整,因为大学的生活不再像高中的生活总是有老师跟着、蹲点监督着。另一方面,中外合作大学的学生还会面临比传统大学的学生更加复杂的环境,比如在跨文化交流的国际社区环境中,每天都会遇到很多文化冲突和观点碰撞的情况。以作息习惯为例,一些外籍学生习惯晚睡,夜里还十分活跃,而一些中国学生睡得相对较早,觉得被噪声干扰,由此产生了一些矛盾。因此,引导中外合作大学的学生从入学时就对学会在国际社区生活有基本的态度、认知并做好相关准备,显得十分迫切。

从现实的挑战来看,大学生的"晚期现代性"问题日益凸显。英国学者吉登斯认为,现在,处于多元化的"风险世界",很多人其实心理上出现了一种特质,即个人的无意义感在加剧,心灵的不安和焦虑日益凸显,这种心理现象被其称为"晚期现代性"。[①] 笔者所在的课题组曾对宁波诺丁汉大学部分教师进行访谈,发现教师也普遍感受到"00 后"学生比以往的学生出现更多的心理问题。据了解,这些心理问题产生的主要原因并不是对学习成绩的担忧,而是情感受挫、亲子沟通受阻、自立能力不足、自制力不够、时间管理能力不强等。根据 2019 年发布的中国精神卫生调查(China Mental Health Survey,CMHS),我国各类精神障碍的终生患病率为 16.57%,高于 1982 年的 1.27%,且过去 30 年,大部分精神障碍的患病率都有升高。[②] 在宁波诺丁汉大学接受心理咨询的同学比例近几年也一直呈上升的态势。可见,在这样的背景下,大学为学生甚至家长提供合适的服务就显得十分迫切。这就表明,大学在引导学生成人成才的过程中已经不能仅仅停留于引导学生学会学习,而要引导他们学会健康地生活,促进其形成积极的心理品质,理解生命意义和人生价值。应该讲,教育不仅要面向中外合作大学学生的学习活动,而且应该为学生一生之久的幸福人生奠定基础。

很多学生向课题组反映,自己对于国际社区中学会生活的认识停留于抽象层面,因此期待学校能够尽快制定更加具体的指标体系。课

---

① Giddens A. Modernity and Self-identity: Self and Society in the Late Modern Age[M]. Redwood City: Stanford University Press, 1991: 10.

② Huang Y, Wang Y. Prevalence of mental disorders in China: A cross-sectional epidemiological study[J]. Lancet Psychiatry, 2019(3): 211-224.

题组认为,学会生活至少应该包括学会珍惜生命、学习健康的生活方式以及服务社区的生活技能。另外,伴随着不同年级的学业发展情况,学会生活的具体实施应该在侧重点上存在差异。诚然,培养学生学会生活只有化为广大学生内心愿意接纳、认可的目标,才能发挥真正的教育价值。另外,课堂以外的校园生活也是教育的场所,培养学生学会生活应该涉及校园生活的方方面面,不应只局限在某一门课程、某一个部门、某一个环节,而应该成为学校人才培养的持续性的系统工程。

(二)经营文化品牌:推进中国文化深度传播的需要

经营文化品牌是中外人文交流机制的内在要求。对于中外合作大学来讲,大多数学校采用全英文教学,这成为学校办学的标准化措施。然而,面向未来的发展趋势,中国文化会日益成为学校充满生命气息的助力。研究发现,就学校办学经费筹措而言,很大程度上仰赖当地社会资源的支持。因此,中外合作大学利用好国家积极推进中外人文交流机制的契机,加快对外传播中国文化,这是顺势而为的明智之举,也是宁波诺丁汉大学未来发展"上天入地"工程的纽带。为此,我们需要不断反思的一个问题是:我们的校园是否已经真正成为中国文化传播的平台?我们还可以从哪些方面加以推进?

从市场营销的角度讲,消费者越来越重视品牌能否与自己的文化认同相契合,经营本地文化品牌具有重大经济价值和社会价值。因此,中外合作大学获得发展的有利资源是融入中国元素。这不仅是中国教育走向国际化的现实基础,也是英国诺丁汉大学在中国办学的内在要求,更是区域经济社会发展的迫切需要。宁波诺丁汉大学是中国境内的大学,其招收的学生以中国学生为主,同时也招收来自全球的外籍学生,学校所在的位置是中国文化丰富深厚的浙江宁波,学校招募的教师来自全球。这些特点不仅意味着校园内存在传播中国文化的现实需要,而且存在中国资源综合运用的条件,更具备推动中国文化走向世界的可能性。

从国际层面看,世界舞台需要中国元素和中国声音。近些年,联合国提出世界各国正面临全球性的挑战,需要各国发出声音和提供解决对策。伴随着中国经济实力的增强,面向未来发展,中国在全球具有举足轻重的影响力,在高等院校求学的学生有必要了解中国元素、中国国情、中国文化等。作为国际社区典型代表的中外合作大学一直紧密关注中国的发展,并在人才培养方面探索新路,试图在国际舞台展现中国特色。因此,中外合作大学的教育也必须体现中国特色和文明。应该讲,不仅是世界需要中国的声音,而且中外合作大学也需要有中国特色的声音以推进学校的办学。

此外,了解中国文化不仅是中国学生的需要,而是中国学生和外籍学生的共同需要。因此,无论是中国学生还是外籍学生,都应该具备一定的中国文化素养。素养是指素质、修养,本身就蕴含着中国传统文化的精髓。《汉书·李寻传》提及"马不伏历,不可以趋道;士不素养,不可以重国"。对中国文化的深度了解有助于形成合宜的素养。一方面,就中国学生而言,大多数中外合作大学的学生来自全国多个省份,分布十分多元化。绝大部分学生是因求学首次来到宁波,对于宁波的文化比如饮食、旅游、民俗、艺术等都是十分感兴趣的。然而,学生平日将更多时间投入学业,对中国文化以及当地文化相对缺乏深度认知和文化自信,尤其当中国学生走出国门求学时越发感受到自身存在这些问题。另一方面,对中国文化的需要还实实在在地存在于外籍学生中。事实上,在中国求学的外籍学生对了解中国文化有迫切的诉求。在调研的过程中,很多外籍学生向课题组反映,自己之所以愿意来中国求学,主要是希望能够借着接触中国学生的机会更好地了解中国文化。他们不仅希望能掌握中国的语言,而且盼望能更好地与中国人打交道。有部分外籍学生感觉自己有时会有孤独感,其中的部分原因是自己对于中国文化缺乏深度了解。因此,学校着力引导中国学生在学校的国际社区中传讲中国故事,将加快推进外籍学生在中国社会中体验中国文化作为重点工程,将着力深化中国学生和外籍学生的多元互动作为行动方向。

中国元素的融入,更是中外合作大学未来持续发展的助推器。就我国政府对中外合作大学的办学期待而言,中外合作大学不能等同于外方合作大学,必然要求融入中国文化的元素。此外,就学校与地方的关系而言,一所大学若想要获得持续发展,必然需要思考如何用好所在地区的资源以及如何推动地方经济文化的发展。自 2004 年第一所中外合作大学——宁波诺丁汉大学成立至今,中外合作大学已经走过了 20 个办学年头,在面向未来的发展过程中,只有获取更多的中国资源、深度地融入中国元素、增加社会资本和智力资本,才能在中外合作办学发展中形成品牌特色和办学优势。

近些年,各所中外合作大学都在加快研究思政教育工作方式,探索适合这类大学持续发展的中国文化传播模式,期待这些路径也能使广大学生的中国文化素养有所提高。然而,面对中外合作大学的进一步发展,学校该如何把握中国文化的精髓和特色,该如何经营学生喜闻乐见的传播路径,又如何立足本地文化的精髓进行积极探索,这些都是中外合作大学未来育人工作需要关注的内容。鉴于上述情况,课题组基于学生需求发现,就中国文化元素而言,可从两大方面进行可行性设计:(1)就中国文化的内容框架而言,重点要放在以宁波文化为代表的地方特色文化,以宁诺为代表的中外合作大学办学文化,以及宁诺的中国籍教师的生命成长育人文化。(2)就中国文化的国际传播路径而言,重点对学校的物质环境进行设计,包括赋予学术区和生活区以文化意蕴,对第二课堂文化活动进行精心设计,以及构建以思政课堂为主、专业课堂为辅的课堂文化体系。

(三)经营国际品牌:国际对话交流的实际需要

中外合作大学是一个国际社区,因此教育也需要满足国际对话的现实需要。从本质上来讲,这是由中外合作大学办学的特殊性质所决定的。中外合作大学的师生来自全球不同的国家和地区,其治理决策层由中外双方具有不同文化背景的人员构成,校园内存在的文明是多样多元的,比如宁波诺丁汉大学就存在 40 多种不同国家和地区的文明。可以说,这俨然是一个多元文化并存的国际社区。应该讲,国际社区的属性要求将全球视野、世界眼光融入生活—实践育人工程。对话交流、互鉴互观是人员沟通的基本原则,跨文化交流的社区特点是生活—实践育人工程需要考虑的维度。基于制定过程需要考虑"研发、培育和践行"三个梯度,因此,在国际对话和交流这一维度上,也有必要对涉及的三大实施主体进行充分的沟通、理解,唯有如此,才能真正推进这一系统工程的落实。

其一,从战略管理来看,中外合作大学有中外双方办学者,这意味着办学过程必定包含中外之间的对话交流。以宁波诺丁汉大学为例,根据未来五年的发展战略,作为外方的合作方英国诺丁汉大学近些年日益重视高等教育机构与学生的关系,认为英国的高等教育正在发生实质性的转变,重视推进消费者导向模式,使高等教育机构为学生提供合适的个性化服务成为核心主题。因此,制定生活—实践育人工程也是其中的内在要义之一。

其二,从人才培养来看,广大教师普遍认为,生活—实践育人工程需要培养的核心素养与专业素养存在不同,它是针对不同背景的所有学生所要求的基本素养,其主要理念在于引导学生学会如何与不同学科背景、不同文化背景的人们共处与合作。尤其是在大学一年级阶段,中外合作大学的教师面向多元化的学生实施教学,包括讲座、讨论课等形式,很多教师明显感受到教学的挑战。尽管部分教师也了解目前许多国家以及相关国际组织都发布了相应的育人工程指标体系,但面对中外合作大学的学生状态,特别期待能够在学术评价领域开发出切实的生活—实践育人工程来辅助人才培养。

其三,从学生的日常实践来看,在中外合作大学本科生教育领域,比如跨学科的合作交流以及社团活动实施中,部分学生也明显感受到推进生活—实践育人工程的迫切要求。具体来讲,无论是在具体的学术领域还是生活领域,学生们都深刻体验到复杂的跨文化交流的挑战。部分学生反映，平时自己会与来自不同国家和地区的同学一起参与小组学习，但总觉得在很多事情上仍然很难理解彼此。可见，跨文化沟通能力不应只存在在课堂里，还应体现于生活实践中。人类命运共同体、跨文化的人文基础、中外人文交流机制这些内容应该成为各个高等院校关切的内容。因此，要引导学生形成基本的国际理解的素养，包括关注人类面临的全球性挑战，理解人类命运共同体的内涵与价值，建立绿色生活方式和可持续发展理念，共同解决全球气候变暖、资源短缺等环境问题。深化生活—实践育人工程，引导广大学生从容面对跨文化交流这种复杂环境，也是生活—实践育人工程需要考虑的实践问题。

其四，从国际品牌的未来设计来看，我们在推进生活—实践育人工程的过程中需要从三个维度进行反思：一是英式的教学品牌文化有没有与立德树人的结合点？二是英式的服务社会文化有没有与当地社区开展合作的可能性？三是英式的科研发展文化有没有可能形成与生活区、宁波市的企业合作的机会？

综上所述，中外合作大学为了持续推进育人工作和思政教育品牌建设，有必要加快制定符合这类学校实际的生活—实践育人工程实施体系。系统考虑上述的现实依据，加快推进三维品牌经营，不仅有助于使实施体系更加符合校情、学情、国情，而且能极大地推动学校多元实践项目的真正落地，更有助于相关利益者的合作交流、资源互惠，促进国际性人才的深度落地，推动中外合作大学未来的跨越式发展。可以说，经营学生品牌是中外合作大学的立校之本，经营文化品牌是中外合作大学的发展之机，经营国际品牌则是中外合作大学的特色优势。只有对这三维品牌用心经营，形成内在联动，才能持续推进生活—实践育人工程的落地以及人才培养工作的特色落实。

第二节　生活—实践育人模式的文献综述

学界尚无直接关于生活—实践育人模式的研究，相关文献主要集中在生活德育、思政生活化、生活思政等领域。

一、关于生活德育的研究

高校思政教育的根本任务在于培养"德智体美劳全面发展的社会主义建设者和接班人",因此德育乃思政教育的重要组成部分,有关生活德育的研究可以为生活—实践育人模式的研究提供借鉴。较早阐述生活德育思想的是美国教育家杜威,他从"教育即生活"的理念出发,认为德育的目的是培养对民主社会生活有用的好人,这种人必须具备民主社会生活所需的优良道德品质,同时还需要具备参与民主社会生活的能力。在德育途径方面,杜威认为道德教育的基本途径就是参与社会生活,因此要对学校、德育内容、德育方法和学科进行生活化的改造。对学校的改造要求使学校本身具有社会生活的全部含义,并将校内学习与校外学习连接起来。对德育内容的改造要求学校呈现真实而生机勃勃的生活,像学生在家庭和社区所经历的那样。对德育方法的改造要求更多地依靠学生的智能,通过探究和讨论来解决道德问题。对学科的改造要求依据某一占主导地位的典型的社会生活的目标或过程来划分学科,而不是按照传统学科的分类标准进行分类。①

陶行知继承和发展了杜威的"教育即生活"理念,提出了"生活即教育"的思想,而德育作为教育的重要组成部分也要在生活中展开,人生活的现实环境和各种生活经验,以及人对生活环境所持的态度成为其生活德育思想的重要组成部分。具体来说,陶行知认为,德育不能与社会割裂,社会所遭遇的重要问题也是德育必须触及的重要问题。陶行知所赞成的教育是大众的教育,因此德育就要培养群体生活的秩序感和荣誉感,其基本路径就是"教学做合一"。②

杜威与陶行知的生活德育思想虽然论述了生活与德育的关系,但

---

① 宋庆文.有用的好人——试析杜威生活德育思想[J].山西财经大学学报(高等教育版),2008(4):129.

② 蔡晓平.陶行知生活德育思想摭论[J].广州大学学报(社会科学版),2013(7):38-41.

相关内容并没有形成一个独立的理论体系。高德胜提出了生活德育论,认为生活德育主张从学生的生活出发,在儿童的生活中学习道德,其着眼点不在于道德知识体系,而在于学生的生活实际及其成长的精神需要。生活德育与中国传统德育思想和实践的基本特征不谋而合,如王阳明的"知行合一"思想便体现了德育与生活的统一。生活德育批评传统以课堂教学为主渠道的德育不是按人性的方式去组织的,是生活的异化、人性的扭曲。生活德育最大的挑战不是理论上的,而是实践上的,即由于学校的非生活化趋势,生活德育完全被排斥在学校教育过程之外。[①]

鉴于生活德育在实践上的巨大挑战,也有学者从实践的视角对生活德育进行了研究。如朱美燕从实践主体、实践内容、实践方法等几个方面对生活德育的实践模式进行了构建,并以十个实践活动方案作为案例来解释其具体的实践操作方式和方法。[②]

二、关于思政生活化的研究

关于思政生活化的文献主要探讨了思政教育为何要与日常生活结合以及如何与日常生活结合等问题,具体研究表现在以下几方面。

第一,关于思政生活化的必要性研究。如宫丽民在《思政教育助力社会主义核心价值观日常生活化》一文中探讨了社会主义核心价值观日常生活化的现实必要性,认为社会主义核心价值观是社会主流思想,是引领社会价值观的风向标,对于充实民众的精神信仰、巩固马克思主义在社会上的指导地位非常重要。而思想政治教育助力社会主义核心价值观融入日常生活,能够承担起上下联动的角色,引领改革方向,激发民众的自觉主动性,是中国凝魂聚气的基础性工程。文章还阐述了思想政治教育助力社会主义核心价值观日常生活化的原理,认为思想政治教育拥有融理论认知与实用操作为一体的特质,而社会

① 高德胜.生活德育:境遇、主题与未来[J].教育研究与实验,2012(3):5-10.
② 朱美燕.立德树人——高校生活德育实践[M].上海:上海交通大学出版社,2019.

主义核心价值观日常生活化过程中所经历的认识、认同、传播、普及都离不开思想政治教育对个体认知结构完善、政治素养提升、宣传成果巩固所发挥的作用。①

肖国锋在《回归生活:高校思政教育的必然选择》中,运用中国传统文化中的相关理论论述了思政教育回归生活的必要性问题,认为思政教育回归生活是思政教育从单一学科向综合化发展、从知识教育向生活教育转向、从教材体系转化为教学体系的必然选择。②

第二,关于思政生活化的内在机理研究。如宫丽民在《思政教育助力社会主义核心价值观日常生活化》一文中,根据接受理论和心理内化规律,认为思政教育与日常生活的结合需要将思政教育所要传递的价值观转变为日常生活中学生喜闻乐见的内容,并通过认知"内化"过程在心中形成一个可以评判和改造"现实我"的"理想我",并借助自我意识中的"反省力量",促使"现实我"与"理想我"从分化走向统一。总的来说,思政教育伴随"改造"与"塑造"的"破"和"立"过程,能够实现情与理相统一、知与行相统一,助力社会主义核心价值观向日常践行转化。③

第三,关于思政生活化的策略研究。许多学者都在研究中探讨了思政生活化的实施策略,如林莉的《思政教育生活化的必要性及实现途径》、赵红梅的《大学思政教育生活化的必要性及其实施策略》、张茂坤的《基于组织化、活动化、生活化、网络化的新时代高校融入式思政育人体系的实践路径》等。具体的策略包括转变教育理念,引导学生认识课余生活的价值,并帮助其制订课余生活计划;整合各种教育途径,实现全面、全方位育人;加强校园文化建设,在日常生活中将中华优秀传统文化融入思政教育;坚持理论教育和实践教育相结合,重视大学生交往和实践,回归真实生活;加强相关的教师队伍建设,发挥师

---

① 宫丽民.思政教育助力社会主义核心价值观日常生活化[J].学理论,2016(5):243-244.
② 肖国锋.回归生活:高校思政教育的必然选择[J].芜湖职业技术学院学报,2015(2):50-52.
③ 宫丽民.思政教育助力社会主义核心价值观日常生活化[J].学理论,2016(5):243-244.

爱,沟通师生心灵;等等。

第四,关于利用网络媒体促进思政生活化的研究。相关学者普遍认为,随着互联网的广泛普及,一方面,网络媒体拓展了思政教育的空间,丰富了思政教育的手段;另一方面,不良的网络生活也会给学生带来思想颓废、道德意识弱化、政治信念动摇等问题,因此需要将思政教育与学生的网络生活结合起来。此外,随着科学技术的飞速发展,一些有别于传统网络媒体技术的新媒体技术不断涌现,如钱海军在《高职思政教育的"微"生活逻辑:微文化育人》一文中,从微文化的角度探讨了高职教育生活化的问题,指出以碎片化、去中心化、即时交互性为主要特征的微信、微博、微信息等"微媒体"正在挑战传统思政教育模式,为此高职院校应该建构思政教育"微"生活化模式,结合学生特点,利用微媒体资源与现代教育技术,从学生工作和生活实践角度出发,对思政教育进行整体性和系统性设计,更好地培养学生的职业理想和职业精神。在实施路径方面,高职院校应该充分发挥思政教育"第一课堂"的主渠道作用,建设和完善思政教育的"第二课堂",并建立思政教育的"第三课堂"。在策略选择方面,高职院校应该把握思政教育的话语平等原则,增强话语接受效果;形成思政教育的话语包容观念,创建话语理想语境;树立思政教育的创新开放理念,凝聚多元教育合力。①

三、关于生活思政的研究

关于生活思政的研究与生活—实践育人模式的联系也较为紧密,相关学术论文主要发表在《浙江万里学院学报》上,如蒋建军、朱美燕的《高校生活思政:内涵、价值及实现路径》探讨了生活思政的概念,认为生活思政是指把思想政治教育融入生活,在生活中进行思想政治教育,是思想政治教育与生活的有机融合。生活思政的内涵是十分丰富

---

① 钱海军.高职思政教育的"微"生活逻辑:微文化育人[J].职业技术教育,2018(32):71-76.

的。一是生活蕴含丰富的思政教育资源；二是思政教育只有在生活中才有生命；三是走向美好生活离不开思政教育。生活思政对思政教育可以产生积极的作用。从架构上看，它有利于构建大思政格局，画好育人同心圆；从目标上看，它有利于打通育人"最后一公里"，实现知行合一；从方法上看，它有利于实现显性教育与隐性教育相统一。从生活思政的实现路径上看，它的前提是生活改造，关键是队伍建设，重点是学生参与，保障是体制机制。①

上述文章主要从理论的视角探讨了"生活思政"的内涵、价值及实现路径问题。林啸的《高校后勤"生活思政"的有效策略探索——以宁波诺丁汉大学为例》则从实践的视角探讨了"生活思政"如何在浙江万里教育集团参与主办的中外合作大学——宁波诺丁汉大学的生活区实施的问题。文章首先总结了高校后勤育人工作存在的问题，包括对育人工作重视不够、服务能力与学生日益丰富的需求存在差距、育人功能缺乏系统性和理论高度。鉴于此，高校后勤开展"生活思政"工作具有重要性和必要性。而宁波诺丁汉大学作为一所中外合作大学，开展"生活思政"教育具有十分特殊的意义。就具体策略来说，宁波诺丁汉大学在后勤工作中应该树立科学的"生活思政"意识，制度先行，健全"生活思政"基础保障，建设一支强有力的后勤"生活思政"队伍，创新"生活思政"阵地，营造丰富多元的"生活思政"育人环境。②

另外，蒋建军等的专著《新时代高校日常思政工作创新研究》也明确提出了"生活思政"的概念，认为高校生活思政是以马克思列宁主义、毛泽东思想、邓小平理论、"三个代表"重要思想、科学发展观和习近平新时代中国特色社会主义思想为指导，以"立德树人"为中心环节，遵循高校思想政治工作规律，聚焦实现全员、全过程、全方位育人，

---

① 蒋建军,朱美燕.高校生活思政:内涵、价值及实现路径[J].浙江万里学院学报,2020(4):78-83.

② 林啸.高校后勤"生活思政"的有效策略探索——以宁波诺丁汉大学为例[J].浙江万里学院学报,2019(4):80-83.

以挖掘大学生日常生活中的生活常理、生活伦理和生活哲理等思政元素,通过大学生现实生活和环境观感,在校园内所有"教育场"开展的日常思想政治教育活动。从生活思政的价值指向上看,国家层面是要培养合格的社会主义建设者和接班人,社会层面是要培养德才兼备、奉献社会的人,学生层面是要培养全面发展的人。从生活思政的主体上看,学校党委是生活思政的统领者,二级学院党委是生活思政的组织推动者,后勤服务队伍是生活思政的主要实施者,行政教辅人员是生活思政的重要参与者,学生是生活思政的践行者,同时也是生活思政的受益者。此外,宣传部门、马克思主义学院等则是生活思政的协同主体。除此之外,该书还探讨了生活思政的方法运用、载体构建和机制建设等问题,并以浙江万里学院为例介绍了其生活思政的实践。①

现有研究的不足和趋势体现在以下几个方面。

第一,许多学者探讨了思政与生活的关系,已经关注到了思政与生活相关联的必要性、内在机理、实施策略以及网络化等问题,但大多数只是抓住了其某一个侧面的问题进行探讨,或是泛泛地谈论其存在的意义和实施途径等,尚未使其形成一种完整的教育模式,因此可以从教育模式构建的角度来进一步推动关于生活—实践育人模式的研究。

第二,相比较而言,有关生活德育的研究在理论深度方面要强于有关思政与生活相关联的研究,因此从理论角度讲对该课题的研究有更大的借鉴意义。然而,生活德育中的生活囊括了包括学生的学习生活和日常生活在内的全部生活,容易给人以要将传统的课堂教学教育途径消解于生活之感,因此也有学者批评其否定了学校教育的作用。综上,从更好地促进理论指导实践的角度看,应该将生活的概念缩小,将围绕生活所建构的思政教育模式作为与"思政课程"和"课程思政"相并列的思政教育途径,从而既不否定传统的思政教育渠道,又能够

---

① 蒋建军,等.新时代高校日常思政工作创新研究[M].上海:上海交通大学出版社,2022.

将生活与德育统一于两者之外的广阔天地,并最终使德育能够指导生活。

第三,现有研究中将思政与生活相关联并作为一种育人模式进行研究的文献较少,且主要集中在以浙江万里学院为例进行有关生活思政的研究。浙江万里学院只能代表中国一种类型的高校,而其他类型的高校,如中外合作大学应如何开展"生活思政"则较少有学者研究,因此这方面还有进一步拓展的空间。

第三节　生活—实践育人模式的概念界定

著名教育学家陶行知曾说:"生活即教育。"究其原因,相对于理念,生活世界才是最真实的。生活之所以是最真实的,不仅因为生活才是"教育之场所"①,也因为生活是教育最终要改造的领域。无论一个教育理想如何,检验其价值与实效的场域是生活。这一朴素的信念与马克思主义是一致的。马克思主义强调的"存在决定思维",归根结底也是要指明社会存在才是一切解释世界的理念的依归,也是改变世界的唯一有效的领域。对学生而言,针对老师在课堂教授的知识与义理,学生自然会在其生活中体会、实践与验证,并得出老师教授的知识与义理是否有效的结论,而这一切都指向一个课堂以外的活生生的生活世界,里头有各种各样的社会关系。此外,一个教育理念是否成功不能仅仅以生活的局部面向为准,而应以生活的整体为依据。如社会中的紧急状态最能反映出一个人的真实道德情操和社会责任感,因为当国家处于紧急状态之时,不仅要求政府政令通畅、应对及时,也要求人民发挥公民道德,切实可行地执行政府有关的规定,从而使全国能上下一心共克时艰。所谓"岁寒,然后知松柏之后凋也"②,"特殊比一

---

① 陶行知.陶行知教育箴言[M].哈尔滨:哈尔滨出版社,2011.
② 杨伯峻.论语译注[M].北京:中华书局,2004:109.

般更清楚地揭示一切"①,这些谚语无一不告诉我们,极端状态最能揭示社会整体发挥公民道德的实际情况,也最能测试一个社会里的人心是否被败坏了。而要想守住人心,防止人心被败坏,在危机当前,让人们充分配合国家应对危机的政策与措施,归根结底要依靠教育。因此,教育必须针对学生生活的整体,从方方面面入手,只有这样才能让学生既能在日常生活中管理好自己,又能在国家面对危机时发挥好公民道德。可以说,紧急状态不仅是针对国家治理水平的一次大考,也是对大学应该培养什么样的人的一次提问。教育是否成功,就在于大学能否培养出既能自我教育,又能自我约束和自我管理的人,能否培养出在国家面对困难时勇敢站出来的担当者。

既然验证教育是否成功的唯一场域只能是生活世界,那么学校必须同时重视课堂教育与生活素养教育。学生如何用所学到的知识和道德素养应对危机,最能反映学校的教育是否得当。紧急状态将学生学习到的知识与做人的道理置于一个实验平台上,生活实践将验证学生在校所学的知识和技能是否能有效地转化为有意义的行动。唯有在知识与生活实践的辩证统一下,学生的人格培养才能实现其整体性,而学生整体人格的培养就取决于学校是否侧重整体性的思政教育。所谓整体性的思政教育,即涵盖学生生活领域的思想政治教育。习近平总书记在给北京大学援鄂医疗队全体"90 后"党员的回信中写道:"广大青年用行动证明,新时代的中国青年是好样的,是堪当大任的!"②这让广大青年及教育工作者备受鼓舞。然而,考虑到未来的挑战层出不穷,如何继续守住青年的心、让青年未来依然能"勇挑重担、爱国力行",是学校立德树人的长期任务。作为中外合作大学,宁波诺丁汉大学认为,奉行习近平总书记"把思想政治工作贯穿教育教学全

---

① 施密特.政治的概念[M].刘宗坤,等译.上海:上海人民出版社,2004:11.
② 勇挑重担爱国力行,争做堪当大任的新时代中国青年[EB/OL].(2020-04-10)[2024-01-09].http://edu.people.com.cn/GB/n1/2020/0410/c1053-31669544.html.

过程,实现全程育人、全方位育人"的教育方针①,将生活纳入教育,将思想政治教育贯穿生活的方方面面,培育学生人格的整体性,是思政教育成功的核心关键。

所谓生活—实践育人模式,是根据教育部相关政策的精神,将思想政治教育覆盖生活全方位的系统教育工程的组成部分。根据马克思主义的认识与实践的整体性思想以及全人人格的教育理想,思政教育应当关注学生人格培育的整体性,因此宁波诺丁汉大学在"思政课程"和"课程思政"之外,提出了生活—实践育人模式的概念。它吸取一切有益的进步观念,如中国儒家传统思想中的"成人"观念及其通过礼学将学做人的道理寓于生活过程当中的素养思想等,将重点放在学生人格成长的日常生活过程,旨在通过学生在生活中的实践活动培育学生具有人文触觉和家国情怀,不仅培养学生的国际视野,还要使学生能够立足本土。生活—实践育人模式是宁波诺丁汉大学落实全方位教育方针,探索出的具有本校国际化办学特点的第三条思政教育路径。

那么,生活—实践育人模式和"思政课程""课程思政"的概念有何区别呢?笔者认为,思政教育的目的是培养合格的社会主义建设者和接班人应该具有的思想政治素养,这种素养不仅表现为掌握相关的思想道德理论和知识,还表现为将相关的知识付诸实践;前者主要在第一课堂完成,后者则要延伸到第二课堂以及更加广阔的生活世界。可以说,教育内容和场域的界限就是生活—实践育人模式和"思政课程""课程思政"之间的界限。

传统的思政教育局限于"思政课程"这一主渠道,但在实施过程中容易出现"思政课程"与学校其他课程相互分离和割裂的情况,不利于形成协同育人的效应。2020年,教育部印发的《高等学校课程思政建设指导纲要》指出,"全面推进课程思政建设是落实立德树人根本任务

① 把思想政治工作贯穿教育教学全过程　开创我国高等教育事业发展新局面[N].光明日报,2016-12-09(1).

的战略举措",从而使思政教育内容的载体扩大到专业课程、通识课程等多种课程体系。然而,无论是"思政课程"还是"课程思政",其教育场域始终是以课堂为主,教育内容始终以具有思政意义的知识为主,学生虽然可以通过更多渠道获得思政知识,但能否将相关知识内化为学生的价值观,进而促使学生将价值观外化为实际行为则很难确证。生活—实践育人模式将教育场域延伸到了课堂以外的广阔校园生活,其教育内容突破了对知识经验的集中学习,而是以培养学生的实践意愿和能力为主,其最终目的是实现知行合一,从而通过外显的行动来确证学生思想政治素养的真正养成。

第二章　生活—实践育人模式的理论依据

第一节　生活—实践育人模式的哲学理论基础

一、马克思的相关理论

(一)马克思主义的实践论与生活世界

2016 年 12 月,习近平总书记在全国高校思想政治工作会议上明确指出:"高校思想政治工作关系高校培养什么样的人、如何培养人以及为谁培养人这个根本问题,要坚持把立德树人作为中心环节,把思想政治工作贯穿教育教学全过程,实现全程育人、全方位育人,努力开创我国高等教育事业发展新局面。"①高校是培养社会主义事业建设者和接班人的坚强阵地,而高校思想政治教育能否培养学生具备相应的思想政治素养,决定了培养合格的社会主义事业建设者和接班人的任务能否顺利完成。

可是,毋庸讳言的一点是,我们的高校思想政治教育的实效性存在着一些不足。首先,思政教育的教育理念脱离了学生的生活实际。长期以来,思政教育以符号化的方式讲述抽象的理论,却没有有效地将理论与学生的具体生活相结合。结果,这种脱离了现实生活的理论沦为概念和口号。其次,思政教育的手段以"自上而下"的灌输为主,

---

① 把思想政治工作贯穿教育教学全过程　开创我国高等教育事业发展新局面[N].光明日报,2016-12-09(1).

让学生处在被动接受的状态之中。正如著名教育家杜威所说,如果教育是"教师告诉和学生被告诉的事体",这样的做法"无异于强迫没有眼目的盲人去观看万物,无异于将不思饮水的马匹牵到河边强迫它饮水"。① 这样一来,如何调动学生的积极性,将被动的灌输转变为主动的学习,就成了思政教育实效性的关键问题。最后,思政教育欠缺对于"成人"——成为有道德担当的、人格全面发展的人——的关心。人的全面发展是马克思关于未来社会发展目标的设想,但工具化和功利化的教育削弱了人文关怀和人的价值,培养出精致的利己主义者,并造成了教育的异化。在思政教育中要重视学生人文精神的培养,回归人的教育,在生活世界中教育学生"成人"。

那么,生活—实践育人模式就是让思政教育的理论重新回归生活世界的内涵,将认识与实践相结合的过程。实践的观点是马克思主义认识论的基本观点,也是马克思主义唯物史观的立足点。理论源于实践,认识是从实践出发再回归指导实践的过程,只有通过实践—认识—再实践—再认识的过程才能够获得关于生活世界的不断深入的认识。马克思主义哲学从生活世界出发,通过不断实践揭示生活世界的本质与真理。毛泽东的《实践论》也强调实践是认识的来源及发展的动力,更是判定认识是不是真理的唯一标准。那么,让思政教育重新回到对于生活世界的关心,就是回到思政教育最肥沃和深厚的土壤之中,也从理念、手段和目标上解决了思政教育知识符号化、手段简单化、脱离生活世界、欠缺人文关怀的问题。可以说,马克思主义的生活世界理论就是思想政治教育的哲学基础。

第一,马克思主义生活世界理论的出发点是实践。在被称为"包含着新世界观的天才萌芽的第一个文件"的《关于费尔巴哈的提纲》中,马克思就明确了实践的意义。"从前的一切唯物主义(包括费尔巴哈的唯物主义)的主要缺点是:对对象、现实、感性,只是从客体的或者

---

① 杜威.民主主义与教育[M].王承绪,译.北京:人民教育出版社,1990:17.

直观的形式去理解,而不是把它们当做感性的人的活动,当做实践去理解,不是从主体方面去理解。"①旧唯物主义认为主体只是消极、被动地反映客观世界,这是一种完全"被动"的认识论观点。在马克思看来,费尔巴哈的唯物主义忽略了实践活动的巨大作用,"费尔巴哈与'纯粹的'唯物主义者相比有很大的优点:他承认人也是'感性对象'。但是,他把人只看做是'感性对象',而不是'感性活动'"②。人的心灵就仿佛一面镜子,只是反映外在世界,这种缺乏"实践"的旧唯物主义造成了人的主观能动性的贬抑,反而是唯心主义抽象地发展了"能动的方面"。③ 就如同老师从上灌输、学生被动学习的过程一样,如果无法调动学生的主观能动性,就无法发挥他们在实践中的能动作用。因而思政教育必须扩展至学生管理与学生日常生活,才能让学生学习如何在实践领域发挥主观能动性,自我完善其道德人格。

第二,马克思哲学认识论的伟大变革之处是将哲学从"天国"拉回"人间",用实践构建出生活世界。正如著名政治哲学家阿伦特的评论,马克思是古今价值秩序的颠覆者,他将作为生产力的劳动(labor)放到价值秩序的顶层。④ 自柏拉图以降,西方形而上学传统重沉思、轻实践,使哲学在抽象化和理性化的发展过程中逐渐遗忘了劳动,更关心"天国"而忽视了"生活世界"。在《德意志意识形态》中,马克思对这种脱离生活世界的形而上学做出了批判,提出从人的实践活动出发来理解人的精神活动,"我们不是从人们所说的、所设想的、所想象的东西出发,也不是从口头说的、思考出来的、设想出来的、想象出来的人出发,去理解有血有肉的人。我们的出发点是从事实际活动的人,而且从他们的现实生活过程中还可以描绘出这一生活过程在意识形态

---

① 马克思恩格斯文集(第一卷)[M].中共中央马克思恩格斯列宁斯大林著作编译局,译.北京:人民出版社,2009:499.

② 马克思恩格斯文集(第一卷)[M].中共中央马克思恩格斯列宁斯大林著作编译局,译.北京:人民出版社,2009:530.

③ 马克思恩格斯文集(第一卷)[M].中共中央马克思恩格斯列宁斯大林著作编译局,译.北京:人民出版社,2009:499.

④ 阿伦特.过去与未来之间[M].王寅丽,张立立,译.南京:译林出版社,2011:14.

上的反射和反响的发展"①。马克思不满足传统形而上学所构造出来的抽象幻象,认为这一传统远离了现实的生活世界,那些形而上学的问题不过是"离开实践的思维",是"纯粹经院哲学"的空洞抽象理论罢了。要解决这些空想,就要回到实践之中,"凡是把理论引向神秘主义的神秘东西,都能在人的实践中以及对这种实践的理解中得到合理的解决"②。所以,马克思提出"哲学家们只是用不同的方式解释世界,问题在于改变世界"③。因此,思想政治教育不能仅仅满足于课堂上的理论解释,也要侧重如何在实践领域培养学生的道德素养,而学生生活管理正是验证课堂教育能否有效地改变学生道德素养的一个不可缺乏的领域。

第三,马克思的辩证唯物主义历史观从物质实践出发阐释人的社会关系,指出全部社会生活在本质上是实践的。唯心主义历史观认为,历史是"某种脱离日常生活的东西",是"某种处在世界之外和超乎世界之上的东西"。马克思是从物质生产实践出发来理解人的生活世界的。历史中每一个阶段的人都会遇到一定的物质基础,即"生产力、资金和社会交往形式的总和"④。用辩证唯物主义历史观的经典表述来说就是,"从直接生活的物质生产出发阐述现实的生产过程,把同这种生产方式相联系的、它所产生的交往形式即各个不同阶段上的市民社会理解为整个历史的基础,从市民社会作为国家的活动描述市民社会,同时从市民社会出发阐明意识的所有各种不同的理论产物和形式,如宗教、哲学、道德等,而且追溯它们产生的过程"⑤。可以说,"宗

① 马克思恩格斯文集(第一卷)[M].中共中央马克思恩格斯列宁斯大林著作编译局,译.北京:人民出版社,2009:525.
② 马克思恩格斯文集(第一卷)[M].中共中央马克思恩格斯列宁斯大林著作编译局,译.北京:人民出版社,2009:501.
③ 马克思恩格斯文集(第一卷)[M].中共中央马克思恩格斯列宁斯大林著作编译局,译.北京:人民出版社,2009:502.
④ 马克思恩格斯文集(第一卷)[M].中共中央马克思恩格斯列宁斯大林著作编译局,译.北京:人民出版社,2009:545.
⑤ 马克思恩格斯文集(第一卷)[M].中共中央马克思恩格斯列宁斯大林著作编译局,译.北京:人民出版社,2009:544.

教、哲学、道德"这些理论和精神是有着自身的物质基础的,并不是脱离物质生产而独立存在的。那么,如果能够让学生在劳动实践中认识和体会生活世界,知行合一,将思政教育落实在生活世界的基础之上,必定是有助于思政教育入脑入心的。

综上所述,从实践基础、认识论和历史观三个方面来看,马克思主义从实践出发构建了生活世界理论。思想政治教育并不能单纯作为理论的教导和训诫,更是与人的生活世界息息相关的。我们既要在课堂上避免单向的知识传授方式,也要在学生生活管理方面注意到被管理的对象是活生生的人,更要强调在生活世界的肥沃土壤中进行思想政治教育,这就是生活—实践育人模式的意义所在。当前世界正经历百年未有之大变局,这凸显了将知识付诸实践的迫切需要,尤其是面对一些与国家生死攸关的紧急状态,公民能否展现相关的德性关乎国家能否克服困难,逆境重生。因此,采用生活—实践育人模式,在生活中体现思政教育,培养学生的道德素养,既有着深厚的哲学基础,又有着改变现实的实践意义。

就生活—实践育人模式的人格观念建构而言,马克思主义实践论对我们有什么启发呢?

第一,实践论的联系观指明了人的社会存在属性及其引申出来的人和人之间的相互关联性(interpersonal relationship)。马克思曾说:"全部社会生活在本质上是实践的。"①实践是理解包括教育在内的一切社会现象的关键,也是社会关系形成的基础。人是社会存在,人的社会实践意味着人格的培养是一个相互关联、人与人之间互为互成的事业。作为社会的一个小缩影,学校锐意培养的人格素养也是不可能离开社会关系的,因而实践是任何教育必不可少的环节。实践论的联系观让生活—实践育人模式注重与人伦日用之间的人际关联性。生活—实践育人模式培育学生学做人,而这意味着在社会中学做人。学

---

① 马克思恩格斯文集(第一卷)[M].中共中央马克思恩格斯列宁斯大林著作编译局,译.北京:人民出版社,2009:501.

做人即学会在社会中过有德的生活。课堂偏向知识的灌输、义理的传授,然而真正能让学生体会何谓社会存在的则是其生活领域。学生只有在宿舍里、在过道上、在社团工作中等才能切切实实地感受到他们在实践知识、锻炼人格,而其实践与锻炼的参与者则是众多同学与学校管理人员。因此,只有生活—实践育人模式才能实实在在地向学生展示何谓实践论的社会存在之义,缺乏在生活中培养学生的生活—实践育人模式,我们难以造就学生全面发展的人格。

第二,实践论的发展观指明了事物之间的相互关联性,使事物处于不断发展的过程当中。恩格斯指出,"世界不是既成事物的集合体,而是过程的集合体"[①],因而实践所衍生的认识不是一个一成不变的事物。辩证唯物主义强调任何事物都是在发展中生成的,人类社会的发展是一个过程,人的社会存在是在动态实践中发展与生成的。同样,人与人之间的相互关联与人伦日用之间的学习不是静止的,教育所标识的人格是在这一动态过程中传授给学生的。实践论的发展观让我们注意到人格的培养是一个进程,它以一个理想人格为目标,目的正是成就学生的理想人格,让学生在学习过程中不断成长为更优秀的人。实践论如果仅止于课堂而无法延伸至学生的生活领域,将只能流于纯粹的理论,这点与实践论的教育目标是相违背的。实践论中人与人之间的相互关联性是真实的关联性,唯有在一个包含学生生活方方面面的场景中,人与人之间的相互关联性才能得到发展。相对于课堂,如何在学生生活中培养学生的各种素养有着更为现实的意义,因而只有生活—实践育人模式才能充分发展学生与其他学生、学生与其他社会群体的人的关联性。

第三,坚持唯物主义辩证法的统一原则,重视整体性观念。马克思主义的整体性观念强调不能将马克思主义的三大学说(马克思主义哲学、马克思主义政治经济学和科学社会主义)割裂,要将三者视为一

---

① 马克思恩格斯文集(第四卷)[M].中共中央马克思恩格斯列宁斯大林著作编译局,译.北京:人民出版社,2009:298.

个整体,因为马克思主义学说本身即包含了自然与历史、存在与思维、认识与实践、理性与感性、科学与人文、个人与社会、政治与经济等范畴的统一性。这也为我们示范了应将教育涉及的有机部分视为一个整体。对生活世界而言,马克思主义学说指明了认识与实践并重,从而展示了它的整体性。一是马克思主义学说整体性的意义在于说明了教育必须是自然科学与人文科学并重。西方的大学教育普遍曾出现过重自然科学与技术、忽视人文素养的偏差,既没有中国古代全面涵盖人性发展的"六艺"教育精神,又缺乏盛行于古希腊罗马时期的博雅教育理念,培养出来的学生大多是技术性的偏才,缺乏人文向度的思考能力。二是马克思主义还指出了社会存在的总体性,因而思想政治教育也应是全方位的,不应只局限在第一课堂,而应理论与实践兼备,将思政教育扩及学生和老师的生活世界。综合而言,生活—实践育人模式应以马克思主义整体性学说为参考,发展出一套涵盖全方位的全人人格培养目标体系。没有生活领域的思政工作,课堂的理论授业将只能培养不全面的人格,难以体现社会主义教育的全方位性,自然也难以全面实现思政教育立德树人的理想。

基于以上三点,生活—实践育人模式应以"成人"为其育人目标。所谓"成人",字面上牵涉两个概念:"成"与"人"。古语有云:"此织生自蚕茧,成于机杼。"①"成"意味着成为、成就,是一个实现目标的动态过程,在其中人得以发展、生成为"人"——一个理想的人格。我们生而为人,但要一生学做人,成为人,成就理想的人格。这并不意味着育人是一个悖论,而是要强调理想人格的获得不是一蹴而就的,育人成人是一个艰苦的动态过程。人性必须通过学习、挖掘才能得以实现,而成就人性是一个进程,一个通过受教而学的历程。其中,先是家长教,后来是学校与社会接力与家长携手共任"老师",这是一个从完全依赖家庭教育到后来与社会互相依存的过程,因而必须在群体特别是

---

① 范晔.后汉书[M].杭州:浙江古籍出版社,2000:810.

教育所创造的群学群成的环境中才能得以成立。此外,所谓人之为人之业,其重点在于学与成:通过学而"成人"。"成人"理应是一项大学问。为了让学生取得理想人格,学校应提供全程、全方位的教育,让学生得以孜孜以求为人、成人的道理。"成"强调过程,自然不僵硬,以活泼的辩证态度看待过程中所涉及的一切元素,比如第一课堂与作为第二课堂的学生生活领域、理论与实践、自然科学与人文科学、知情意等,理应扩及整个学与成所由出的生活世界。因而,教育不应只限于课堂,也应涉及课堂之外的德业进修;不应只局限在学校,也应考虑家庭的配合;不应只针对学生的知性教育,也要扩及学生的整个生命;既存在于课堂,也应包含对学生的生活管理。马克思主义实践论视学习为一个有机发展的过程,其中人格的生成演化是重点,"成"所侧重的正是包含所有学习因素与领域的过程本身。只有辩证地设定这一过程里每一个必要环节,才能成就学生全面的人格。只有视"成"为一个包含课堂与学生生活领域的整体动态学习过程,思政教育才能有效地培养出适应国家发展需求的学生。

(二)马克思主义劳动幸福观与生活—实践育人模式的全人人格理念

宁波诺丁汉大学生活—实践育人模式重全人人格的培养,而培养的场域则落在生活实践。相对于第一课堂理论知识的传授,劳动是生活—实践育人模式的生活实践教育独一无二的面向。在这方面马克思主义提供了极有意义的指引。马克思曾说过:"我的劳动是自由的生命表现,因此是生活的乐趣。"[①]这一生活乐趣正是指物质与精神上的幸福。就物质意义而言,劳动创造了科学技术的进步,推进人类历史的发展,丰富了人类的物质生活。就精神意义而言,劳动之所以让人获得幸福,其原因是劳动涉及人之为人的本质,它涉及人格自身完

---

① 马克思恩格斯全集(第四十二卷)[M].中共中央马克思恩格斯列宁斯大林著作编译局,译.北京:人民出版社,1979:38.

整性。"劳动是整个人类生活的第一个基本条件,而且达到这样的程度,以致我们在某种意义上不得不说:劳动创造了人本身。"①劳动是马克思主义人格培养的一个基础性概念。恰恰是劳动创造了人本身,使人通过自觉劳动,克服各种异化,创造出各种社会关系,将人与社会和自然重新联结,达至和谐,从而获得精神自由,找回人之为人的本性。正是在这个意义上,马克思主义认为劳动是"个人的自我实现"②。个人是在社会实践劳动中实现自我,使自身的人格得到完善、完整。没有劳动,人无法建立任何社会关系,更无法实现自我,人格是不可能完整的,人自然谈不上是幸福的。习近平总书记曾说:"劳动创造幸福,实干成就伟业。"③劳动赋予人的幸福不是孤独的个人主义的幸福,而是在共同体中活出的幸福,因此劳动必然同时指向己与群两个面向。它连接着个人与家国天下,正是通过为群而劳动,人才能实现自我,个人才能获得真正的幸福感。所以习近平总书记进一步说:"希望广大劳动群众大力弘扬劳模精神、劳动精神、工匠精神,勤于创造、勇于奋斗,更好发挥主力军作用,满怀信心投身全面建设社会主义现代化国家、实现中华民族伟大复兴中国梦的伟大事业。"④

劳动是将己与群、人与社会等各种共同体联系起来的纽带。在社会实践中,人们只有劳动才能实现自我,获取幸福,因此我国极其重视通过劳动让学生获取幸福、完善自身人格的教育。2020年,中共中央、国务院印发了《关于全面加强新时代大中小学劳动教育的意见》,要求:"以习近平新时代中国特色社会主义思想为指导,全面贯彻党的教育方针,落实全国教育大会精神,坚持立德树人,坚持培育和践行社会主义核心价值观,把劳动教育纳入人才培养全过程,贯通大中小学

---

① 马克思恩格斯文集(第九卷)[M].中共中央马克思恩格斯列宁斯大林著作编译局,译.北京:人民出版社,2009:550.
② 马克思恩格斯文集(第八卷)[M].中共中央马克思恩格斯列宁斯大林著作编译局,译.北京:人民出版社,2009:174.
③ 习近平向全国广大劳动群众致以节日的祝贺和诚挚的慰问[N].人民日报,2021-05-01(1)
④ 习近平向全国广大劳动群众致以节日的祝贺和诚挚的慰问[N].人民日报,2021-05-01(1)

各学段,贯穿家庭、学校、社会各方面,与德育、智育、体育、美育相融合,紧密结合经济社会发展变化和学生生活实际,积极探索具有中国特色的劳动教育模式,创新体制机制,注重教育实效,实现知行合一,促进学生形成正确的世界观、人生观、价值观。"宁波诺丁汉大学正是"以习近平新时代中国特色社会主义思想为指导,全面贯彻党的教育方针",制定生活—实践育人模式,以落实该意见提及的"全面构建体现时代特征的劳动教育体系"的要求。该意见中的"指导思想"有三个要义:一是把劳动教育纳入人才培养全过程;二是与德育、智育、体育、美育相融合;三是实现知行合一。三者为生活—实践育人模式的全人人格培养提供了重要的指导思想,并指明了生活—实践育人模式的成果应落在让学生通过劳动学习获取幸福感上。

二、现象学的"生活世界理论"

马克思主义深刻地改变了后来西方世界对社会现实(social reality)及生活于其中的人这两者关系的认知,其影响不仅是革命性的,也是空前绝后的。马克思主义为后世提供了一个不可替代的范式,即其实践论中个人与社会的相互关联性。在宏观上,后来西方一些哲学派别和社会理论在谈及个人与社会时,均没有超越马克思主义重新发现过去被忽略的活生生的人于其中实践自己的认识的社会现实世界。尽管这些理论没有突破马克思主义的范式,但在微观上它们都从各自的理论出发深挖这个实实在在的生活世界,它们的延伸性理解可以为我们认识生活—实践育人模式提供有用的借鉴意义。

(一)何谓"生活世界"

受近代数学与自然科学的影响,近代哲学一般试图按照追求确定性的科学来重建哲学,以求使哲学能符合科学的普遍化要求。例如,笛卡尔采用几何学作为认识论的模型,试图重新找到被近代科学摧毁的哲学根基。他相信"我思故我在"的论证方式能为哲学确立一个阿基米德点,并据此重新理解哲学中的各个命题,然而其结果却是将精神实体与物理实体截然两分的二元论。康德则试图通过他的《纯粹理性批判》来阐明人类知识的本质、条件和局限性,划定自然科学知识的边界,进而为人文科学保留一个不受自然科学否定的自在地盘,但其批判哲学的一个不期然的结果完全割裂了客观与主观、事实与价值,而人的精神与道德世界则因不再具有任何认知的科学性而最后被无化。纵观而言,从笛卡尔到斯宾诺莎、康德再到黑格尔,大多数西方哲学家在近代自然科学的影响下试图重建理论哲学的自在领域,以避免哲学失去合法性,但其思考的前提依然是近代自然科学的精确性与确定性标准。而按照这一标准,人文世界的合法性从一开始即遭受批判,结果是人所生活的世界不再是一个自在的、理所当然的领域,人的生活必须以某种类自然科学式的人文认知方式重建,才能被认为是正当的,于是活生生的人从一开始即被排除,而现象学的生活世界观念即试图以一种不走样的方式还原这个被近代自然科学搁置的人的生活世界。

"生活世界"一词(德语 Lebenswelt,英语 lifeworld)是一些西方哲学和社会理论中通用的一个词,它源自德国现象学与解释学,后来被广泛地应用于西方世界,并渗透到各个研究领域(包括教育学)。尽管不同的生活世界理论有着不同的阐述与理论旨趣,但有一点是共通的,即人们的生活现实总是受他们所生活的世界的影响,即使人们没有意识到这一点,但他们以其先于科学认知的生活体验(lived experience)与周围世界打交道,并在其中与各种他者(others)互动。换句话说,在人们认知世界之前已经对世界本身及世界中的自己有了一定的理解(德语 verstehen,英语 understanding),即前理解或先见(prejudice),而正是这一先见让人们认识到进行科学认知的人是先在地被嵌入世界(embeddedness)的。换句话说,人的生活或生命(Leben①)与世界紧密相连,人不是孤独的存在,人的生活或生命是在

---

① 德语的 Leben 与英语的 living 一样,兼有汉语的"生活"与"生命"之义。

世界中的生活,人的认识活动不是与所认识的世界相分离的,人的主观认识与被认识的客体不是二元对立的。正是在这个意义上,现象学和解释学的生活世界论与马克思主义和中国哲学精神相契合,因而可以为宁波诺丁汉大学推进生活—实践育人模式提供借鉴意义。以下我们将选取个别理论来探讨西方有关"生活世界"的理论。

1. 狄尔泰的生命哲学

狄尔泰(Dilthey)是德国哲学家,因其对人文科学及人文科学方法论(即解释学理论)的贡献而被人们铭记。尽管没有使用"生活世界"一词来阐述他的生命哲学(Lebensphilosophie),但狄尔泰是现象学生活世界观念的先驱者,其解释学可以被理解为解释学的现象学。如同后来胡塞尔开展的现象学运动一样,狄尔泰反对自然科学普遍化的影响,特别是自然科学对人文科学的侵蚀,于是发展出一套生命哲学。这种哲学认为历史有其偶然性,人类社会是变动的,理解人的本性时必须考虑历史性意味着变动,而人恰恰生活在这样的社会中。他的思想对重新理解人、还原一个活泼的人的世界具有重大意义。就其对人们有关生活世界的理解,狄尔泰哲学有三点值得我们注意。

第一,狄尔泰的首要贡献是他对自然科学(Naturwissenschaft)和人文科学(Geisteswissenschaft)的区分,后者包括英语世界的人文科学(humanities)和社会科学(social sciences)。他认为,自然科学的主要任务是得出基于规律的因果解释,但他反对人们将自然科学的因果解释模型用于人文科学,因为人类在历史中所展现的丰富经验并不能在实验室中将各种变量固化,然后综合各种变量的信息得出结论。人文科学研究的对象是展现变动不居的历史世界中的人,寓于历史世界中的人是一种时间性的存在。时间性使人类历史经验本身呈现为一个整体,它本身和外部有许多相互依存的关系,单纯地以固化的因果律看待人只会忽略连接人与世界的各种活泼关系(life-nexus)。这些关系不能被分割和简化为人类历史经验的各个组成部分,然后简单地认为部分的总和即整体,并得出某种普遍化的科学结论。狄尔泰认为,人们只有找到一种与自然科学研究不一样的方法才能把握人的本性、理解人的经验,这一方法必须关照到人的生命与生活的独特之处。

第二,狄尔泰认为,人文科学的核心任务是提供对影响人类及其历史生活的组织结构和动态变量的理解/解释(德语 verstehen,英语 interpret)。理解/解释正是前述能观照人的活生生的生活体验的人文科学方法。根据西方经学传统,他称此方法为解释学(hermeneutics)。作为人文科学独特的方法论,解释学重视人类经验(erlebnis)的社会与历史背景,认为认识人类经验时必须考虑与适当的社会历史背景相结合,而社会与历史是变动的,不存在一成不变的人类经验模式,因而认识寓于社会与历史中的人类经验重在理解/解释它所呈现出的意义而不是什么固化的人类本质。个别人类经验的意义必须放回到社会与历史的整体中去考察,这样才能把握全人(whole person)经验的意义。不同于自然科学所针对的自然现象,人文科学的解释学方法论针对的是包括人的意向性、意识、信念、体验和行为等人类经验现象在文学、艺术、政治、历史等人文科学领域呈现的独特意义,而意义是人文科学区别于自然科学发现的关键。狄尔泰的思想为人们探索人文现象提供了一个不同于自然科学的认知方法,他的解释学针对人类经验现象而不是本质,因而是一种解释学现象学(hermeneutic phenomenology)。

第三,人们往往重视狄尔泰区分自然科学与人文科学和解释学的思想,但相对忽略其生命哲学。与同时期重玄思的哲学家不一样,狄尔泰尤其重视生命/生活。他区分人文科学与自然科学并指出理解人文科学独特的方法论,其目的正是为探讨生命/生活提供基础。狄尔泰为什么要如此做呢?那是因为西方哲学一直重知性而轻实践,正如马克思曾指出:"哲学家们只是用不同的方式解释世界,问题在于改变世界。"①西方哲学有着强烈探求纯知识的传统,这点有助于自然科学

---

① 马克思恩格斯文集(第一卷)[M].中共中央马克思恩格斯列宁斯大林著作编译局,译.北京:人民出版社,2009:502.

的发展,但其副作用是忽视实践及其展现的活生生的生命/生活。问题是知识与生命/生活能否被机械地割裂开?答案显然是不可能的。狄尔泰曾说过:"知识的基本前提是生活给定的(given),(人的)思维不是落在这些前提的后面。"①根据狄尔泰的说法,没有生活知识是不可能的事,知识成立的前提是认知主体先在地、活生生地生活着,因而是生活给出了知识成立的基本前提。然而西方重纯知识的传统却一直与这一朴素的识见背道而驰。继马克思之后,狄尔泰认识到"知性主义(intellectualism)总会唤起生命活力的反动,生命感受到它的力量无与伦比的即时性"②,而这一"反动"在狄尔泰身上体现为旨在以生命/生活为基本事实(Grundtatsache)、通过解释理解生命/生活各个环节的意义的生命哲学。根据狄尔泰的生命哲学,人不再是外在于认知主体的冰冷对象。相反,人反倒是哲学认知的出发点。

2.胡塞尔的现象学生活世界论

虽然他不是第一个创造现象学这个词的人,但人们普遍认为德国哲学家胡塞尔是现象学哲学运动之父,他所开创的现象学运动是 20 世纪最有影响力的思想运动之一,它对几乎所有哲学领域都做出了重要贡献。无论是哲学还是语言学、社会学还是认知心理学都无一例外地深受胡塞尔及其现象学运动的影响。在相当程度上,当代欧陆哲学无一不受现象学的影响。如果排除英美分析哲学的话,我们甚至可以说现象学即 20 世纪西方哲学。人们所熟悉的西方哲人,比如海德格尔、伽达默尔、阿伦特、马尔库塞、列维纳斯、萨特、梅洛-庞蒂、里科、德里达、哈贝马斯、阿多诺等,无一不深受胡塞尔的影响。

与狄尔泰一样,胡塞尔同样以自然科学的认知方法对人们认识人文科学所产生的影响为思考的出发点。对胡塞尔而言,自然科学的普

---

① Plantinga T. Historical Understanding in the Thought of Wilhelm Dilthey[M]. Toronto: University of Toronto Press,1980:71. 括号内容为笔者所加。

② Plantinga T. Historical Understanding in the Thought of Wilhelm Dilthey[M]. Toronto: University of Toronto Press,1980:71。

遍性使其有着坚实的认识论基础,启发着人文科学对知识追求的标准,然而自然科学的方法却不适用于人文世界,因为人文科学与人打交道,其中扮演核心角色的是人的意识,因而必须有一套与意识匹配的独特认知方法。它既可以赋予人文科学知识普遍性,又能使之区别于自然科学,这就是胡塞尔创立的现象学。按照胡塞尔的构建,现象学不再如黑格尔的现象学那样仅仅是绝对精神演进的一个环节,因而它正是哲学之为科学的唯一方法。现象学针对人的意识,是一种描述和分析意识的方法。一方面,它重形式逻辑的科学分析方法,因而与自然科学的科学性并无二致;另一方面,这些通过形式逻辑构建的知识建基于人们对自身生活经验(lived experience)的直观反思。通过这种方法哲学能获得严格科学(vigorous science)的普遍性特征。具体而言,该方法体现为胡塞尔所构建的"现象学还原"(phenomenological reduction)。

现象学还原的一个基本要点在于对某一意识内容的描述,不能以关于该意识内容所指向的对象的任何存在假设的正确性为前提,即使对象的存在是不确定甚至是不成立的,即意识的对象没有任何实在性,它也不影响现象学的运作。换句话说,现象学研究的客体现象是一种先行给定之物(pre-given),因而现象学是一种崭新的先验哲学(transcendental philosophy)。它是对人的意识结构的研究,专注于针对意识所呈现的有关对象的意向性(intentionality),通过"悬置"(epoché)将意识本身之外的对象性存在排除在现象学研究之外,只以意识的意向所指向的事物本身(thing itself)呈现的直接性(immediacy)为描述对象。继布伦塔诺之后,胡塞尔将意向性视为意识的标志。胡塞尔认为,意向行为具有意义的结构,通过揭示这种结构,人们即能把握心灵所指向的对象的意义。现象学的方法能够让人持续反思和系统地描述意识的本质结构的内容,而不用再把精力放在事物本身是否存在等传统形而上学问题,从而以类似康德先验哲学的方式提出一种先于经验的哲学思考方式。胡塞尔认为,在这种现象学悬置方法的基础上,哲学可以被确立为一门严谨的科学,可以"澄清认知的所有种类和形式"①,因为它可以发现所有心理行为的共同结构,从而使现象学的知识具有普遍性与科学性。在这个现象学还原过程中,人们直接获得的认知内容不再如传统形而上学那样,要么因其经验的偶然性而被理性主义质疑其缺乏可靠性,要么因其先验的确定性而被经验主义质疑其为独断主义。现象学还原方法能以一种理性的方法直接揭示生活经验的直接性和意义,从而让人们重新重视被传统形而上学遮蔽的活生生的世界。

胡塞尔的"生活世界"的概念是现象学方法的关键概念之一。胡塞尔的现象学还原方法所呈现的生活世界不再受制于近代机械论的自然科学。生活世界先于自然科学的认识论,是自然科学的前提,也是自然科学按数学和机械论方法解释世界先在的基础。胡塞尔的生活世界是事物自身以其所是的形式如实地呈现,它是人们在日常生活中能直接感知与反思的世界,也是人们能揭示自己的主体性与主体间性(intersubjectivity)、了解自己的世界,同时也是人们了解世界的先验场域,在这个场域中人们以其活着的经验(lived experience)先在地构成被人们以科学方法探究的世界。卡尔(Carr)在其著作中将生活世界描述为"我们大部分时间生活的世界,具有自己的结构、自己的主体间性和客观性"②。它是客观的,因为如同前述,人们用以了解人类生活经验的方法依然是科学的逻辑分析,而通过人们共有的逻辑分析方法,人们共同建构关于人类经验现象——生活经验——的意义,并从中发现人既是主体,同时又不是孤立的个别主体,因为由人们用共同的理性科学方法构建的意义是不同主体间构建的意义,因而生活世界是一个有着共同理性的主体间性的生活世界。胡塞尔所构建的生活世界不是一个单纯的生活实践世界,而是一个由共同理性支撑的世

---

① Husserl E. The Idea of Phenomenology[M]. Hague:Martinus Nijhoff,1964:4.

② Carr D. Phenomenology and the Problem of History:A Study of Husserl's Transcendental Philosophy[M]. Evanston:Northwestern University Press,1974:131.

界,在其中人们有着活生生的生活经验。它的存在不容置疑,但又不能被任意把握,因为我们不是孤立的主体,我们需要以共有的理性,共同演绎与构建共同的生活经验的意义。

3. 王阳明的相关理论

儒家思想强调的全人人格理念与上述整体性思想契合,因为两者均不割裂理论知识与实践智慧的有机统一性。儒家思想特别重视思想与生活实践的联系,其礼学尤重如何将两者融于学做人、成人的追求中,并视人从生到死的不同生活阶段为此追求的场所,因而儒家认为人一生所学所成的是一个包含从生到死的完整人格。然而,这一人格不是一个局限于自我的人格,而是一个有家有国有天地万物的完整人格,因为儒家教导人们所学所成的人格理念不仅包含政治、社会与家庭规范,还包括天地万物的维度。以其礼学为例,既为"亲亲"与五伦的位分设定各种规范,又通过各种礼仪让人不囿于狭隘的个我而通达至天地万物。例如,婚礼就透露出夫妻之道与万物规律遥相呼应。《礼记·哀公问》曾说:"天地不合,万物不生。大昏,万物之嗣也。"《仪礼·士昏礼》中"纳采用雁"则取雁顺阴阳往来之义。又如《礼记·祭义》反复强调人之死如同回归于万物的思想,显示人一生各个领域的道德修养不仅以自我以及家国天下为对象,也涵盖天地万物于其中。

尽管"体知"(embodied knowledge)是晚近才提出的一个概念,但其义理却贯穿整个儒家思想史,而在王阳明知行合一哲学那里得到最为深刻的阐发。作为一个概念,它其中一个优点在于与西方全人教育提倡的"体验性知识"(experiential knowledge)相对应,因而能与现代大学倡导的全人理念接轨。中西方理念的重点都是知识,这种知识是通过身体来把握的。不过,西方的全人概念侧重身体的经验性品质,儒家不仅对此重视,而且其主张的"体"兼有更高明的形而上学面向,这一面向的存在正是中西方全人教育理念差异的关键所在。

首先,如同王阳明所说,人与天地万物同体,彼此相通相融,因而儒家的"体知"没有西方的心与物、主体与客体、理性与情感、事实与价值等种种二元对立。套用西方哲学的语言,儒家的知的主体与认识对象(客体)在发端时已同属一体,因而前者不是孤立的,后者亦不是一个等待人们去认知并将知识予以实践的事物。根据儒家思想,前者必须通过生命体验才能把握后者,而所谓生命其表达形式必然是身体意识,因而知在发端时必然与身体意识并存并行,两者共同构成一个有机的整体。身体意识除了有知性,还有情感、意志等,对这些品质的全面关顾构成了儒家全人教育的内容。所以对物,儒家主张爱物,主张爱护大自然;对人,儒家主张社会关怀。这些都离不开体:承载知性的身体与他者实属同体,由知情意等充满的身体意识以仁道通达形而上的体。

其次,儒家全人教育理念尤重社会关怀与实践。儒家的知由身体承载,其在发端时即有着充分的身体意识。按儒家的理想,主体应致力于在实践中践行知并在实践中身体力行地验证知之真实,因而它不仅不将自我与他者(他人、社会和自然)对立起来,而且始终有着强烈的社会关怀。以孔子为例,他处于礼崩乐坏之世,却以"吾从周"之志删书述史,奔走于列国,将领悟到的仁道化为实践,播于浊世之中。后来的儒家无一不是立足于社会的实践,对时代问题有着切身的体认和深刻的洞察,将理想寓于行动、付诸实践。对他们而言,不存在纯粹的认知主体、客体和知识,理论与实践从来不是分离的,知情意等人性品质也必须统合起来,因为知识与实践智慧共生,知识须着力于实践当中。因而,按照儒家的全人教育理念,道德人格的培养不应被第一课堂(理论)与第二课堂(实践)所区隔,两者应统合为一个整体。全人教育应创造条件让学生走出第一课堂,将知识与社会关怀践行于第二课堂中。因此,没有作为第二课堂的生活—实践育人模式,全人教育是不完整的。生活—实践育人工程的开展正是为了使宁波诺丁汉大学思政教育实现全人教育理念。

最后,"体知"既然以身体意识为其认知之体,自然不会忽略人类心灵及其激情本性与仁道之践行的关系,因而极其重视从全方位的角度将人欲导向仁道。古时儒家的"六艺",既有今天第一课堂里的基础教育,也有第二课堂里旨在引导心灵与身体蕴含的知情意等本性的人文教育。将两者统合起来的"六艺",其目的是使心灵与身体的各种本性合乎当时的"礼",即社会规范。除"六艺"外,儒家还通过贯彻人生各个阶段的礼仪教授做人的道理。如同上述,礼仪是以"体"展开的,其背后体现的修身成人的精神意蕴必须通过个人的礼仪实践被认知。我国大学的形式源自西方且行之多年,第一课堂与第二课堂的区隔格局是我们不得不接受的现实,因而难以遵循传统的模式——落实儒家的"六艺"和礼学教育,但我们依然可以借鉴儒家体知所指向的整全人格理念及其实施路径,在第一课堂之外以"德、智、体、美、劳"和适当的礼仪教育等综合人文教育与实践,善导学生的知情意等本性,将之化育为文化与社会关怀的动力,以补足现代大学中第一课堂纯知性教育灌输的不足。

第二节　生活—实践育人模式的教育理论依据

一、杜威的"教育即生活"理论

（一）实践理论思考全过程

杜威的一生游走于学术界与日常生活之间,思考的触角不限于哲学,而是遍及一切有关思想与生活之间关系的学科,包括教育学、心理学、美学与艺术批评、环境政策、信息论、新闻学、医学、政治理论、精神病学、公共管理、国际关系、社会学等,其理论与实践依然为各门学科所提及,影响至今不衰。此外,他尤重思想之于社会与文化的实际影响,因此从不自囿于学术象牙塔中,但凡能将理论联系实际的机会都不会放过。只要随便翻一下他的简历,我们就会发现他不仅创办了芝加哥大学附属实验学校（The University of Chicago Laboratory School）,支持哥伦比亚教师学院（Columbia's Teacher's College）的营运,还积极参与社会事务与公共政策的制定与改革,关注女性的地位,同时关心世界各国的教育事业。杜威之所以会如此,是因为他的问题意识源于生活经验,思考的归属也是生活实践,理论始终联系实际。同理,他的教育思想也有着思想与生活经验兼顾的特点:实践—理论思考。

杜威的知识理论与一般西方认识论的起点不同。西方大多数的认识论假定存在某些知识,然后据此仔细检查主张这些认识的命题的性质和有效性,比如康德在《纯粹理性批判》中问"我们能知道什么"和"我们怎么能知道",并在此基础上以《实践理性批判》阐述实践理性的限度,以《判断力批判》阐述在缺乏科学理性有效性的背景下,人们何以能够进行审美判断和目的论判断。杜威的哲学和教育理论则很早就偏离了西方认识论的这一传统。深受实用主义者詹姆斯(James)的影响,杜威几乎从一开始即提出与上述传统认识论不同类型的问题。詹姆斯的问题已先行地把知识当作一个已经获得的现成事物,然后才研究它的性质。对杜威而言,这本身是有问题的,因为人们是在一个活泼多变的经验过程中了解事物,其中知识与经验实践是糅合在一起而不是截然两分的。杜威从达尔文主义那里认识到人类社会连续性(continuity)的观念,因此杜威把传统认识论问题改为:我们通过什么过程得出知识断言及其有效性?在过程中采用什么方法来获取知识?杜威认为,人们通过生活经验产生疑问,并在生活实践中获取知识,知识会反过来改变人们的经验和生成它的生活实践,但同时又不停地被生活实践所检验。经验与认识是二而为一的教育全过程:实践—理论思考,而在这个过程中验证知识真理的方法即实验主义(experimentalism)。

(二)杜威教育思想:以芝加哥大学附属实验学校为例

下面我们以杜威在芝加哥大学附属实验学校(简称实验学校)的办学经验为例来阐述实践—理论思考全过程的思想特点。之所以如此做,有三个原因:一是为了呼应杜威的上述思想;二是杜威的思想非常庞杂,几乎涉及传统哲学和新兴社会科学的众多学科,如形而上学、认识论、逻辑学、伦理学、美学、宗教、心理学、进化论等,而他思考的问题最终又与他一生的职志——教育——有关,因此在有限的篇幅里我们只能适当呈现其有关思想;三是相对而言,他的教育思想比较简练,且具体不抽象,甚至都可以在实验学校中找到其原型。

1. 杜威教育思想的背景

杜威的教育思想资源主要有三个。

第一,黑格尔哲学。不了解黑格尔哲学,人们将无法了解为何杜威将纯粹传授知识的课堂置于学校整体考虑和其将学校与社会有机结合的思想。黑格尔哲学的一个核心观念是涵盖一切的整体性(totality),即现实是一个逻辑系统,其每个部分的意义都离不开它在整体结构中所处的位置。因此,事物并不是毫无关联地独立存在,而是从属于一个有机整体。概念与概念之间、认知主体与客体之间、理性与经验之间、思维与存在之间等所有构成整体—部分的二元对立事物或现象,都是相互交织和相互依存的。在杜威早年求学的时候,黑格尔的绝对唯心主义对美国和英国思想界有着极大的影响,以至于梯利以教科书式语言重复着黑格尔思想:"世界本身是一个,它是作为一个统一体、一个整体呈现在我们面前的。人类把它分成各个部分研究,但这些部分绝非真的分离,绝非互不依赖的实体。没有一种现象能够在离开所有别的现象的孤立状态下被彻底理解,严格地说,不知道所有事实,我们就不可能知道单一的事实。"①杜威早期深受新英格兰地区关于灵与肉、自我与世界、自然与上帝截然两分的二元论困扰,直到他了解到黑格尔哲学才得到解放:"黑格尔思想之所以吸引我,也有'主观'原因:它满足了我对统一的需求……黑格尔哲学中主体与客体的统一、物质与精神的统一以及神与人的统一并不只是给我提供了一个思想公式,而是让我获得了巨大的解脱与解放……学习黑格尔哲

① 梯利.伦理学导论[M].何意,译.桂林:广西师范大学出版社,2001:8.

学为我的思想留下了一个永久的矿藏。"①

第二,达尔文进化论。不了解达尔文进化论对杜威的影响,我们将无法了解杜威有关人的智力的看法,也无法了解杜威如何突破传统形而上学将心物二分的认识论,更无法理解为何杜威强调旨在提升人的知识水平的教育是生活的思想。正当人们批评在社会领域直接产生了追求优胜劣汰、适者生存的社会达尔文主义时,杜威却领悟到达尔文主义对哲学的启发意义。根据达尔文的进化论,杜威认为,哲学不应再是考察现实的静态学问,而应被视为作为生物(organism)的人所进行的动态思想探究活动,因为人类是在一个充斥着连续性(continuity)的生存环境中寻求生存和进化的物种,其思考也同样有着环境进化的连续性的烙印。因此,人类不应把自身的认知活动从他所认知的世界抽离出来,而是应该认识到人类是在一个复杂多变、不停淘汰不适应物种的世界里与其他物种打交道,所以并不存在形而上学认识论所讲的截然对立的心物二元论。"在自然哲学和认识论中统治了 2000 年的概念,已经成为心灵熟悉的固化的概念,它们建立在固化之物和终末之物的优越性假设之上,他们依赖于将变化和起源视为缺陷和不现实的事物。"②传统形而上学认识论习惯将认知主体从其生存情景(living contexts)剥离出来,似乎是为了认知而认知,这样的沉思对有机体的学生发展智力而言,毫无帮助,更不可能有助于他们应对环境和社会向其提出的挑战。对杜威影响很大的詹姆斯把进化论引入心理学,认为人类的思想只不过是适应环境变化的产物。针对詹姆斯的这一生物心理学观点,杜威曾经说道:"他的影响不断地深入我的所有思想,促使我改变了旧的信念。"③杜威认为,我们所谓的哲学知

---

① 杜威.杜威全集——晚期著作(1925—1953)(第 5 卷)[M].上海:华东师范大学出版社,1984:116-117.

② Dewey J. The Influence of Darwin on Philosophy and Other Essays in Contemporary Thought[M]. New York: Henry Holt and Company,1910:1.

③ 杜威.杜威全集——晚期著作(1925—1953)(第 5 卷)[M].上海:华东师范大学出版社,1984:119.

识其实只是众多生物为了生存而进行的认知活动的一种而已，我们人类和其他生物一样在漫长的进化过程中运用思维与符号语言进行认知，其目的是解决现实中的生活问题，因此我们不是被动地认识世界，而是在一个充满生存挑战的世界里主动接受生存挑战，主动认识世界、适应生存法则、检验（experiment）与修正我们的认知与行为，甚至根据我们的认识创造与发明，以寻找一种适应生存与进化的更好的途径。我们认识世界，并不是单纯为了获得静态的沉思性知识，而是为了呼应变动不居的环境与生活发起的挑战，人的智力正是在这样的一个生物—社会视角下形成的。据此，教育工作者不应把作为有机体的学生视为一个应当被困在课堂里被动接受知识的机器，而应该通过教育将学生的经验与生活连接起来，承担延续日常生活的功能。①

　　第三，詹姆斯的实用主义。为何在杜威看来，课堂学习并不能达致真理？要了解其原因，我们要先了解詹姆斯实用主义真理观。除了上述生物心理学观点，詹姆斯还影响了杜威对真理的看法。杜威曾在其自传式文章里提到："若要让我找出一个进入我的思想并给予它新方向与新品质的具体的哲学影响，那便是威廉·詹姆斯。"②当詹姆斯了解到杜威办的实验学校及其办学理念时，他称之为"一个真正的学校和真正的思想"（a real school, and real Thought）③。英语的Thought是大写，意味着有所特指，其意思极有可能是指杜威奉行的詹姆斯的实用主义。作为第一代美国实用主义大师，詹姆斯尤其关注理论探究的意义与真理的本质。针对西方传统形而上学高举沉思与理性并贬低经验的做法，詹姆斯认为，"无论是真理的全部，还是善的全部，都不会向任何一个观察者揭示，尽管每个观察者都从他所处的

---

①　Dewey J. The Influence of Darwin on Philosophy and Other Essays in Contemporary Thought[M]. New York：Henry Holt and Company，1910.

②　杜威. 杜威全集——晚期著作（1925—1953）（第5卷）[M]. 上海：华东师范大学出版社，1984：119.

③　Durst A. Women Educators in the Progressive Era：The Women behind Dewey's Laboratory School[M]. New York：Palgrave Macmillan，2010：2.

特殊位置获得了部分的洞察力优势"①。因此,要彻底了解一件事就需要了解整个宇宙,也需要理解它与其他事物的所有关系,而其即时的意义在于它当下的有用性。根据这种认为不能把单一现象视为获取真理的唯一源泉的看法,人们自然不难理解杜威为何认为教育不应只限于课堂而应将之置于整个校园甚至学生整个生活进行的原因了。

2.芝加哥大学附属实验学校的办学思想

杜威于1896年创办芝加哥大学附属实验学校。它是一所建立在实验研究基础上、提倡学习与体验并重、崇尚教学相长的学校,有着非常独特的办学特点,能比较全面地反映杜威的教育思想。

第一,学校办学以学生的兴趣为中心,因为学生的兴趣与生活密切相关。杜威关注学生兴趣的理念深刻地影响了他的实验学校教育方针。杜威认为,学生学习的动力应来自兴趣,而追求什么兴趣应由学生的自我意志决定。学生的兴趣会随着他们的生活阅历、智力发展和个人需要而出现或变化,因为学生的兴趣源自生活,生活经验让学生产生好奇与疑问,让学生通过学习解决疑问。甚至可以说兴趣即生活本身,因为兴趣能否实现将影响学生未来的生活。既然兴趣如此重要,那么由兴趣驱动之学习也应回归生活,而生活没有学科之划分,也不会限于课堂所在的建筑物,更不会止于学校之大门。认识到这点,学校应为学生创造条件,其办学方针应帮助学生发展与实现其兴趣,让学生的兴趣能从课堂走向生活、从学校走向社会。同时,从学生的兴趣产生到课堂学习,再从课堂学习走向生活和社会,学校应将此视为一个整体。它贯穿学生学习的整个过程,须知学校即生活和社会,而不应将课堂与生活和社会切割成独立的板块。此外,这个过程是动态的,意味着它并不把握全部真理,因此需要验证,因此实验学校具有实验主义性质。为了实验,实验学校应把教育的重心转移到学生的活

---

① James W. Talks to Teachers on Psychology:And to Students on Some of Life's Ideals[M]. New York:Henry Holt,1899:264.

动上来,并不时从经验实践中对各个环节做出灵活调整。在实验学校的实践中,杜威认为,要"直接针对真正的自发活动和兴趣",并"利用它,使它成为一种有效的习惯(性格),而不是或多或少的一时冲动",其方法是赋予学生的兴趣"目的"。他举例说,如果学生对食物感兴趣,那么让学生学习烹饪,并告诉学生他为大家准备的午餐是有一个社会目的的,目的的社会性在于食物所反映的文化历史传统、烹饪过程中人与人之间的社会沟通技巧、为他人服务等。除此之外,学生在烹饪过程中还会意识到很多以前没注意到的事物,比如,学会不问结果而只重发挥兴趣本身的重要性、数学如何应用于确定食材的分量、关注食材的成分以及背后的科学知识等。兴趣让实验学校的学生看到教育与生活的真正联系,同时促使他们有动力深化某一兴趣和发展其他兴趣。兴趣是实践—理论思考全过程的一个核心连接点。①

第二,学校即生活,要兼顾学生眼前的生活。如同当今的很多大学一样,当时的美国大学一般只侧重为学生的未来设定课程,结果是忽略了学生眼前的生活。由于考虑的是未来,课程偏重纯知识的传授,自然要求学生死记硬背,也不会考虑这些知识与学生当下的生活以及学生对当前社会和世界的认知有什么关系。可想而知,这样的教学模式只能是一方的传授和另一方不经思考地为着那遥远且不确定的未来而接受。但是对学生而言,如果眼前的生活、社会和世界都没能关照到,那么这些深奥的知识于他们的未来何干? 他们又如何能有动力和兴趣为未来学习? 相反,对于杜威来说,人是从生活经验中对周围世界产生兴趣、疑问与学习动力的,因此需要生活经验来增进对事物的了解,而生活经验自然是当下的,因为未来的生活还没出现,还不能被学生体验到。正如杜威在管理实验学校时出版的《我的教育信条》所言,教育"是一个生活的过程,而不是对未来生活的准备"②,此处

---

① Durst A. Women Educators in the Progressive Era: The Women behind Dewey's Laboratory School[M]. New York: Palgrave Macmillan, 2010:22-23.

② 涂纪亮.杜威文选[M].北京:社会科学文献出版社,2006:392-393.

杜威用的生活是动名词 living,暗指教育所指向的生活是动态的。因此,杜威进一步强调学校必须"代表当下的生活",学校所呈现的生活必须"如同学生在家里、社区或操场上的生活那样真实和活生生的"。杜威所说的"真实和活生生的"暗含着实质性的意思,因此他不认为学校之为生活只应追求呈现众多"生活的形式"而已,因为它们不能说明"真正的现实",而学生要求了解的是真正的现实生活。正是这个原因促使实验学校的课程贴近学生的真实生活。在家庭生活方面,实验学校的课程有着与学生的家庭日常生活息息相关的烹饪、缝纫、劳作等训练课程。① 这类课程不再被视为除科学知识等主课程外可有可无的点缀,而是实验学校不可或缺的课程,因为它们比第一课堂更能呈现一个真实的生活图景:烹饪让学生思考如何回到家后为父母做一顿美味佳肴;缝纫让学生认识到母亲为其修补衣服并不是一件容易的事情;劳作让学生了解到父母为了生活而付出的血汗;等等。在这些课程中学生自然更愿意动脑子,认识与实践得到更完美的结合,因为人们的思考"产生于解决某些困难的需要",人们通过反思寻找"克服困难的最佳方法"。眼前的真实生活让学生了解到理论知识与当下的生活实践密切相关,两者是相互关联的。在这类课程中,学校要做的是达致"一个智力和经验的实践阶段之间的平衡",这个平衡涉及"观念及其在行动中的体现之间的持续相互作用"。而所谓的"在行动中的体现"(embodiment in action)已明示教育不能是抽象的,它必须通过身体之行来实现与验证,而身体是当下生活的载体,观念的认知与实践是一个持续且有即时性的相互作用过程:实践—理论思考全过程。②

第三,学校即社会,要兼顾学生的道德生活。实验学校的生活是学生校外生活的一个延伸。既然教育的一切是为了当下的生活,那么

---

① Dewey J. My Pedagogic Creed[M]. New York, Chicago: E. L. Kellogg & Co., 1897:9.

② Durst A. Women Educators in the Progressive Era: The Women behind Dewey's Laboratory School[M]. New York: Palgrave Macmillan, 2010:49.

学校所再现(represent①)的生活自然不仅涉及学生的日常家庭生活经验,还会扩展到学生的社会生活,因此实验学校把烹饪、缝纫和劳作等称为"社会职业"(social occupations)。然而,与家庭和邻里生活不一样,"社会生活"(social life)涉及他者(社群、社会、国家与世界),因此有关的课程背后必须有道德观念支撑。为此,杜威在《我的教育信条》中强调:"将学校视为一种社会生活方式是道德教育的核心观念","最好和最深刻的道德训练恰恰是一个人通过与他人在工作和思想的统一中建立适当的关系而获得的"。② 自然,杜威心中的道德观念主要围绕自由民主制展开,这点充分体现在其《民主主义与教育》中,但其意识形态观念不妨碍这一思想给予奉行其他制度的国家以启发。一是在实验学校里,培养道德观念与学生个人生活同时展开。换句话说,就培养学生的道德观念而言,社会生活与个人生活是二而为一的事情,因为家庭伦理与邻里之间如何守望也涉及道德观念;而就学校而言,这意味着课堂教育的道德意义并不限于课堂,也不仅仅止于校门内,而是与校外的社会紧密相关。二是实验学校所奉行的道德纪律是"从整个学校的生活出发,而不是直接从教师出发——教师的工作只是根据更大范围的经验和成熟的智慧,决定生活的纪律应该如何落到孩子身上"③。杜威的意思是,学校的道德纪律不是墨守成规的,而是基于前述对学校即生活的理解而来的。换句话说,道德纪律是在教师与学生、学校与学生、学生的兴趣以及学生各种生活之间的活泼互动中形成的,道德纪律应从整个学校生活出发,学校不应视道德纪律的形成仅仅为学生的事情而已。这点的意义重大,因为它将传统的老师单向对学生进行道德规训的模式转化为老师也需要在整个学校生活中同步进行学习的新模式,提倡把学生单向学习的模式改变为教学相长的新模式。而新模式同时发生在一个校园,在其中老师与学生同步

---

① represent 一词兼有代表与再现的意思。
② Dewey J. My Pedagogic Creed[M]. New York, Chicago: E. L. Kellogg & Co., 1897:9.
③ Dewey J. My Pedagogic Creed[M]. New York, Chicago: E. L. Kellogg & Co., 1897:9.

学习,不存在老师与学生的生硬区隔,也没有学科之间的边界,更没有课堂与课堂外生活的人为区分,因为"使学校科目相互关联起来的真正中心不是科学,也不是文学,也不是历史,也不是地理,而是孩子自己的社会活动"①。三是根据新模式也没有学校与社会的间隔,学校即社会,但有着老师与学生共有的生活——体现实践—理论思考全过程的实验学校。

第四,教育需要实验和实验主义方法论。学校即生活,但两者都不是有待认知主体认识或学习的一成不变的事物,因为两者均涉及丰富且多变的经验。此外,教师与学生在教育过程中是同步学习的,因为真正的生活本质上是多变的,如同校园外的生活一样。教育过程中新奇事物与现象层出不穷,不断涌现,相应的知识只是相对稳定而已,不应被视为一成不变的固化之物,而应不停地被检验,因此老师所传授的都具有实验性质,教师与学生都在教学过程中学习并验证知识的有效性。如果学校即生活,那么教师与学生其实都在学校中实验生活。既然生活是多变的,那么实验自然没有尽头,老师与学生共同学习也同样没有尽头,会永远持续下去。换句话说,之所以教育需要实验,是因为人们需要用实验主义方法论来获取知识,并用其检验已获得的知识,而这些都发生在上述作为生活之学校中。所谓实验主义其实是一种批判的工具,也是一种建构的工具。前者意味着它是对静态真理观的批判工具;后者意味着它是在学校作为生活的场域中,对常识、生活经验、各种课堂知识等进行验证后重新对知识及其真理进行建构的工具。实验学校即实现实验主义这一方法论的尝试。但要注意,实验学校名字中的 laboratory(实验)与杜威的实验主义中的 experiment(实验)一词并不完全是一回事,前者只有纯粹的实验、试验之义,而后者则包含实验与上述批判与重构的意思。尽管中文将 experimentalism 翻译成实验主义,但其实在杜威那里,

---

① Dewey J. My Pedagogic Creed[M]. New York, Chicago: E. L. Kellogg & Co., 1897: 10.

experimentalism 及与其相关的英语语词 experiment 和 experimental 均有以经验为中心、用经验验证知识这样一个过程的意思,而这个过程是一个整体,就杜威教育思想而言,它糅合了学习与体验,并将两者视为互动的动态发展过程之义。实验学校有试验、测试之义,但根据前述观点,我们可以看出实验学校的核心办学思想不只是单纯的试验与测试,它是兼具实验(laboratory)和实验主义性质的学校,而实验什么呢? 实践—理论思考全过程。

二、陶行知的"生活教育理论"

陶行知深受杜威的影响,但是他在教育思想方面超越了杜威"教育即生活"的理论,在 20 世纪 20 年代末提出了"生活教育理论"。"生活教育理论"的基本观点是生活即教育、社会即学校、教学做合一,这种理论具有鲜明的中国特色、时代精神和本土意识,其在中国近代教育的发展史上占据了重要的地位。陶行知曾在金陵大学的暑期学校发表了题为"活的教育"的演讲,在演讲中他对其"生活教育理论"进行了阐述,认为"生活是给生活以教育,用生活来教育,为生活向前向上的需要而教育",即 education of life,education by life,education for life。① 这样一来,生活与教育从传统的相互分离的状态转变为相互融合,生活成了教育的途径和目的,从而使教育也像生活一样生动活泼起来。陶行知在《育才学校教育纲要草案》一文中又对上面的主张进行了具体的解释,他说:"育才学校全盘教育基础建筑在集体生活上……育才学校的生活与教育是统一的,它认定劳动生活即是劳动教育,用劳动生活来教育,给劳动生活以教育;它认为健康生活即是健康教育,用健康生活来教育,给健康生活以教育;它认为政治生活即是政治教育,用政治生活来教育,给政治生活以教育;它认定文化生活即是文化教育,用文化生活来教育,给文化生活以教育。"②可见,在陶行知

---

① 陶行知.陶行知全集(第一卷)[M].成都:四川教育出版社,2020:340-350.
② 陶行知.育才学校教育纲要草案[J].战时教育,1940(1):4-5.

看来,学校需要对学生进行哪个方面的教育就需要在哪个方面的具体生活中开展。

陶行知的"生活教育理论"对于生活—实践育人模式来说有重要的启示意义。传统思政教育的主渠道被局限在课堂,与学生的日常生活总是保持一定距离,即便老师在上课时讲一些与现实生活有关的例子,依然只能通过老师的讲授或演示文稿的展示让学生感知到,学生并不能在生活实际中通过切身体会加以领会,从而使学生对于思政课产生疏离感,也影响了思政教育的效果。生活—实践育人模式旨在弥补传统思政教育脱离生活的不足,在课堂教学之外的广阔校园生活中开辟思政教育的新路径,而这种思政教育恰恰与陶行知的"生活教育理论"有相通之处,即想要培养学生健康生活的能力,就要依托健康生活来教育他们;想要培养学生高尚的道德品质,就要在学生的道德生活中教育他们;想要培养学生认同社会主义核心价值观,就要在社会主义建设的实际生活中教育他们。

具体来讲,生活—实践育人模式应该给生活以思政教育,用生活来进行思政教育,为满足生活向前向上的需要而进行思政教育。

(一)生活—实践育人模式旨在给生活以思政教育

在传统观念中,人们对思政教育的理解较为狭窄,一般是指课堂教学中的思政课程和学生管理工作的一部分。虽然辅导员等教育工作者在学生管理过程中开展的一些思政教育工作似乎也与学生的日常生活有关,但在传统观念下,这种教育只是恰好发生在学生的生活区,而这种教育本身与学生的生活并没有内在的联系。生活—实践育人模式旨在赋予生活以思政教育的意义,使思政教育得以依托生活,而思政教育对生活的依托便会直接导致其教育途径和目的的变化。

(二)生活—实践育人模式用生活来进行思政教育

在教育途径方面,陶行知的"生活教育理论"一反杜威"学校即社会"的观点,提出了"社会即学校"的主张。他说:"学校即社会,就好像把一只活泼泼的小鸟从天空里捉来关在笼里一样。它要以一个小的学校去把社会上所有的一切东西都吸收进来,所以容易弄假。社会即学校则不然,它是要把笼中的小鸟放到天空中去,使它能任意翱翔,是要把学校的一切伸张到大自然界里去……假使杜威先生是在晓庄,我想他也必主张'生活即教育'的。"①这样一来,社会从学校教育的属性变成了学校教育的途径,学校的教育空间得到了大大的拓展,不仅课堂教学是教育的途径,学校生活的方方面面都应该是教育的途径,以至于"从早到晚莫非生活,即莫非教育之所在"②,从而使学校成为活学校,使学生成为有精神、有活力的人。从陶行知的理论出发,生活—实践育人模式也需要突破课堂教学的单一途径,将思政教育体现在学校校园的方方面面和学生生活的点点滴滴,只有这样学生学到的思政教育知识才不是死的知识,而是成为活的知识,才不再是印刷在书本中的文字,而是内化于学生思想的素养。

此外,陶行知的"生活教育理论"具有鲜明的革命性、斗争性、民主性、平等性和大众性,是为劳苦大众争取教育权益的教育理论。因此,在教育途径上,"生活教育理论"一反以往的教育理论鄙视劳动的作风,倡导教育与生产劳动相结合,与生活实践相结合,体现了教学做合一的鲜明特点。正如陶行知所说:"本校的办法,是主张在劳力上劳心。本校全部生活,是'教学做'。教的法子根据学的法子,学的法子根据做的法子。我们的实际生活,就是我们全部的课程;我们的课程,就是我们的实际生活。我们每天早晨五时有一个十分钟至十五分钟的寅会,筹划每天应进行的工作,是取一日之计在于寅的意义。寅会毕,即武术。本校无体操课,即以武术代。上午大部分时间阅书。所阅之书,一为学校规定者;一为随各个人自己性之所好者。下午工作有农事及简单仪器制造、到民间去等。晚上有平民夜校及做笔记、日

---

① 陶行知.陶行知全集(第二卷)[M].成都:四川教育出版社,2020:399.
② 陶行知.陶行知全集(第三卷)[M].成都:四川教育出版社,2020:410.

记等。这是本校全部大概的生活。"①

　　陶行知所说的教学制度和方法是对教育的整体设计,虽然思政教育只是全部教育活动的一部分,但依然可以从中有所借鉴,即也应该注重与生产劳动和生活实践相结合,不能因为其主要是一种思想层面的教育就将其与劳动和实践相脱离。党的二十大报告明确指出:"教育是国之大计、党之大计。培养什么人、怎样培养人、为谁培养人是教育的根本问题。育人的根本在于立德。全面贯彻党的教育方针,落实立德树人根本任务,培养德智体美劳全面发展的社会主义建设者和接班人。"可见,合格的社会主义建设者和接班人应具备的重要素养之一就是劳动素养,劳动素养不仅包括与劳动有关的知识和技能,还包括与劳动有关的情感、态度和价值观。正如习近平总书记在全国教育大会上指出的:"要在学生中弘扬劳动精神,教育引导学生崇尚劳动、尊重劳动,懂得劳动最光荣、劳动最崇高、劳动最伟大、劳动最美丽的道理,长大后能够辛勤劳动、诚实劳动、创造性劳动。"②与劳动有关的知识和技能或许需要通过相关的专业教育来培养,但想让学生具有劳动精神、崇尚劳动、尊重劳动,认同劳动最光荣、最崇高、最伟大、最美丽等道理,则属于有关劳动的情感、态度和价值观等思想层面的问题,这或多或少都要借助思政教育来培养。因此,生活—实践育人模式在实施时不但可以利用学生的相关生活场景来开展教育,还可以多组织学生参与生产劳动实践,如在植树节组织学生参与植树活动,在课余时间组织学生参与校园清洁活动等。总而言之,生活—实践育人模式不但要丰富学生的大脑,还要解放学生的双手,从而培养学生劳动方面的品质,将来成为合格的社会主义劳动者。

　　(三)生活—实践育人模式要满足生活向前向上的需要

　　陶行知"生活教育理论"的提出以批判封建旧教育为前提。他认

---

① 陶行知.陶行知全集(第二卷)[M].成都:四川教育出版社,2020:289.
② 张烁,王晔.坚持中国特色社会主义教育发展道路　培养德智体美劳全面发展的社会主义建设者和接班人[N].人民日报,2018-09-11(1).

为,封建旧教育让学生"读死书",容易"消灭学生的生活力、创造力",其结果是培养出的学生"肩不能挑,手不能提,面黄肌瘦,弱不禁风",因此视之为"吃人的教育"。① 为了扭转这一状况,陶行知的"生活教育理论"认为,教育应该立足于实践,培养学生的生活力和创造力,使学生能够征服自然、改造社会。鉴于此,教育应该以引人向上生活为目的。

那么,什么样的生活是向前向上的生活呢? 党的二十大报告指出:"为民造福是立党为公、执政为民的本质要求。必须坚持在发展中保障和改善民生,鼓励共同奋斗创造美好生活,不断实现人民对美好生活的向往。"因此,从当今的时代背景看,这种向前向上的生活应该是一种美好生活。那么,美好生活又是一种什么样的生活呢?

从个人角度讲,美好生活应该是一种个人幸福的生活,而思政教育作为学生所接受的全部教育的必要组成部分,其目的也应该是引导学生过上幸福的生活。一个人想要过上幸福的生活需要具备多种品质和能力,如果说专业教育是为了让学生过上向上的生活做知识、技能上的准备,那么思政教育就是为了让学生过上向上的生活做情感、态度和价值观的准备。正因为引导学生过幸福的生活是思政教育的目的,它也理应成为评价思政教育有效性的重要标准,因为我们很难说一个毕业后将自己的生活搞得一团糟的人曾经接受过有效的思政教育。

从国家角度讲,美好生活不应仅仅是一种个人生活,还应是一种美好的社会生活,而社会生活能否变得美好取决于个人能否对社会进行积极的改造。陶行知说:"改造社会而不从办学入手,便不能改造人的内心;不能改造人的内心,便不是彻骨地改造社会。反过来说,办学而不包含社会改造的使命,便是没有目的,没有意义,没有生气;所以教育就是社会改造,教师就是社会改造的领导者……教师得人,则学

---

① 陶行知.陶行知全集(第三卷)[M].成都:四川教育出版社,2020:519-520.

校活;学校活,则社会活。倘使有活的教师,各办一所活的小学,作为改造各个乡村的中心,再以师范学校总其成,继续不断地领导各校各村前进,不出十年,必著成效。依我的愚见看来,这是地方教育根本之谋,也是改造乡村根本之谋。"①出于这种改造社会的目的,陶行知教育的一个重要功能就是改造社会,而正是因为教育有这种改造社会的功能,所以应该大力发展普及教育,使劳苦大众都能够接受教育,并使内心得以改造,只有这样才能帮助"穷国"走出困境,而这一点需要通过相关人员的共同努力才能实现。陶行知的普及教育思想不仅对当时中国的普及教育具有启示意义,对于当今中国高校中的生活—实践育人模式也具有重要的借鉴作用。虽然生活—实践育人模式提出的时代是普及教育已经完成的时代,普及教育也不是思政教育的主要任务,但陶行知所提出的教育改造社会的思想依然闪烁着光辉。

首先,生活—实践育人模式的目的并不仅是培养学生成为一个具有较高思想修养的人,还要培养学生成为一个具有改造社会能力的人。我们教育的根本目的是培养合格的社会主义的建设者和接班人,这就需要学生在毕业后不能只独善其身,还要具有高度的责任心和使命感,能够主动投身建设国家的重任,具有改革创新精神和能力,不断推进社会主义现代化建设进程向前迈进。

其次,生活—实践育人模式在培养学生成为具有改造社会能力的人的过程中,也在潜移默化地改造社会。陶行知在倡导普及教育时也提到了知识分子应担负的使命。他将整日埋首在书斋中,不关心群众疾苦的知识分子称为"守知奴",认为这些人不愿回馈社会是一件可耻的事。② 当代教育的普及化程度已经很高,知识分子的概念似乎也应该重新界定,但教育回馈社会的思想依然具有合理性。生活—实践育人模式以生活为途径,对学生进行的思政教育往往在学生的生活中展开,因此学生在参与各种实践活动的过程中便可能会使其周围的生活

---

① 陶行知.地方教育与乡村改造[J].地方教育,1929(1):1-2.
② 陶行知.陶行知全集(第三卷)[M].成都:四川教育出版社,2020:100.

也表现出一种向前向上的改善。例如,有些高校在进行思政教育时会鼓励学生进行一些校外的志愿服务活动,如帮助维护周边社区卫生、去贫困山区支教等。这些活动不但可以培养学生的社会责任感和助人为乐的精神,而且使其帮扶对象的生活得以改善,从而表现出向前向上发展的趋势。

第三节　生活—实践育人模式的政策理论依据

一、实践论

毛泽东的《实践论》将马克思主义的经典理论与中华优秀传统文化结合,论述了辩证唯物主义认识论的基本观点,其实践与认识的辩证关系理论是指引我们认识世界的根本规律,是生活—实践育人模式的理论来源。

(一)什么是实践:"新世界观天才萌芽"的实践观

实践的观点是马克思主义的基本观点,正如被恩格斯评价为"新世界观的天才萌芽"[①]的《关于费尔巴哈的提纲》最后一条所述的那样:"哲学家们只是用不同的方式解释世界,问题在于改变世界。"[②]

在柏拉图和亚里士多德所开创的西方解释世界的传统观念中,实践活动被放在了价值秩序的底层。柏拉图对城邦人做出了"金银铜铁"的划分,将"哲人王"置于顶层,"护卫者"放在中间层,而"工匠"和劳动者则在最底层。在亚里士多德关于人类活动的区分中,沉思的活动因其非伴生的自足性而被视为如神般的"幸福",在城邦政治生活中所取得的"荣誉"处在中间层,劳动者辛苦劳作的实践则被置于最低层

---

① 恩格斯.路德维希·费尔巴哈和德国古典哲学的终结[M].3版.中共中央马克思恩格斯列宁斯大林著作编译局,译.北京:人民出版社,1997:65.

② 马克思恩格斯文集(第一卷)[M].中共中央马克思恩格斯列宁斯大林著作编译局,译.北京:人民出版社,2009:502.

级。而马克思的"实践"观是对西方传统的沉思与行动、哲学与政治关系的翻转，不是沉思而是实践成为价值秩序的顶峰，不是少数人的思考而是千千万万的劳动者所进行的物质生产实践推动了人类社会的发展和前进，这是对西方传统的创新性颠覆，并科学地说明了历史发展的基本规律。

毛泽东的《实践论》延续了马克思的实践观点，并将其与中华优秀传统文化紧密结合。第一，物质生产活动是最基本的实践活动，是其他一切活动的基础。人类在进行物质生产实践改造自然的过程中，形成了人与人之间的相互关系。第二，人类社会的物质生产活动是从低级到高级的进化发展过程。无论是对自然界的改造，还是人类社会自身的发展，都是由浅入深、由片面到更全面、由低级到高级的过程。第三，社会实践是检验人们认识真理性的标准。如《关于费尔巴哈的提纲》第二条所说的那样，"人应该在实践中证明自己思维的真理性，即自己思维的现实性和力量，自己思维的此岸性"①，只有在物质生产实践的过程中、在科学实验的过程中，人们的工作得到了验证、取得了预想的成果之后，人们的认识才能够被证实。通过不断地试错检验，从失败中吸取教训，"吃一堑长一智"，不断改正人的认识和思想以使之与外部世界的规律性相统一，从相对真理逐步走向绝对真理。这就是辩证唯物主义的真理观，"辩证唯物论的认识论把实践提到第一的地位"②。

（二）实践与认识的关系：实践与认识的统一

马克思主义认识论区别于唯心主义认识论以及旧唯物主义认识论的重要一点就是实践的观点。第一，某些唯心主义认识论认为，世界是由神创造的，从而是人所无法理解的，甚至正因为不可理解所以才要相信，完全否认了世界的可知性。第二，某些唯心主义认识论将

---

① 马克思恩格斯文集（第一卷）[M].中共中央马克思恩格斯列宁斯大林著作编译局,译.北京：人民出版社,2009:500.
② 毛泽东选集（第一卷）[M].北京：人民出版社,1991:284.

人的思维或者意识作为世界的本原,用人的精神(宗教"神"是人之本质的异化展现①)的外化来构建自然界,如黑格尔就试图通过作为"抽象的精神的劳动"②来实现人的自我意识。如此将客体理解为主体内部设定的认识世界的方式固然彰显了人的能动性,但只是抽象地发展,因为他们并不知道"现实的、感性的活动本身"③。第三,旧唯物主义的认识理论固然坚持了物质决定意识的唯物主义立场,但只是从"客体的或者直观的形式去理解",不过是一种"镜式"的被动反映论,既没有对事物自身的发展变化给予足够的关注,又将人之认识的能动作用完全抹消,最终造成了人的主观世界与客观世界的二元对立。虽然费尔巴哈的认识论将黑格尔"绝对精神"的自我外化颠倒过来,用人的自然本质"异化"理解"上帝"观念,有一定的进步意义,但费尔巴哈将人的本质归结为某种"利己主义"式的表现形式。④ 综上所述,以上关于主体与客体关系的理解存在着一个共同的缺陷,"或者将主体与客体作为二元并立的存在物,或者将客体理解为主体内部的自我设定,从而都没有把主体与客体之间的过程理解为客观现实过程"⑤,而这就是马克思实践哲学的诞生地。

毛泽东在《实践论》中通过感性认识到理性认识的上升和深化过程来解释"实践—认识—再实践—再认识"这一辩证唯物主义认识论的规律,使用诸如"你要知道梨子的滋味,你就得变革梨子,亲口吃一吃"这样形象生动的例子来说明实践的重要性。第一,认识的第一个阶段是"感性阶段"。通过调研、考察获得感性认识,认识到事物相对

---

① 在《〈黑格尔法哲学批判〉导言》中,马克思论证了"宗教是人的本质在幻想中的实现"这一观点。马克思恩格斯文集(第一卷)[M].中共中央马克思恩格斯列宁斯大林著作编译局,译.北京:人民出版社,2009:3-4.

② 马克思恩格斯文集(第一卷)[M].中共中央马克思恩格斯列宁斯大林著作编译局,译.北京:人民出版社,2009:205.

③ 马克思恩格斯文集(第一卷)[M].中共中央马克思恩格斯列宁斯大林著作编译局,译.北京:人民出版社,2009:499.

④ 马克思恩格斯文集(第一卷)[M].中共中央马克思恩格斯列宁斯大林著作编译局,译.北京:人民出版社,2009:499.

⑤ 鲁品越.鲜活的资本论:从深层本质到表层现象[M].上海:上海人民出版社,2015:42.

片面的和事物外部的联系,就是"感觉和印象的阶段"。在这个阶段,人们还无法得到合乎逻辑的结论。① 第二,认识的第二个阶段是"理性阶段"。人们运用概念进行判断和推理,不是对事物的片面的认识而是对事物的全面的认识,不是对事物的现象而是对事物的本质的认识,不是对事物与事物之间的外部联系而是对事物内部联系的认识,形成了对"事物的全体的、本质的、内部联系"的认识。② 第三,认识的第三个阶段是"从理性认识回到社会实践"。理性认识得到的东西是否具有客观真理性,这不是一个理论问题而是一个实践问题,要把理论认识应用到社会实践之中,"看它是否能够达到预想的目的"③,如此才能够检验得到理论认识的真理性。通过"实践—认识—再实践—再认识"这一不断发展的过程,人们在一定发展阶段的具体过程认识只是相对真理,而无数相对真理的总和就构成了绝对真理。以上,就是辩证唯物论的知行统一。

(三)生活—实践育人模式:"知行统一"的教育

生活—实践育人模式就是要把思政课程的理论与现实生活实践相结合,让现实生活成为思政课的丰富资源,让思政工作实现"知行统一",将思政教育落在新时代中国特色社会主义伟大实践这块"沃土"之上。

第一,理念:以学生为中心,回归生活实践的思政教育。马克思在《〈黑格尔法哲学批判〉导言》中有句著名的话:"理论只要说服人,就能掌握群众;而理论只要彻底,就能说服人。所谓彻底,就是抓住事物的根本。"④思政课绝不是单方面灌输,而是将灌输与启发相结合,要直面学生各种"为什么"的追问,善于用理论引导学生看到现实问题存在的

---

① 毛泽东选集(第一卷)[M].北京:人民出版社,1991:285.
② 毛泽东选集(第一卷)[M].北京:人民出版社,1991:285-286.
③ 毛泽东选集(第一卷)[M].北京:人民出版社,1991:293.
④ 马克思恩格斯文集(第一卷)[M].中共中央马克思恩格斯列宁斯大林著作编译局,译.北京:人民出版社,2009:11.

原因并坚定解决问题的决心,让学生增强理性思考的能力、培养其平和包容的心态、促进其奋发进取的精神。思政课的本质是讲道理,但要注重结合生活实践,把道理讲深、讲透、讲活,真正解决学生生活中的困惑。

第二,方法:教学方法革新,发挥生活实践育人的功能。宁波诺丁汉大学原校长杨福家曾说,"学生的头脑不是盛放知识的容器,而是待点燃的火种"[①],因而要通过主动探索的学习方式,从各学科之间找到映照关系,在发现世界的同时也发现自我。该理念不仅适用于专业课,也适用于思政课。思政课要通过实践使学生在发现世界的同时发现自我。离开了实践这个理论认识的"源头活水",思政课就可能脱离现实而成为不断重复刻板教条的"独白",造成思想的僵化。认识从实践开始,经过实践得到了理论的认识,还须再回到实践中去。如果只是就理论讲理论,那理论就成了固化的"本本",只有立足于中国特色社会主义的伟大实践,准确回答时代和实践提出的重大问题,要有主动精神不断推进马克思主义理论的中国化时代化,才能够让理论永葆蓬勃生机和旺盛活力。思政课要推动理论与实践的结合,深入调查研究行走实践,让书本的理论得到有血有肉的阐释。

第三,目标:促进全面发展,回应时代提出的重大问题。身处百年未有之大变局,各种社会思潮喷薄汹涌,不同价值观激烈交锋,高校应用"大思政课"的理念积聚全社会的育人力量,培育更多担当民族复兴大任的时代新人,真正促进人的全面发展。一是思政课教学要讲出理论深度。实事求是,直面问题本身,对那些造成人之"物化"的拜金主义、享乐主义、极端利己主义等错误思想"说不",为促进人的"全面发展"的教育筑根育魂。二是思政课要增强叙事能力。思政课要增强"叙事"能力,就要立足中国大地,讲好中国故事。同一个故事,用不同的叙事方式,达到的效果可能不同。三是思政课要讲出情感温度。做

---

① 颜维琦,曾毅.他是先进教育理念的"播火者"——追记核物理学家、教育家、中国科学院学部委员杨福家[N].光明日报,2022-07-19(8).

思想政治工作,要用情感温度来感染人、提升人。语言背后是感情、是思想,也是知识、是素质,只有做到将心比心、理性与情感并重、通俗而不低俗,才是理论课更好的方式,才可能真正让理论入脑入心。

二、新时代生活—实践育人理论

百年大计,教育为本,党的二十大报告将"教育、科技、人才"看作全面建设社会主义现代化国家的基础性、战略性支撑。而"大思政课"是新时代思想政治理论课程改革发展的新方向,"上思政课不能拿着文件宣读,没有生命、干巴巴的"①,要构建新时代生活—实践育人模式的新格局,强化问题意识、突出实践导向,将思政课堂与生活—实践育人模式更为深入地结合,推动各类课程、思政教育课程和生活—实践育人模式同向同行,培养能够担当中华民族伟大复兴大任的时代新人。

（一）构建新时代生活—实践育人模式新格局所要解决的问题

思想政治教育工作是做人的工作,为党育人、为国育才是思想政治教育的出发点和落脚点。思想政治教育工作中长期存在着一些难点问题,而构建新时代生活—实践育人模式就是要破解这些问题。第一,思想政治教育工作的重视程度和育人范围略为狭窄。如果思想政治教育的工作仅仅由少数几个专职课堂思政教师和专职辅导员来完成,显然这样的思想政治教育力量是相对薄弱的,并且思政教育的范围是过于狭窄的。第二,思想政治教育工作重理论轻实践。思想政治教育的内容过度集中在书本的理论知识,欠缺与生活的紧密关联。第三,思想政治教育的场所过于狭窄。思想政治教育仅仅集中在课堂内,没有拓展到学生生活和成长的全过程中。第四,思想政治教育的协同性不够。思政课程中调动社会资源的意识和能力还存在一定短板,没有搭建好思想政治教育的"大课堂""大平台""大师资"。

---

① 杜尚泽."'大思政课'我们要善用之"[N].人民日报,2021-03-07(1).

（二）构建新时代生活—实践育人模式的理论内涵

第一，构建政府、学校、社会和家庭各方面共同参与的生活—实践育人新格局。思想政治教育工作并不是思政课堂里少数人的专职工作，而是方方面面共同协作参与立德树人的共同合力工作，要激发校内外各种资源的共同力量，形成共同参与育人的良好局面。第二，构建理论与实践结合的新时代生活—实践育人新格局。思想政治教育要从时间和空间范围两方面进行优化，在时间上构建小、中、大层层递进螺旋上升的生活—实践育人体系，在空间上要将课堂教学与生活实践育人有机融合。第三，构建协同、包容、开放的生活—实践育人新格局。新时代生活—实践育人格局是由课堂与课外、学校与校外、教学与服务等多种场域拓展结合共同作用的结果，开创了新时代思想政治教育的立体化模式结构。

（三）构建新时代生活—实践育人模式的实践内容

第一，革新思政教育模式。在思想政治理论教育中，要注重课堂教学与实践教学的相互结合，将思想政治教育融入生活。第二，用好社会大课堂。把生活—实践育人课堂搬入中国特色社会主义伟大实践的广阔场域，发挥好政府、企业、社会组织的积极作用，协同思政课堂形成覆盖课堂内外、校园内外、社会整体的思想政治教育全过程育人格局。第三，建设好专兼融合、课堂内外、校内外协同的导师队伍。在校内，充分发挥学校党政干部、思想政治教育专职教师、辅导员和班主任育人引领的综合作用，协同建好建强生活—实践育人教师队伍。在校外，充分吸纳政府人员、企业导师、社会组织成员参与生活—实践育人活动，严格准入，加强管理，发挥社会力量的强大优势。第四，贯穿学生生活的全过程。充分发挥各级党委和党组织的力量，从纵横两个层次深入协同共享育人资源，提升思想政治教育的融入性和感染力，贯穿学生生活全过程。

第三章　生活—实践育人模式的理论框架

思想政治教育是中国精神文明的主要建设途径,其重点在于从思想、政治与道德方面育人,而生活—实践育人模式作为高校思想政治教育的创新模式,则应首先从理论层面构建这种模式的框架,为生活—实践育人模式的实践操作提供理论基础。在遵循国家有关法律法规规定和前述理论依据的基础上,笔者以认识与生活实践结合的思想,结合中外合作大学自身的办学特点,构建生活—实践育人模式的理论框架,具体如下。

第一节　育人目标:思想政治领域的核心素养

从古至今,无论中外,任何卓越的教育家必然会思考的基础性问题是:教育的根本目的是什么? 它与人有着什么关系?"人"是什么? 育人所指向的"人"的意义是什么? 如何以此为目标教育学生成"人"? 如何教育学生学做"人"? 如果欠缺上述关于人之为人的基础概念,那么任何教育制度(还包括所传授的知识,以及老师、家长与学生之间共同的努力等)都注定会失败,而社会也必将为此付出沉重的代价。正因为此,古今中外著名教育家的思想无论多么庞杂,其最后落脚点都是培养什么人的问题。无论是孔子的教育,还是古希腊哲人的教育,无一不是为了防范年轻人被败坏,要将他们培养成道德高尚的人。马克思主义重实践,自然强调事物在实践场域中发展、生成的观念,同时也重视由此展开的生活世界,其中理论与认识兼备,因而有着一个整体性的人格观念，如同现代"全人教育"（whole person education）所追求的"全人"人格，与马克思促进人的全面发展的理念也是相契合的。

在全人理念的基础上，下一个要涉及的概念是生活—实践育人模式所要成之"人"。按照马克思主义，人是一个富有相互关联性、有着整体性的概念。鉴于前述已就此点做出了详细的阐述，这里重点阐述中国传统思想中的仁学如何与马克思主义这一人格观念遥相契合，及其对生活—实践育人模式的"人"观念的启发。

何谓仁？《礼记》讲"仁者人也"。仁是人的规定，即人之为人的道德伦理要求。从字词含义可非常直观地看出儒家的仁学如何与西方的"对象性"思维格格不入。仁是一个相关性概念，所谓相关性（corelational），其意思是个人修身涵养的本质是与广义的他者（他人、家庭、社会与国家）相关的。"人之为人"的道德伦理要求，重心不在个我，而在个我如何将仁心推及他人，因而孔子说"己欲达而达人，己欲立而立人"，孟子强调"能行仁恩者，人也"。儒家的仁学不以孤立的自我为出发点，而以他者为先，但个我和他者任何一端又从不缺失。儒家认为，道德行为的本性是相关的，当它在本源发端时，即已涵盖自我与他者两端，两者浑然一体，又合成一个整全，道德人格的确立正是整全的实现。它并不将他人视为修身涵养的对象，否则以自我为出发点，视他人为对象，即使行为是良善的，也依然缺乏真实的仁心，因为它容易沦为以实现自我价值、体现自我主权为初衷的道德算计，此类道德行为始终计较着成全他者于自我有何善或利益，难免坠入计算理性和工具理性的陷阱，从而难以得到整全的品质，而这正是现代西方个人主义伦理学的特点。与此相反，儒家的仁学排除了任何计算理性和工具理性的计较，因为"人之为人"是人禽之辨的根据，它以律令的方式要求自我"达人""立人"，从而为己成人（仁）。己和他本无所分，他并非己的对象，两者共同构成"仁"。

生活—实践育人模式所要培养的是知情意、理性认识与感性认识、德智体美劳全面发展的人，只有成长为这样的人才算是"成人"。

就"成人"中"人"的概念而言,"成人"也意味着"成仁",这一中国传统儒家思想也非常值得我们重视,因为它完全能配合并有助于社会主义思政教育的工作。与马克思主义实践论一样,儒家的仁不仅有着相互关联性,也视"仁"为普遍人性的表达。《论语·八佾》:"人而不仁,如礼何？人而不仁,如乐何？"其意思莫过于视人性为人的品质的根本规定,而要成就此品质则依赖礼乐等社会规范的教育。哲学家加维尔(Cavell)也曾表达过类似的思想:一个没有人性的人能为人吗?① 与马克思主义关于处身在生活世界之中的人这一看法类似,儒家同样认为不存在孤立的人格,人的品格的修成具有相互关联性,离开社群的人是不可为人、成人的。人们在群体社会以及政治共同体中成人,成就社会与政治共同体。学做人,学成人,意味着在社会与政治共同体里学做人、成人。正因为此,儒家以仁来代表其理想的人格,"仁"必须在家国天下等共同体里才能得以证成,它所具备的品格是个人与他人共处时发展出来的做人的道理,是共同、共为、共成的人性。因而我们可以说,仁即共同成人的道德理想,"成人"即"成仁"。过去西方汉学家多将"仁"翻译成 humaneness 或 benovolence,但类似译法丢掉了儒家的核心思想,而应以 co-humanity(共同人性)翻译更为妥当,因为后者有共同、群、人与人之间之意,避免了近代西方个人主义的弊病。此外,儒家的仁极高明而道中庸,认为修身立业之事藏于看似毫不重要的日常生活琐事当中。所谓"道在人伦日用间",显示了儒家重视修身立业的处身性,而人所处身的生活世界正是人格历练证成的必要场所,其中所要表达的也是上述成仁之学所强调的相互关联性。可以说,儒家的理念与马克思主义遥相呼应,它们都认为,人的社会实践意味着理想人格的获得不是一蹴而就的,因而是一个动态生成的全方位过程。我们同样可以从中国传统思想中吸收有意义的养分,视人格的培养为一个相互关联、人与人之间互为互成的过程。儒家"道在人伦

---

① Cavell S. The Claim of Reason: Wittgenstein, Skepticism, Morality, and Tragedy[M]. New York: Oxford University Press,1979:416.

日用间"的理念指向一个人与人之间相互关联的日常生活世界,这点与生活—实践育人模式重视学生生活管理的理念相契合,因而自然也能成为生活—实践育人模式建设的一个重要思想资源。

总而言之,生活—实践育人模式的育人目标就是在校园的日常生活世界中培养学生的理想人格,而理想人格是一种凝结于人性中的品质或素养。虽然传统的思政课程也致力于培养学生的这种素养,但思政课程强调知识教学,而知识教学只是促使学生具有这种素养的可能手段,其本身并不能等同于这种素养,因此传统思政课程在培养学生具备思想政治核心素养方面具有局限性。生活—实践育人模式就是要在传统的课堂教学之外另辟新路,它绕过外在的知识灌输与说教,直接以培养学生思想政治核心素养为目的,旨在以潜移默化的方式发展学生人性中的善性,并在学生的人伦日用中得以证成,从而使思政教育的内容成为学生身上内化于心、外化于行的本质属性。

第二节　精神内核:社会主义核心价值观

社会主义核心价值观包括富强、民主、文明、和谐、自由、平等、公正、法治、爱国、敬业、诚信、友善 12 项核心价值,涉及国家、社会与个人三大层面,是社会主义核心价值体系的高度凝练和集中表达,体现社会主义核心价值体系的根本性质和基本特征,同时有着丰富的理论内涵与明确的实践要求。党的十八大以来,中央高度重视培育和践行社会主义核心价值观。习近平总书记多次作出重要论述,明确要求"要大力弘扬社会主义核心价值观"[①]。2013 年,中共中央办公厅印发的《关于培育和践行社会主义核心价值观的意见》即从培育和践行两个方面阐述如何将社会主义核心价值观融入国民教育全过程,并将社会主义核心价值观视为应培养学生具备的根本素养。

---

① 习近平.习近平谈治国理政(第三卷)[M].北京:外文出版社,2020:353.

　　作为我国教育体制的一个部分,中外合作大学一直以培育与践行社会主义核心价值观为基础,构建中外合作大学学生的思政教育模式。以宁波诺丁汉大学为例,该校自办校以来一直秉承教育部有关培育与践行社会主义核心价值观的精神,结合国际化特点,提出"多元互观,中国立场"的教育理念,在国际化教育环境中培养学生跨文化交流与学习能力,同时坚守以社会主义核心价值观为内核的中国立场,在国家、社会与个人层面向学生全面倡导社会主义核心价值观,并以此引导学生甄别和吸收在国际化教育环境中传播的知识。在未来生活—实践育人模式的构建上,宁波诺丁汉大学应继续以社会主义核心价值观为其立德树人指导思想。

　　在一个高度国际化的世界里,我国提倡的核心价值既有着不少与其他国家的核心价值共通的人文与社会关怀,也有着符合我国国情的理解。在一个多元文化碰撞、同时处处皆能体现核心价值的校园里,如何让学生充分理解各种文化的核心价值差异是所有中外合作大学需要面对的特殊处境。尤其是在受西方所谓的"普世性"核心价值影响较大的第一与第二课堂里,学生如何做到慎思明辨,与外国老师与同学交流时有理有据,考验着学生在多元互观背景下坚持中国立场的跨文化沟通能力。西方标榜的"普世性"核心价值有着一元的本质主义的霸权性质,而跨文化沟通能力则有着消解本质主义霸权的特点,同时又能达到你中有我、我中有你的视界融合和互相尊重各自特点的多元互观效果。宁波诺丁汉大学之所以能做到这点,其根本原因是它所守住的中国立场建基于讲究普适性的社会主义核心价值观。

　　我国的社会主义核心价值观倡导的是"全人类共同价值",既有普遍性,又强调适合一国国情的特殊性,因而它们是全人类共同的价值。习近平总书记在庆祝中国共产党成立100周年大会上的重要讲话中指出:"中国共产党将继续同一切爱好和平的国家和人民一道,弘扬和平、发展、公平、正义、民主、自由的全人类共同价值。"①我国社会主义核心价值的普遍性是以各国人民根据自己国家的国情确定这些价值之制度内涵与标准为前提的。我们提倡这些价值的同时,尊重各国根据主权原则,自主确定实现这些价值的具体制度和标准。换句话说,我们追求的社会主义价值是普遍和一元的,因为和平、发展、公平、正义、民主、自由等已是全人类应当追求的共同价值,但同时实现它们的具体制度内涵与标准则是多元的,因为每一个国家在追求幸福美好的生活时完全有确定它们应如何适应自己国情发展的自主权,其权利不容外界干预。正是因为社会主义核心价值既一元又多元的辩证特点使宁波诺丁汉大学"多元互观,中国立场"的教育理念有着无比蓬勃的生命力。面对来校的各国人员,宁诺坚持一元的中国立场,但同时又以多元互观态度尊重各国追求共同价值的特殊情况。这一办校精神使宁波诺丁汉大学从创校开始即有着正确的育人为人思想,同时以"多元互观,中国立场"的跨文化沟通原则教育学生在吸收国外有用思想与技术的同时,自觉坚守我国核心价值的立场。在此前获得成果的基础上,生活—实践育人模式将落实我国核心价值的工作推进到学生生活教育的领域里。

第三节　育人途径:实践中的反思性生活经验

根据马克思主义哲学理论与实践辩证统一的整体性思想和"成人"的整全性理念,中外合作大学思政教育同时具有培育和践行两个方面。"培育"意指包括社会主义核心价值观在内的理论传授,"践行"则指将有关理论知识落实并实践于生活中。两者构成一个辩证统一的整体,缺一不可。前者的落点在课室,即第一课堂,其主体是老师;后者的落点在课室以外校园生活的方方面面,即第二课堂,其主体是

---

① 习近平.在庆祝中国共产党成立100周年大会上的讲话[N].人民日报,2021-07-02(2).

提供校园生活服务的各个部门。前者偏重理论的培育,后者则偏重观念的践行,因而有必要按马克思主义哲学的整体性思想和"成人"的整全性理念将两者结合起来。中外合作大学已有较为完整的思政第一课堂教育体系,尽管课程设计兼顾实践面向,务求在课堂上将艰深抽象的理论传授与生活实践联系起来,但作为第一课堂,其课程无可避免地偏重理论知识的传授。配合第一课堂,加强第二课堂的思政建设,以体现马克思主义思政教育的整体性思想和"成人"的整全性理念,正是生活—实践育人工程的目的。作为第二课堂的生活—实践育人工程重践行,要求活动按相关理论设计,务求成人的道理在第一课堂传授之余也能在生活实践中体现出来。两个课堂相辅相成,理论与实践兼备,多元互观与中国立场兼顾,体现马克思主义思政教育的整体性和"成人"的整全性理念。

总的来说,中外合作大学的生活—实践育人模式更依赖第一课堂之外的实践途径,而对这一途径的阐释可以借鉴王阳明的"致良知"思想。有学者认为,王阳明哲学的精髓在于其"致良知"之"致",因为"致"将其哲学的本体论和修养论统一了起来。① "良知"虽是人的"天植灵根",人人皆有,但对于圣人之外的普通人来说多被私欲障蔽,难以充分地呈现。从这个角度讲,"良知"虽然是终极道德在人心中的体现,但也只是一种道德的可能性,若想将其转化为现实,还是要依托相关的路径方法,即"致"的工夫。对于大学思政教育来说,其所提供的各种教育途径和方法都是"致"的工夫,而对于生活—实践育人模式这一新模式来说,其提出的重要意义便在于这一"致"的工夫,即教育途径的创新。总的来说,生活—实践育人模式在教育途径上与传统思政教育模式的主要区别在于它强调通过学生在校园中的反思性生活经验来扩充学生的"良知"。生活本身所蕴含的教育意义为许多学者所提倡,如陶行知提出了"生活即教育"的主张,认为过什么生活就是受

---

① 冯达文,郭齐勇.新编中国哲学史 [M].北京:人民出版社,2004:139.

什么教育,这便意味着过好的生活就是受好的教育,过坏的生活就是受坏的教育。生活可以发挥教育的作用,蕴含着教育的意义。然而,生活本身蕴含着一定的教育意义并不意味着生活—实践育人模式要把思政教育完全消解在学生的日常生活中,因为人的日常生活往往具有非反思的特性,它不一定符合逻辑,还可能缺乏理性,因此海德格尔批判日常生活可能导致人的异化,即使人沉溺在日常生活的思维定式中,成为安于现状、不求反思的常人。① 鉴于此,生活—实践育人模式虽然也要以学生的生活经验作为教育途径,但这种生活经验必须具有反思性,即教育者要采取各种措施将学生的校园生活打造成一种富有思想性和道德性的生活,使其能够引发学生的反思并促进学生的道德成长。这种途径对于中外合作大学的思政教育来说较为适用,这是因为这类大学受西方大学文化的影响较大,强调学术自由、科学至上等原则②,较排斥直接的价值引导。虽然说西方大学文化的这种倾向受自由主义价值观的强烈影响,而自由主义本身的缺陷决定了我国大学的思政教育不能抛弃利用课堂教学来宣传主流价值观的做法,但可以在该渠道之外开辟生活—实践育人模式,让学生在真实的校园生活情境中自己去感受并反思,从而使学生的"良知"本体能在具体真切处活泼、自然地流露,而不需单纯假借外在的单向性的说教和灌输。

大学校园中的反思性生活经验应当是丰富多彩的,它作为生活—实践育人模式的教育途径又可划分为体验式途径和行动式途径两种。体验式途径的重点在于创造机会将学生代入某种生活角色或场景,通过其亲身体验引发其道德观念变化,它虽然也有可能会包含相关的活动,但学生并非活动中的主要当事人,而主要以旁观者的身份参与活动。行动式途径的重点则是使学生成为相关活动中的主要当事人,通过其意向明确的行动来促进其反思自己的已有观念,虽然在该过程中也必然伴有其对外在事物和内心世界的体验,但体验必须以学生自己

---

① 姜子豪.日常生活批判视野下的生活德育再审思[J].教育科学研究,2021(10):13-20.
② 魏波.当代西方大学价值观教育研究[J].思想政治教育研究,2017(4):17-21.

指导的身体活动为载体，具有较强的主观能动性。

一、体验式途径

思政教育的目的当为致学生之"良知"，然而在王阳明看来，"良知"的呈现和发用不能仅仅靠理智的认识，还需要通过身心之浸润，使人沉浸在真实的生活情境中去体验和感悟，因为对"良知"的理性认识其实就是生活体验本身。这种体验式的教育途径当区别于传统的以言语为主要媒介的课堂教学途径，因为良知"须自心体认出来，非言语所能喻"[①]，因此，体验式教学应当更加注重学生的感受，这种感受具有自发和自觉的性质，而不是受外在力量干涉和强制的刻意表现。

其一，体验式的教育途径在认识方式上具有超思辨的特性。在这种模式中，学生作为认识的主体与认识客体之间没有明显的界限，旨在让学生在相关的真实情境中通过具体感受体悟形而上之思，以此来获取自己精神生活的自由。[②]与此相反，传统的课堂教学在认识论上有明确的主客二分性，其致思路径具有较强的思辨性，旨在让学生通过对既有文本的学习和理解获得预定的知识，并通过思辨和推理将其内化于其内在知识结构，而学生自身的生命主体性则容易受到压抑。因此，中外合作大学应当通过改造校园环境、丰富文化体验等方式将学校要传递的文化要素以非结构的方式转移到学生的心理系统中，从而使学生能够不经思辨过程，将其内化为自己的心理特征，这对于思想道德教育来说是一个更好的教育途径。以宁波诺丁汉大学为例，该校于新年之际在学生公寓区设置了多种"新年标识"，如挂花灯、贴春联等，使公寓区洋溢着浓浓的年味。这种做法不但能够使中国学生感受中国文化，还能够使外籍师生对中国文化产生更强的情感体验。他们通过这种途径对中国文化产生的认同是因为被优美独特的中国文化元素所打动，从而在精神上产生愉悦情绪而不知不觉地接受该文

---

① 王守仁.王阳明全集［M］.上海：上海古籍出版社，1992：23.

② 孙利天.21世纪哲学：体验的时代？［J］.长白学刊，2001(2)：36-40.

化。这种教育效果或许要胜过在课堂上听教师讲授中国文化方面的知识,尤其是对于外籍学生来说,在课堂上教师讲授知识和学生接受知识之间要通过前后相继的推理步骤和相互衔接的知识线索,这一过程能否顺利进行还会受新知识和学生原有知识结构之间差异的影响,而外籍学生自身的文化背景与中国文化差异巨大,这增加了将新知识纳入学生原有知识结构的难度,为相关的课堂教学带来了更大的挑战。

　　其二,体验式的道德教育途径所处的情境应具有真实性。这种教育途径中的情境应为现实生活情境,反对将道德教育从生活中抽离,变成课堂中单纯的求知活动。正如杜威所说:"有意识的教育就是特别选择的环境。这种选择所根据的材料和方法都特别能朝着令人满意的方向促进生长。"①对于学生来说,校园生活环境亦是真实的生活环境,如果这种环境中充满着各种丑恶、虚假现象,自然对学生的"良知"发展不利。反之,如果校园环境中所充满的是各种真诚、美好的因素,那么这种真实的生活环境自然就会演变成道德教育的情境。以宁波诺丁汉大学为例,校园内宿舍区的商业街在 2018 年被评为"浙江省放心消费示范区",引入放心消费评价体系,建立消费维权通道,实行先行赔付、7 天无理由退换货等制度,从而营造了良好的消费环境。②校园商业街的建设不仅在消费方面为师生提供了更好的服务,从道德教育的角度看,它还在真实的校园生活中为学生营造了一个以人为本、诚信友善的环境,使学生能够通过购物的真实生活经验自己体验到真善美,而非将之视为外在规则要求学生将之当成既成对象来把握。

---

① 邹广文,崔唯航.从现成到生成——论哲学思维方式的现代转换 [J].清华大学学报(哲学社会科学版),2003(2):1-6.

② 宁波发布 2018 年浙江省放心消费示范区 倡导诚信经商[EB/OL].(2018-12-18)[2024-01-09].https://baijiahao.baidu.com/s? id=1620152732338366626&wfr=spider&for=pc.

二、行动式途径

在王阳明的哲学中,"致良知"的途径是"知行合一",即并非一个人知晓了良知天理再去进行道德行动,而是要在道德行动的过程中去知晓良知天理,所谓"只说一个知,已自有行在;只说一个行,已自有知在"①。然而,王阳明思想中"行"的内涵已经超出了一般意义上行动的概念,在他看来"一念发动处即是行",意动即是行动。将意向与行动统一起来固然符合其"知行合一"的理念,但在教育实践中,一个人的意向如何动只有自己能感知到,外界很难观察到,因此在生活—实践育人模式中仅将行动理解为个人外显的肢体活动。

其一,行动式的教育途径应当有利于确证学生的道德知识。王阳明认为,人可在其所从事的任何活动中致内心之"良知",因此,生活中无处不可实施道德教育,无处不可进行道德培养。然而,对于在当代大学中实施的生活—实践育人模式来说,若对学生的任何活动都放任自流,不加任何教育引导,则教育作为一种特殊社会活动的意义便被冲淡了。因此,各种课外活动有些固然可以允许学生根据兴趣爱好自己组织相关活动,但有些则需要由学校相关部门牵头组织,而在选择活动主题时可考虑其与思政教育所要传递的相关理论和理念的关联性。王阳明曾说:"盖鄙人之见,则谓意欲温清,意欲奉养者,所谓意也,而未可谓之诚意。必实行其温清奉养之意,务求自慊,然后谓之诚意。知如何而为温清之节,知如何而为奉养之宜者,所谓知也,而未可谓之致知。必致其如何为温清之节者之知,而实以之温清。致其如何为奉养之宜者之知,而实以之奉养,然后谓之致知。"②也就是说,一个人仅仅是掌握了与孝顺父母有关的知识,还不能认定其真的知孝,只有他真心实意地做出孝顺父母的行为才算他是真的知孝。以此推之,学生只是在课堂上学习了思政课教材中的知识,并不意味着他真正掌

---

①　王阳明. 传习录 [M]. 南京:江苏凤凰文艺出版社,2015:10.

②　王阳明. 传习录 [M]. 南京:江苏凤凰文艺出版社,2015:128.

握了相关真理,只有在行动中能够真正地按照相关理念去做,才算是掌握了真知。可见,课堂上的思政课教学完成后仅仅意味着思政教育的任务完成了一半,想要完成另一半就需要学校在课堂之外为学生创造与思政教育内容相关联的课外活动机会,从而让学生通过行动将外在的知识转化为内心的真知。

其二,行动式的教育途径应当注重引发学生的道德情感。行动作为生活—实践育人模式的教育途径并不是说只要学生在活动中完成了规定的动作便算已致"良知",因为若相关的行动并非学生自觉自愿,而是迫于学校的要求不得已而为之,那么"知"与"行"依然处于分离状态,知识并未转化为真知。因此,学校在设计和组织各种课外活动时需要注意沟通学生的"知"与"行",使道德情感成为道德行动的内在动因。王阳明曾通过举"好色"和"恶臭"的例子来说明道德情感在"知"与"行"之间的桥梁作用,认为"好色"和"恶臭"都是人在实践中遇到的事物,当人们在接触到这些事物时能够瞬间引出"好"和"恶"的心理情感,而这些心理情感又会使人毫无时间间隔地立时认识到颜色和气味的好恶,即形成"知"。中外合作大学在组织各种活动时,可以通过引发学生道德情感的方式促使学生形成真知。以宁波诺丁汉大学为例,该校受西方大学文化的影响较大,普遍将学生视为负责任的成年人,因此只要学生不违反法纪,就不过多干涉学生的生活,这也给学校在生活中引导学生养成良好的行为习惯造成了挑战。鉴于此,该校在宿舍管理中改惩罚为激励,不会采用强制查宿舍的方式督促学生养成文明习惯,而是通过定期举办"文明寝室"评比活动激励学生改进自己的行为。虽然是否参加评比由寝室自愿申报,但内部人际关系不和谐或成员有违规违纪现象的寝室是没有参评资格的,且在评比中排名较后的寝室也不会得到奖励。这样一来,若是有寝室失去了参评资格或在评比中落选了,虽不会遭到惩罚但容易引发该寝室学生的羞愧之心;反之,在评比中排名靠前的寝室虽然获得的奖励只是少量水电费,但得到了荣誉自然会使人心生欢喜。学生在评比中落后的羞愧之情类似于"恶恶臭"的情感,在评比中胜出的欢喜之情类似于"好好色"的情感,有这一"恶"一"好"之情,学生自然就会知道文明的生活方式是好的,而不需要"别立个心"去了解文明的生活方式是好的,至此相关认知的获得便是水到渠成了。

第四节　育人原则:守正创新,显隐结合

传统的思政教育亦重视实践活动,但如何使实践活动中的"行"不脱离"知"而存在,实现知行合一,则需要学生管理和后勤部门在安排生活—实践育人模式的相关教育活动时注重守正创新、显隐结合等原则。

党的二十大报告强调守正创新,指出:"我们从事的是前无古人的伟大事业,守正才能不迷失方向、不犯颠覆性错误,创新才能把握时代、引领时代。"生活—实践育人模式作为一种创新的思政教育模式,是为了更好地落实思政教育目标,提升思政教育的效果,推动思政教育工作的不断发展。但是,生活—实践育人模式无论如何创新,其本质是学校思政教育工作的重要组成部分,与"思政课程"和"课程思政"互为补充,共同构建学校整体的大思政格局。因此,生活—实践育人模式在创新时还要以守正为前提,坚持马克思主义的根本指导思想不动摇,坚定中国特色社会主义的道路自信、理论自信、制度自信、文化自信,只有这样才能不迷失方向,不犯颠覆性错误,推动思政教育工作稳步向前推进。

就生活—实践育人模式在育人实践中的特色来说,它主要注重利用隐性化的方式对学生进行潜移默化的教育,以适应中外合作大学学生主体意识较强,世界观、人生观、价值观多样化发展的现实。虽然生活—实践育人模式与"思政课程"以显性教育为主的方式有区别,但它并不是完全排斥现行教育,而是以隐性教育为主、显性教育为辅,运用显隐结合的方式致力于将思政教育的育人效果最大化。

第五节　育人方法:在活动中引导学生反思内省

生活—实践育人模式对思政教育模式的创新还体现在育人方法的创新上。育人方法是教育中的重要环节,教育最终实现目标需要借助于各种教学方法。生活—实践育人模式强调学生在学校的各种真实情境中通过反思性生活经验领会思政教育中所蕴含的各种理论和观念,若没有任何教育引导,或许会有人对获得的经验中所蕴含的道德意义始终熟视无睹,无法引起反思。因此,在生活—实践育人模式中,教师需要在适当的时机引导学生进行反思内省。借鉴王阳明的"致良知"观点,一方面,由于良知和天理是合二为一的,因此天理并非外在于人,学生能否理解道德真理,取决于其作为认识主体能否通过反思内省去向内探求,使道德规范与本心融为一体。另一方面,由于学生"致良知"的过程高度依赖其自身的主观能动性,因此在不能保证每个人都自然具有足够能动性的情况下,需要教师引导学生去实现反思内省,增加其发现内心"良知"的机会。

第六节　文化载体:打造多样化的育人阵地

党的二十大报告指出,要"以社会主义核心价值观为引领,发展社会主义先进文化,弘扬革命文化,传承中华优秀传统文化"。中华优秀传统文化不仅在国民教育中有助于构建学生的身份认同与民族情怀,从而对推进中国特色社会主义伟大事业、实现中华民族伟大复兴中国梦有着辅助意义,而且对培养学生如何学做人也有着积极的意义。

中国传统文化中的立德树人理念从一开始就与随着全球化而蔓延的个人主义教育观念有着根本区别,在其发端时就已规定了人的培育与践行上的一个根本前提,即个人的修身立业从来不是一个个体的精神道德历练。相反,个人总是处身于家庭、社会与国家的,其职志的实现始终落在个人和家庭、社会与国家相辅相成的关系网络中。以"素养"一词为例，即能说明我国传统文化如何有助于强化学生对社会主义核心价值观的认识。《汉书·李寻传》曾说过："马不伏历，不可以趋道；士不素养，不可以重国。"这个例子就把素养的主体与国家观念紧密地联系了起来。根据我国传统文化，个人永远是在各种群体（家、国、天下等）中修身成人并彰显其价值，因此我们讲的自由从来与责任并重，我们讲的道德修养从一开始就把自我理解为在家、国、天下中修习涵养的自我，家、国、天下从来没离开自我修身成人的视野。所谓"修齐治平"，又或"士不可不弘道，任重道远"，这些传统文化的精髓告诫着华夏儿女，个体的价值观与素养离不开家国天下，前者必须在后者中才能得到证成。

为了更好地借鉴中华优秀传统文化和人类文明优秀成果以开展思政教育，生活—实践育人模式注重通过打造多样化育人阵地的方式为思政教育构建文化载体，这些阵地往往有着较为完善的基础设施、文化景观和制度规范，可以在课堂之外为学生提供更加完善的育人平台，帮助学生在日常生活中丰富思政教育活动，更好地发挥思政教育的育人作用。

第七节　制度环境：以制度建设体现管理育人

中国传统文化也有着一套致力于从践行上育人成人的礼仪文化，造就了中华文明的独特形态。儒家大成于孔子，而孔子整个学说的核心思想则在于"复周礼"及礼背后所体现的仁学。礼不仅有其内在的思想基础，而且强调行之于外的一套社会规范，两者是儒学主张的如何学做人（learning to be human）或"成人"（becoming human）的一体两面，其中既有深厚的思想为其内涵，又有形之于外的制度规范。礼的思想主要体现为儒家的仁学（人学），而践行仁心的则是一整套规范政治伦理、人伦、个人从生到死各个生命阶段的知情意教育等的礼仪制度。以加冠之礼为例,《冠礼》有云:"冠者,礼之始也。是故古者圣王重冠……敬冠事,所以重礼。重礼,所以为国本也。"儒家的成人礼意味着弱冠成人(成年人),而"冠者,礼之始也"则意味着弱冠开始其一生学习如何成人(成为一个人)的礼学教育与实践,其中如何成人还关涉国本这一维度,再次说明儒家修身成人的学问始终与家国天下密切相关,而这一切均由礼仪符号来成就。礼学以浓重的仪式感让年轻人意识到一个人生新阶段的开始,乡里朋辈的见证则意味着责求其实践修身成人的应有之道,进而使其领会礼学背后的精神是一辈子学习的任务——如何学做人,以及如何成为人。同理,庄重的嫁娶礼仪让夫妻体会阴阳和合万物化成之意义,从而领略婚姻的神圣和夫妻之间应互尊互重和谐共融的成人之道,是对人欲如何能"用中制节"以达"中和"的情意教育。及至人生的终点,葬礼不仅使生者感悟到生命的尊严,同时让生者领略到慎终追远之义,而充满敬意的葬礼还会使后人感受到死去的至亲并没有离去,而是继续教育后人如何学做人,从而点明从生到死的成人之业实际上是儒家关于人如何获得全人人格的过程。儒家的礼学之于如何学做人、成为具有仁心之人,关乎人从生到死毕生需用力的学问。它不只要求从思想层面认知,更要求在实际生活中实实在在地践行,是一门透过生命实践的真实学问,其对现代教育的意义在于启发人们如何在课堂内外通过知识传播和生命实践并重的教育方式,以厚重的仪式感,熏陶学生"即知即行",向学生灌输学会做人、成为有着家国情怀的人的意义。尤其是礼仪重其背后之精神,因而随着时代的变迁而改变的礼仪并不因为其形式之改变而失去其精神意义,所以现代教育大可采取适合其时代的礼仪,传承礼学精髓,继续发扬其育人成人的教育精神。

儒家的这种礼仪文化类似于一种制度文化,它虽然没有写成法律条文,但形成了一种约定俗成的制度规范,无时无刻不在人们的日常生活中影响着人们的行为。儒家的这种礼仪文化对于生活—实践育人模式的启示在于可以通过制度建设发挥育人作用,即思政教育对学生的影响并不仅仅依赖各种专门开展的活动,还可以通过完善管理过程中的各种规章制度,使学生在遵守制度的同时便潜移默化地受到规制,从而引导学生的思想和行为朝着思政教育的目标方向发展,有效发挥管理育人的作用。

　　以上分别从育人目标、精神内核、育人途径、育人原则、育人方法、文化载体、制度环境等七个方面构建了生活—实践育人模式的理论框架,对该模式的构成要素进行了理论阐述,接下来的几章将结合具体实践,介绍宁波诺丁汉大学在相关方面的思考和探索。

第四章　中外合作大学生活—实践
育人模式的目标构建

　　在上述理论框架的支撑下,中外合作大学的生活—实践育人模式表现为一种思政教育模式的新形态,为中外合作大学的"立德树人"工作探索出了新的路径。然而,中外合作大学生活—实践育人模式的本质是思政教育,其根本目的也是为社会主义现代化建设的人才培养服务,只不过其强烈的国际化特色将其人才培养目标定位为培养社会主义现代化建设事业所需要的国际化人才。国际化人才亦是全面发展的人,亦需要具备多方面的素养。思政教育是学校教育教学工作的重要组成部分之一,究竟有哪些核心素养属于思政教育应重点培养的素养需要通过理论和实践相结合的方法进行研究。为了给中外合作大学生活—实践育人模式的实施树立明确的目标,宁波诺丁汉大学通过自身实践对该问题进行了研究。

　　宁波诺丁汉大学是我国第一所中外合作大学,它于 2004 年由英国诺丁汉大学和浙江万里教育集团共同创办,成为我国第一家具有独立法人地位的中外合作办学机构。在该校的落成典礼上,时任浙江省委书记习近平同志曾寄语:"宁波诺丁汉大学的创建和成立,开创了我国高等教育与国外优质高等教育资源相结合的先河,为中国教育走向世界创造了一种新的模式,也为高等教育发展注入了新的活力,提升了高等教育的办学水平。"①宁波诺丁汉大学最大的办学特色即融合中

---

　　①　本书编写组.干在实处　勇立潮头:习近平浙江足迹[M].北京:人民出版社;杭州:浙江人民出版社,2022:336-338.

外优质教育资源。该校的外方办学者是英国诺丁汉大学,它是 2024
年 QS 世界大学排名(QS World University Rankings)前 20 的英国大
学,有着较高的教育质量和优异的学术声誉。基于中外合作的办学形
式,宁波诺丁汉大学全面引入了英国诺丁汉大学相关专业的课程体
系:在教学模式上实行大班讲授和小班讨论(辅导或实验)相结合;在
教学语言上实行全英文授课;在评价体系上与英国诺丁汉大学并轨;
在毕业文凭上颁发英国诺丁汉大学和宁波诺丁汉大学双学位;在师资
队伍上按照英国诺丁汉大学的标准进行全球招聘,现有学术教师70%
以上是外籍教师,来自 40 个国家。[①] 不仅如此,宁波诺丁汉大学还采
用了与英国诺丁汉大学一致的质量保障体系,并定期接受英国高等教
育质量保障署(The Quality Assurance Agency for Higher Education,
简称 QAA)的质量评估。在 2019—2020 年质量评估之后,QAA 在相
关报告中指出:"宁波诺丁汉大学采用了英国诺丁汉大学的质量保障
方法和标准,其学术水平和本科教学质量与英国诺丁汉大学一致。"[②]
宁波诺丁汉大学在 QAA 质量评估中的突出表现证明该校在学术质
量上是高水平的,彰显了该校在教育全球化方面的特色和优势。与此
同时,该校还必须打造高水平的思政教育,凸显本土特色并致力于传
承中华优秀传统文化,只有这样才能更好地培养全面发展的高端国际
化人才。

宁波诺丁汉大学面向全体师生进行了相关的核心素养调查,以期
为学校开发出生活—实践育人模式的核心素养指标体系,为构建中外
合作大学生活—实践育人模式的育人目标提供参考。

---

① University of Nottingham Ningbo China. About the University[EB/OL]. (2022-01-19)
[2024-01-09]. https://www.nottingham.edu.cn/en/About/Who-we-are.aspx.

② University of Nottingham Ningbo China. University of Nottingham Ningbo China Annual
Quality Report 2019—2020[R/OL]. (2021-05-07)[2024-01-09]. https://www.nottingham.edu.cn/
en/about/documents/annual-report/201920-annual-quality-reporten.pdf.

第一节　中外合作大学学生发展核心素养的
指标框架构建

宁波诺丁汉大学生活—实践育人模式的核心素养是学校整体的学生发展核心素养的组成部分,因此构建生活—实践育人模式的核心素养指标体系的前提是构建宁波诺丁汉大学学生发展核心素养指标体系。在构建 21 世纪学生发展核心素养指标体系方面,已有许多国家以及相关国际组织发布了不同版本的阐释核心素养的文本。针对诸多版本,世界教育创新峰会(WISE)与北京师范大学中国教育创新研究院也进行了相关研究。他们于 2016 年共同发布了名为《面向未来:21 世纪核心素养教育的全球经验》的研究报告,全面分析了 24 个经济体和五个国际组织提出的核心素养,总结归纳出了世界各国及国际组织普遍关注的核心素养(见表4-1)。该核心素养体系将全部素养划分为了两个方面:一方面属于领域性素养,即与具体的学习科目或学习内容有关的素养;另一方面属于通用性素养,即学生在各种学习领域以及各种活动情境中都普遍需要的可迁移性技能。该核心素养体系既对不同性质的素养进行了合理分类,又全面总结了世界各国关注度较高的素养。因此,笔者拟以此核心素养体系为基础构建宁波诺丁汉大学学生发展核心素养体系。

表 4-1　世界各国普遍关注的核心素养统计

领域性素养	基础领域	语言素养、数学素养、科技素养、人文与社会素养、艺术素养、运动与健康素养
	新兴领域	信息素养、环境素养、财商素养
通用性素养	高阶认知	批判性思维、创造性与问题解决、学会学习与终身学习
	个人成长	自我认识与自我调控、人生规划与幸福生活
	社会性发展	沟通与合作、领导力、跨文化与国际理解、公民责任与社会参与

资料来源:中国教育创新研究院.世界都在关心哪些核心素养? 素养教育的全球经验出炉了! [EB/OL]. (2016-06-05)[2024-01-09]. https://www.sohu.com/a/81104491_227820.

在表 4-1 所列核心素养的基础上,笔者结合该校实际对其进行了修正,构建出宁波诺丁汉大学学生发展核心素养的指标框架(见表 4-2),主要修正调整之处表现在以下几个方面。

表 4-2　宁波诺丁汉大学学生发展核心素养的指标框架

领域性素养	基础领域	科学素养、人文素养
	综合领域	审美素养、信息素养、经济素养、健康素养、环保素养
通用性素养	高阶认知	批判思维、探究精神、问题解决、终身学习
	个人成长	自我管理、人生规划
	社会性发展	领导能力、社会责任、国家认同、跨文化交流

第一,学生发展核心素养是指学生应具备的能够适应终身发展和社会发展需要的关键品质和能力,不应具备太强烈的时效性,因此在领域性素养方面,笔者拟用"综合领域"代替"新兴领域"的表述,以突出综合领域不同于传统学习内容的跨学科性。

第二,表 4-1 中基础领域的"数学素养"和"科技素养"被作为两类素养进行分开表述,但笔者认为,从学科归属的角度看,"数学"应该属于自然科学的一个门类,可以被科技领域所囊括,因此在这里拟将"数学素养"并入"科技素养",并考虑到与"人文素养"的名称相对应,将其改为"科学素养"。基础领域的艺术素养虽然属于传统学科的知识范畴,但由于宁波诺丁汉大学没有艺术方面的专业,学校主要通过社团活动培养学生的艺术修养和审美情趣,因此拟将该素养放在"综合领域"之中,并改名为"审美素养"。基础领域的"运动与健康素养"并不属于传统学科的知识范畴,因此将其划归"综合领域",并改名为"健康素养"。

第三,我国相关研究人员开发了《中国学生发展核心素养》,该文本是在广泛吸收国际经验的基础上,结合我国实际开发出的一套适合中国学生的核心素养体系,因此笔者在构建宁波诺丁汉大学学生发展核心素养的指标框架时也借鉴了该文本的一些指标及表述,并对表4-1中的内容进行了调整,如将"自我认识与自我调控"改为"自我管理",将"公民责任与社会参与"拆分成"社会责任"和"国家认同"等。

第四,由于笔者所要构建的是宁波诺丁汉大学学生发展核心素养的指标框架,所选的指标应该能够体现学校的特色和需要,为此笔者参考了《宁波诺丁汉大学 2020 战略规划》,将其中重点提到的素养在表 4-2 中予以保留。如追求"学术卓越"是宁波诺丁汉大学的重要战略目标之一。在学术领域,学科可以分为自然科学和人文社会两大类,因此在表 4-2 中保留了"科学素养"和"人文素养"。宁波诺丁汉大学为丰富学生的校园经验提出了多项战略措施,其中一项是通过推出具有宁波诺丁汉大学特色的课外体育活动,培养学生的坚毅品质,增进其健康和运动技巧①,从而较为全面地关注对学生健康素养的培养,因此在表 4-2 中保留了"健康素养"。《宁波诺丁汉大学 2020 战略规划》中提到,学校的一项重要战略使命是"将学生培养成负责任的全球公民,具有社会和环境意识"。这里的环境意识属于环境素养的组成部分,因此在表 4-2 中保留了"环境素养"。宁波诺丁汉大学在教学方面致力于将学生培养成各个学科领域的领导者和创业者,而成为领导者需要具备领导能力,因此领导能力是学校要培养学生具备的核心素养,所以在表 4-2 中保留了"领导能力"。

第二节　中外合作大学学生发展核心素养的问卷调查

表 4-2 中所涉及的素养较为全面,为了能够凸显宁波诺丁汉大学的特色,精选最受学校广大师生关注的指标作为学校的核心素养,本研究针对学校师生进行了宁波诺丁汉大学学生发展核心素养的问卷调查。

---

① University of Nottingham Ningbo China. Student learning and Campus Experience［EB/OL］.（2019-10-23）［2024-01-09］. https://www. nottingham. edu. cn/en/about/strategy-2020/strategy-development/student-learning-and-campus-experience. aspx.

一、调查设计与方法

本研究根据表 4-2 中的指标开发出了"宁波诺丁汉大学学生发展核心素养调查问卷",由被试依据每个核心素养的重要程度在 A. 完全不重要、B. 不太重要、C. 一般、D. 比较重要、E. 非常重要五个选项中进行选择,并在最后一道半开放问题中补充认为重要但未在问卷中列举的素养。在问卷正式发放之前,课题组对问卷进行了试测,并进行了信效度检验。在信度方面,统计显示该问卷的克隆巴赫(Cronbach's α)系数为 0.891,大于 0.8,说明研究数据信度质量高。在效度方面,本研究使用 KMO(Kaiser-Meyer-Olkin)检验统计量和巴特利特(Bartlett)球形检验进行效度验证,所得 KMO 值为 0.702,介于0.7 — 0.8 之间,研究数据效度较好。

在试测之后,本研究面向宁波诺丁汉大学的中外籍师生发放正式调查问卷,共回收有效问卷 739 份,其中学生 705 份(中国学生 686 份、外国学生 19 份),教师 34 份(中国教师 28 份、外国教师 6 份)。可见,在回收的所有问卷中,中国学生占绝大多数,所以该问卷调查的结果应主要反映了中国学生对各核心素养的态度。

二、调查结果与分析

为了在所有指标中筛选出人们认为最重要的指标,本研究只关注"非常重要"选项,根据选择该项人数的多少对所有指标的重要性进行排序,具体情况如下。

(一)中国学生更加关注"高阶认知"方面的素养

为了解中国学生对各核心素养指标的看法,研究者按照选择"非常重要"的人数比例对所有指标进行排序(见表 4-3),为突出重点,这里仅就表 4-3 中排名前五的指标进行分析。首先,从整体上看,中国学生最关注"高阶认知"方面的素养。在排名前五的指标中,属于"高阶认知"的有三个,分别是"批判思维""问题解决""终身学习",可见中国学生非常关注认知方面的发展。其次,在个人成长维度,中国学生最关注"自我管理"素养,认为"自我管理"素养非常重要的人数比例达到了78.89%,高居榜首,这可能与学校教学模式的特点有关,对于学生的自我管理和自学能力具有较高的要求。最后,在领域性素养中,中国学生最关注"健康素养"。在排名前五的指标中,"健康素养"是唯一上榜的领域性素养,说明学生已经充分意识到健康对于一个人成长发展的基础性作用。

表 4-3　中国学生对各核心素养指标的重要程度排序

单位:%

序号	核心素养	完全不重要	不太重要	一般	比较重要	非常重要
1	自我管理	0.81	0.68	3.11	16.51	78.89
2	批判思维	0.68	0.54	2.30	18.67	77.81
3	问题解决	0.68	0.41	2.44	22.87	73.60
4	健康素养	0.81	0.54	4.47	22.06	72.12
5	终身学习	0.68	0.54	5.82	22.87	70.09
6	信息素养	0.54	0.41	3.11	26.52	69.42
7	人文素养	0.68	0.68	4.60	27.74	66.30
8	人生规划	0.81	0.14	5.82	26.93	66.30
9	探究精神	0.54	0.81	4.87	28.42	65.36
10	社会责任	1.49	0.41	6.90	25.85	65.35
11	跨文化交流	1.22	0.81	4.60	32.61	60.76
12	国家认同	1.62	2.44	9.47	26.52	59.95
13	环保素养	1.49	1.08	6.50	33.29	57.64
14	科学素养	0.54	0.95	8.12	35.18	55.21
15	经济素养	0.68	0.68	9.61	36.81	52.22
16	审美素养	0.68	1.76	12.58	35.32	49.66
17	领导能力	0.54	1.49	18.40	37.35	42.22

(二)思政系列教师更加关注"社会性发展"方面的素养

由于本研究的最终目的是构建生活—实践育人模式的核心素养体系,因此除了要考查学生对各核心素养重要性的看法,还要考查思政系列教师对各核心素养重要性的看法。为此,笔者将所有思政系列教师所填写的问卷单独筛选出来并按照选择"非常重要"的人数比例对所有指标进行排序(见表4-4),并仅就表4-4中排名前五的指标进行分析。第一,从整体上看,思政系列教师最关注"社会性发展"类指标。排名前五的指标中有两个属于"社会性发展"维度的指标,分别为"国家认同"和"社会责任",可见思政系列教师更加注重培养学生对国家和社会的责任感。第二,在"高阶认知"维度,思政系列教师最关注"终身学习"。认为"终身学习"素养非常重要的人数比例达到了89.59%,与"国家认同"并列第一,可见该素养不但是学生非常关注的素养,也是思政系列教师最关注的素养之一。第三,在个人成长维度,思政系列教师最关注"自我管理"素养,这一点与学生的整体认识基本一致,说明无论是教师还是学生都认为培养"自我管理"能力是非常重要的。第四,在领域性素养中,思政系列教师最关注"人文素养"。在列表排名前五的指标中,唯一上榜的领域性素养是"人文素养"而不是"健康素养",这可能跟思政系列教师的工作性质有关,因为思政教育需要培养学生明辨是非善恶,知己识人,审时度势,而这又依赖人们相关的人文素养,体现为能够掌握古今中外人文领域基本知识和基本方法,形成以人为本的意识和对人类幸福的关切。

表 4-4　思政系列教师对各核心素养指标的重要程度排序

单位:%

序号	核心素养	完全不重要	不太重要	一般	比较重要	非常重要
1	终身学习	0	0	2.08	8.33	89.59
2	国家认同	0	0	2.08	8.33	89.59
3	自我管理	0	0	0	12.50	87.61
4	人文素养	0	0	0	18.75	81.25
5	社会责任	0	0	2.08	18.75	79.17
6	健康素养	0	0	0	25.00	75.00
7	探究精神	0	0	6.25	20.83	72.92
8	问题解决	0	0	0	31.25	68.75
9	批判思维	0	0	6.25	27.08	66.67
10	信息素养	0	0	2.08	33.33	64.59
11	审美素养	0	0	6.25	33.33	60.42

续表

序号	核心素养	完全不重要	不太重要	一般	比较重要	非常重要
12	科学素养	0	0	8.33	31.25	60.42
13	跨文化交流	0	0	10.42	29.17	60.41
14	人生规划	0	0	8.33	33.33	58.34
15	环保素养	0	0	4.17	39.58	56.25
16	经济素养	0	0	10.42	43.75	45.83
17	领导能力	0	0	16.67	47.92	35.41

（三）中国学生和思政系列教师对各核心素养重要性的认识存在较大差异

为了对中国学生和思政系列教师对各核心素养的认识做进一步对比，笔者按照每个核心素养在表 4-3 和表 4-4 中的排名分别对其进行赋分。本研究所列的核心素养总共有 17 个，因此每个排序表中排名第一的赋 17 分，依次递减，排名最后一位的赋 1 分，并通过折线图对中国学生的情况和思政系列教师的情况进行比较（见图 4-1）。

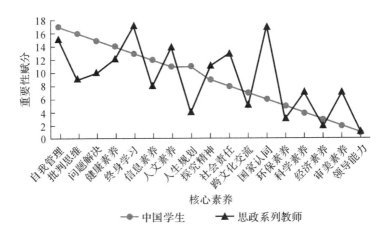

图 4-1　中国学生和思政系列教师对各核心素养重要性认识的对比

通过比较可以看出,中国学生和思政系列教师在指标重要性的认识上主要存在两个差异。其一,中国学生认为重要的排名前五的指标与思政系列教师认为重要的排名前五的指标仅有两个指标重合。其中"自我管理"学生认为排名第一,思政系列教师认为排名第三;"终身学习"学生认为排名第五,思政系列教师认为排名第一。其他三个指标("批判思维""问题解决""健康素养")在思政系列教师认为的重要性排名中处于中间位置。其二,思政系列教师认为重要的排名前五的指标,除"自我管理"和"终身学习"外,其他三个指标("国家认同""人文素养""社会责任")在中国学生认为的重要性排名中处于中间靠后的位置。

第三节　生活—实践育人模式核心素养指标体系的构建

调查结果显示,中国学生和思政系列教师关注的素养各有侧重,相互之间存在一定的差异,因此需要结合中国学生和思政系列教师两方面的情况来构建生活—实践育人模式核心素养指标体系,具体方法如下。

第一,在思政系列教师最重视的素养中筛选出"国家认同""人文素养""社会责任"作为生活—实践育人模式的核心素养。通过对宁波诺丁汉大学学生发展核心素养问卷调查结果的分析可知,该校中国学生较为注重认知能力的发展,相对忽视社会责任感等思想道德方面的素养。这在一定程度上可能反映了某种"重智轻德"的倾向,但这也说明学校通过提出生活—实践育人模式理念创新思政教育模式以提升思政教育效果的必要性。在构建生活—实践育人模式核心素养指标体系时,或许可以参考思政系列教师对核心素养重要程度的评价结果。思政系列教师在筛选核心素养时固然也会照顾到学生的全面发展问题,但受其工作性质的影响以及对学校立德树人工作重要性的准确把握,其选择出的核心素养比较偏向学生的思想道德方面,因此可从其中选取若干素养作为生活—实践育人模式的核心素养。在思政系列教师认为重要的排名前五的指标中,重要程度高于中国学生的指标有四个,除了"终身学习"这个本身应由专业课教学重点培养的素养,其他三个,即"国家认同""人文素养""社会责任"皆应作为生活—实践育人模式的核心素养,以弥补中国学生对思政教育重视的不足。

第二,在中国学生最重视的素养中筛选出"自我管理""健康素养"作为生活—实践育人模式的核心素养。在中国学生认为的重要程度高于思政系列教师的指标中,也有一些是与思政教育有关的,将其列为生活—实践育人模式的核心素养可弥补当前思政教育领域内部的不足。在中国学生认为重要的排名前五的指标中,重要程度高于思政系列教师的指标有四个,即"自我管理""批判思维""问题解决""健康素养"。其中,就"自我管理"来说,思政系列教师认为其是最重要的五个素养之一,理应作为生活—实践育人模式的核心素养,并在未来生活—实践育人模式实施的过程中进一步加强培养该素养的工作。就"健康素养"来说,这种素养的培养表面上看似乎是"体育"的职能,但仔细分析也是思政教育的基本要求。从身体健康的角度讲,我国传统文化中的身体观是一种群体导向的身体观,即一个人的身体虽然在于自己,但来自父母,不可随意处置。正如《孝经》所说:"身体发肤,受之父母,不敢毁伤。"就身体的用途而言,它不仅要服务个人生存和发展的需要,更要服务家国天下,正如《孝经》中所说的"始于事亲,中于事君"。这样一来,保持身体健康就与思想道德联系了起来,它不仅是个人的愿望,也是家庭和国家的期盼[①],因此,培养学生理解生命的意义,掌握自我保护和增进健康的知识,就成为培养合格的社会主义建设者和接班人的题中应有之义。此外,培养学生的健康素养不仅要增进学生的身体健康,同时也要培养学生的坚毅品质,而这就涉及心理健康的内容了。学者向元琼认为,大学生的心理健康问题从表面上看是心

---

① 章必功.中国大学体育教学的特征与传统文化的关联[J].深圳大学学报(人文社会科学版),2012(1):63-67.

理问题,从根本上看却是文化价值观问题。很多大学生在人生价值、人生目标、金钱观和真理观等方面出现了迷惘,表现在心理上就会出现悲观厌世、自卑抑郁、心理脆弱、抗挫折能力差等问题。① 可见,只有在中华优秀传统文化中汲取营养以建立起正确的价值信仰,才能增长智慧以破除迷惑,实现内心安乐,具备积极健康的心理品质。

第三,在其他核心素养中筛选出"跨文化交流"作为生活—实践育人模式的核心素养。《宁波诺丁汉大学 2020 战略规划》的"愿景"部分提到,学校要"通过具有全球视野的卓越学术来改造学生、教师和当地社区的生活和生计"②,突出对培养学生"全球视野"的重视。"全球视野"体现了一种对人类文明进程和世界发展动态的开放性认识和态度,是"跨文化交流"能力的重要组成部分。"跨文化交流"能力是像宁波诺丁汉大学这样的中外合作大学在培养国际化人才时需要重点培养学生具备的素养。因为国际化人才必然需要有能力更好地参与全球化进程,因此需要形成对世界各国的正确认识和态度,具有跨文化交流和沟通的能力,能够在多元文化背景中理解他者文化,并与他人进行有效沟通和合作。然而在表 4-3 和表 4-4 中,"跨文化交流"能力的排名都不高,在表 4-3 排在第 11 位,在表 4-4 排在第 13 位。这或许是因为表 4-3 和表 4-4 分别反映了中国学生和思政系列教师对"跨文化交流"的态度,而这两个群体在平常的学习和工作中与外籍人士的交流较少,因此没能认识到"跨文化交流"的重要性,所以对这一素养的培养相对忽视。鉴于此,宁波诺丁汉大学在开展生活—实践育人工作时也应该将促进学生"跨文化交流"能力的发展作为其重要任务之一,因此应将"跨文化交流"能力单独提出,列入生活—实践育人模式的核心素养,以促使思政教育工作在未来更加重视培养学生的国际化能力。

---

① 向元琼.论传统文化对大学生心理健康的意义[J].西南民族大学学报(人文社会科学版),2011(S3):286-288.

② University of Nottingham Ningbo China. Vision and Mission[EB/OL]. (2019-10-23)[2024-01-09]. https://www.nottingham.edu.cn/en/about/strategy-2020/vision-and-mission.aspx.

在以上论述的基础上,笔者认为,生活—实践育人模式核心素养的指标应包括"国家认同""人文素养""社会责任""自我管理""健康素养""跨文化交流"等六项,然后根据《中国学生发展核心素养》以及宁波诺丁汉大学战略规划所确定的核心价值观对每个核心素养的主要表现进行阐述(见表4-5)。

表4-5　宁波诺丁汉大学生活—实践育人模式核心素养体系

素养类型	核心素养	主要表现描述
领域性素养	人文素养	①具有以人为本的意识,尊重、维护人的尊严和价值; ②热爱并尊重自然,具有可持续发展理念及行动; ③具有艺术表达和创意表现的兴趣和意识,能在生活中拓展和升华美
	健康素养	①理解生命意义和人生价值; ②具有积极的心理品质,自信自爱,坚毅乐观; ③有自制力,能调节和管理自己的情绪,具有抗挫折能力; ④具有安全意识和自我保护能力; ⑤掌握适合自身的运动方法和技能,养成健康文明的行为习惯和生活方式
通用性素养	自我管理	①能正确认识与评估自我; ②依据自身个性和潜质选择适合的发展方向; ③合理分配和使用时间与精力; ④具有达成目标的持续行动力
	社会责任	①自尊自律,文明礼貌,诚信友善,宽和待人; ②主动参与家务劳动、生产劳动、公益活动和社会实践,具有团队意识和互助精神; ③能主动作为,履职尽责,对自我和他人负责; ④能明辨是非,具有规则与法治意识,积极履行公民义务,理性行使公民权利; ⑤崇尚自由平等,能维护公平正义
	国家认同	①了解本国国情历史,认同国民身份; ②具有对本国的文化自信,能传播弘扬本国先进文化; ③理解、接受并践行社会主义核心价值观,为促进国家的发展而不懈奋斗
	跨文化交流	①具有全球意识和开放的心态,了解人类文明进程和世界发展动态; ②关注人类面临的全球性挑战,理解人类命运共同体的内涵与价值; ③能尊重并包容世界多元文化的多样性和差异性,具有较强的国际理解能力; ④具有与来自不同文化背景的人进行沟通和合作的能力

第五章　中外合作大学生活—实践育人模式的育人途径

第四章核心素养指标的确定解决了"培养什么样的人"的问题,接下来学校的任务就是探索怎样将生活—实践育人模式的理论模型在实践中落实,以切实达成既定的人才培养目标。生活—实践育人模式倡导把思想政治工作贯穿教育教学全过程,实现全程育人、全方位育人,尤其是要贯彻落实到课堂教学之外的课外活动和日常生活中。根据宁波诺丁汉大学生活—实践育人模式核心素养体系(见表 4-5),生活—实践育人模式核心素养可以分为人文素养、健康素养、自我管理、社会责任、国家认同以及跨文化交流六大核心素养,每一核心素养又可以具体分解为若干二级指标。以六大核心素养为具体指导方向,该校的学生事务与发展中心、后勤事务中心和体育部等负责学生管理和活动的实践性部门通力合作,在设计和践行学生第二课堂、体育活动和管理学生日常生活的过程中,巧妙地将这些指标融入其中,通过潜移默化的方式将这六大核心素养传递给每一位学生。这不但使学生能够以寓教于乐的方式更好地接受相关素养的教育,而且还可以不断衍生并拓展思政教育的形式,从而创造性地形成丰富的生活—实践育人模式实践。具体来说,学校在实践中实施生活—实践育人模式的举措包括如下几方面。

第一节　人文素养:我们探寻的是以生为本的核心内涵

人文,即重视人的文化;而人文素养,不仅指人的文化素质与修养,更加重要的是其以人为本的精神和核心内涵,是对人类生存意义和价值的关怀,基于此而引出人与自然、人与艺术的讨论命题。将培育人文素养融入当代大学生教育,即是要培养学生以人为本的意识、可持续发展的理念与实现艺术表达的兴趣和能力,鼓励学生不拘泥于自己的专业,能够在更广博的领域增进认知,寻找并发现自己的爱好,进而具备踔厉奋发、关怀社会的能力与志向,在人文主义的倡导和熏陶下提高人文素养。

一、以人为本:彰显尊重人和关怀人的情怀

宁波诺丁汉大学的国际化教育不仅关注学生的现实需要,更关注其发展需求并有所兼顾。学校在教育理念上尊重学生的个体权利和主体价值,在教育实践上积极构建和谐的师生关系和人文关怀环境。学校的年度学生满意度调查、残障支持等举措无不体现了"以学生为中心"的服务宗旨。

(一)学生满意度调查

为了更好地提升服务质量,及时倾听学生的声音,宁波诺丁汉大学从 2012 年开始在每年 11—12 月对全校学生进行一年一次的满意度调查,简称 NSES。该项调查由全球高校学生教育调查权威评测第三方机构 i-Graduate 组织开展,数据收集过程真实可靠,涉及在校学习经历、住宿服务、学生服务、抵校服务等方面,为学校全面了解学生的反馈并开展相应提升举措提供系统、合理的依据。

过去几年,宁波诺丁汉大学学生满意度调查的参与率一直稳步上升。2022—2023 学年,全校有 4314 名学生参与了问卷调查,填写一份问卷的平均时长为 40 分钟。2023—2024 学年,全校有 4619 名学生参

与满意度调查,整体满意度较上一学年提升4.5%。其中,教学满意度提升2.0%,服务支持满意度提升3.2%,生活体验满意度提升4.1%,新生适应满意度提升6.8%,其他各项指标也再创新高。学生满意度调查帮助学校及时了解学生对学校各方面服务的整体反馈,能够为学院、行政部门和后勤事务中心提供较为准确的参考数据,也有利于各方不断改进自身服务体系、提升服务质量,从而提升学生的总体满意度。

为进一步提升学生生活服务体验感,后勤事务中心以满意度调查中学生反馈的问题为导向,不断加强标准化专业化服务,提升品牌业态,改善居住环境,以满足国际化社区的多样性需求。2023—2024学年学生满意度调查结果显示,学生生活体验满意度为94.3%,较上一学年提升4.1%。后勤事务中心积极创建一个以师生为中心的国际化社区,通过找差距、抓落实,提升师生在生活区的满意度和体验感,为打造中外合作大学后勤服务样板奠定基础。

(二)尊重每一个学生,包括对弱势群体的关爱

宁波诺丁汉大学身心健康中心特别设有残障支持服务,以公平、公正的融合教育为理念,为各类残障学生提供个性化的支持与服务,促使他们能在学习期间成长为独立学习的个体。这里所指的残障学生,包括各类身体残障以及患有长期心理疾病、慢性病以及学习障碍,如多动症、孤独症、阅读障碍等的学生。数据显示,2020年至今,宁波诺丁汉大学残障支持服务帮助学生人数增长600%。

学校残障支持服务主要有三大特点。第一,身心健康中心与校内各部门联动为每位残障学生量身定制支持行动计划。比如,提供一对一教学辅导、课后提供课堂教学视频、允许作业适当延期、量身定制健身计划等。通过这些联动的支持行动计划,缓解残障学生的学习压力,促进他们与其他同学的融合。对于一些情况复杂的学生,学校组织各部门相关老师以案例讨论会议的方式共同商讨制订支持行动计划。第二,不断促进无障碍校园的建设。从硬件设施到软件设施,确

保校园内无障碍。在过去几年里,新增课堂助听设备,大大改善了听障同学的课堂体验;无障碍通道基本覆盖全校;新图书馆设立无障碍辅助学习室,提供各种教学辅助软件,以提高残障学生的学习效率;教室配备高度可调节课桌,供坐轮椅同学以及颈椎、腰椎受损同学使用。第三,持续推进融合教育。通过优化教学幻灯片、板书、多元化评估等方面,不断提升学生的课堂体验,使无障碍设施辅助下的课堂环境逐渐适合所有学生。

此外,残障支持服务团队每年都会面向师生开展各类专业培训和活动,增进师生对于残障融合理念的认识,并普及各类残障支持的基本概念,不断增强学生寻求帮助的意识和员工帮扶转介服务的意识。残障支持服务团队在每年12月3日"国际残疾人日"围绕不同的主题开展为期一周的残障支持融合体验行动。例如,2023年"国际残疾人日"的主题是"团结一致行动,支持残障人士并与他们一起实现可持续发展目标"。残障支持服务团队围绕这个主题开展了"光与盲""残障融合桌游""了解神经多样性讲座"等活动,引导师生们认知与理解各类残障,加强残障融合平等意识,打破"残障"刻板印象。这些活动在师生中获得了高达99.8%的满意度。

中青网评论该校残障支持服务:"教育公平是教育的基石,促进教育公平是对残障学生的最大尊重。而残障学生在教育竞争中往往处于弱势地位,不是因为他们不够努力,而是因为他们需要克服更多的困难。在高校里,残障学生与其他同学相比在学习和生活上存在着更多的问题,需要更多的关注和关怀,这就要用差异化手段来达到教育公平的目标。"[①]在2022届注册残障支持服务的毕业生中,所有学生均顺利毕业,其中三名学生拿到一等学位,并选择继续出国深造,包括一名听障学生在本专业排名第一。

---

① 杨朝清.弱势补偿传递教育之光[EB/OL].(2019-10-31)[2024-06-05]. https://pinglun. youth.cn/wztt/201910/t20191031_12107705.htm.

（三）想学生之所想，急学生之所急

孔子曾说："其身正，不令而行，其身不正，虽令不从。"这句话凸显在教育过程中"身教"的重要作用，甚至在很多时候要重于"言教"。为了更好地培养学生关爱他人的情怀，宁波诺丁汉大学相关部门的教育工作者以身作则、率先垂范，通过在实际工作关爱学生的行为，以潜移默化的方式发挥着培养学生人本精神的作用。

案例 5-1　学生心目中的"妈妈"

2008 年 2 月，宿管阿姨叶亚君经朋友介绍正式加入后勤事务中心。刚加入这个团队，叶阿姨心里既窃喜又紧张。作为中外合作大学的宿管阿姨，自己的一举一动都代表着中国人的形象。但是慢慢地，叶阿姨坚定自己的选择，和新生代同学做朋友，自己心态也越来越年轻，心里充满正能量。

叶阿姨是 15 号楼的一名普通宿管员，她能随口叫出全楼近千名学生的名字。叶阿姨说："我把他们都当作了自己的孩子，哪有妈妈不知道自己孩子名字的呢？"每学年开学，她都会一层一层、一间一间地进行走访，了解同学们的基本信息与需求，掌握第一手资料。

日常生活中，同学们碰到缝衣服、恋爱失意、求职失望等不顺心的事都会来找叶阿姨聊聊。叶阿姨会根据自己的生活阅历开导同学。同学们日常学业压力大，经常通宵奋战期末考试或论文写作。叶阿姨总是起早贪黑地提醒同学们按时吃饭，劳逸结合。宁诺学子在新生开学、面试或毕业等重要仪式上，都是正装出场，但是有些同学不会系领带。叶阿姨就在前台挨个教同学们如何系领带。

学生们每年夏季毕业后回校，都不忘来看望叶阿姨，鲜花、奶茶与感谢信总是塞满了 15 号楼公寓前台。一声阿姨、一个拥抱、一句问候，总是让叶阿姨笑得合不拢嘴。

案例 5-2　陪伴是最长情的告白

有个女生平常自信开朗。但在走寝时,生活老师张晶珍发现,好像两天没有她的消息了。于是张老师特意查看门禁记录,显示其已经两天没有出寝室了。敲开门后,同学面容憔悴、无精打采。张老师陪了她一下午,她一句话也没说。

第二天早晨,张老师带着该同学朋友圈分享过的生煎包,再次敲开她的房门,张罗她洗脸刷牙,陪着她吃早饭。张老师帮她收拾垃圾的时候,她终于抬起头来:"你知道我发生了什么?"张老师说:"等你想说的时候,我一定耐心听。"沉寂了一会,同学开始哭泣,说:"我什么都没有了,我家破产了,我以后怎么办啊?"等其情绪稳定后,张老师坚定地告诉她,"有那么多人关心你、爱你,只要你坚强,可以依靠自己的双手创造未来"。经过两天的交流,该同学渐渐打开了心结,眼中重新出现了光。

张老师是后勤事务中心生活导师团队的一员。生活导师的责任感和满足感源自坚守以生为本的初衷,生活导师们主动关心、关怀、关爱学生,走近学生、走进寝室、走进内心,从学生角度帮助他们走出人生旅途上的困境,引导学生走向世界大舞台。

案例 5-3　感谢信中吐露的人文关怀

2021 年 11 月 25 日,后勤事务中心收到许多来自学生和家长的感谢信。这些感谢信,饱含学生或家长对宿管、保安、餐厅等后勤服务人员以及商户的感激之情。

宿管员像妈妈般爱护我们、关心我们,分享我们的喜悦也分担着我们的伤心难受,宿管员沈海燕就是其中一位,她也被大家亲切地称为"轩妈"。

可爱的安保叔叔们：

　　你们高度负责的工作态度，折射出难能可贵的敬业精神，保护校园平安，你们功不可没……

To 食堂的叔叔阿姨们：

　　感谢你们每天为我们准备丰富的菜肴，让我们不管多晚都能吃上一份热腾腾的食物。

　　每天很早就为师生们准备好美味的早餐，开启我们元气满满的一天……

——宁诺学生

尊敬的宁波诺丁汉大学领导：

　　您好！首先我为贵校能有这样一位员工而感到骄傲。我是一名 2019 级宁波诺丁汉大学数学系 2＋2 学生的家长，孩子现就读于英国诺丁汉大学。在这里，我要对宁波诺丁汉大学 CozyHome 英国租房（徐云海）同志，对我和孩子的帮助表示衷心的感谢！

　　没有什么方式能平复我此时此刻感动、感谢、感恩的心情，所以用一封信的方式，向校方反映我对徐云海同志的感激之情，感谢宁波诺丁汉大学校园内有这么一位好同志、好员工。

　　事情经过是这样的，我孩子在 2021 年 4 月跟宁波诺丁汉大学中介签了英国租房合同。当时四个孩子住在一起，从开始租房到签合同，整个过程得到了徐云海同志热情的指导和介绍，周到的服务让人极为暖心。当时家长们就异口同声说："出国租房一定选我们宁波诺丁汉大学校内的中介，决不他选！"现在证明了我们的选择是正确的。

　　9 月 12 日，孩子出发到达英国诺丁汉，入住后难免出现一系列问题，徐云海都帮忙沟通一一解决了（当然很多事情都不在中介范围内)。他从来没有不耐烦过,从来没有觉得不是自己分内的事情。他的行动感动了我们几位家长,给予了家长和孩子极大的帮助。

随后,11月10日,我孩子生病了,而且反复高烧不退。后来我们怀疑是胃肠感冒了,于是就对症下药。目前,孩子已经痊愈,虚惊一场。接下来,说说高烧七天发生的事情。在这七天里,孩子在异国他乡没有亲人,没有任何人帮助。作为一个妈妈,当时焦急的心情,那种无助是无法想象的。这时的我不知道出于什么原因和理由,一下子就想起了徐云海,无奈之下拨打了电话。

在这七天里,是徐云海伸出援助之手。他帮助孩子在英国找药并托人给孩子送去、联系中餐馆给孩子送餐、关心孩子的病情,给予了我和孩子无限的宽慰和帮助。虽然事情听起来很简单,但对我来讲一点都不简单。如果没有徐云海同志,我都不知道这七天是怎么熬过来的。不是亲人胜似亲人,只能说人在困难无助的时候,一点点帮助都弥足珍贵。

最后,再次真诚地对徐云海同志说一声:"谢谢您!"最后也祝我们宁波诺丁汉大学的领导工作顺利,身体健康。祝后勤领导及全体员工工作顺利,身体健康。

——一名心怀感恩的家长

在宁波诺丁汉大学生活区,后勤事务中心为师生提供有温度的服务,营造和谐美好的国际社区。这样的服务延伸至英国诺丁汉校区,让我们共同守护学生的安全,为学生健康成长保驾护航。

案例5-4 黄世佳:陪伴学生追梦,追求卓越

这是一个辅导员陪伴学生追梦的故事。梦想很大,世界很大,追逐梦想的过程,必须勇敢和自信。

初中就已经获得全国物理竞赛二等奖的她,也曾一度认为分

数至上。但高考失利,让她心情失落,意志消沉。辅导员得知这个情况后,鼓励开导她:"一次失利并不代表永远的失败。分数并不能全盘否定个人能力。既然过去无法改变,何不注重当下,脚踏实地,做好现阶段的事?"渐渐地,她重拾信心,宁诺多元开放的氛围也让她萌发了奇思妙想。她发现原来人生不是只有高分一个目标,运用自己所学专业知识,做自己感兴趣的事也可以成为志趣向往。一次偶然的机会,耳畔呼啸而过的风声,风驰电掣的感觉让她难以忘怀,设计赛车的种子在她心中萌芽。通过不懈的努力,她组建了方程式赛车车队,设计研发了多项专利。

刚入校园,她也曾悄悄关上心门,筑起一道心灵高墙,不爱与人打交道。辅导员在她身边,鼓励她要多与人沟通交流,多参加社团活动,表现自己。她渐渐打开心扉,开始加入学生社团组织。她与辅导员坦言,在社团中遇到了很多志趣相投的朋友。温暖的他们让自己得到治愈。她还给辅导员耐心细致地展示了同学们在她生日时给她写的一段段真挚又可爱的"小作文",内心的喜悦爬上眉梢。

她也曾被质疑,女生为什么要学这个专业? 甜美、可爱、温柔、小裙子、粉红色,女生的美仿佛被定义成固有的标签。一次和辅导员的促膝长谈中,辅导员反问她:"为什么女生不能学好机械、编程和工程? 归根结底,学什么专业跟性别无关,真正选择自己喜欢的专业,也能发出自己的光亮。"她也一度迷茫自己的未来,发现身边有工作了几年之后辞职继续深造的朋友,也有在毕业关卡突然发现志不在此选择重来的朋友。辅导员不断鼓励她,任何人的一生并不都是坦途,有迷茫,有踌躇,甚至有倒退。但一生那么长,不必比较谁快谁慢。只要追求心中理想,努力做自己,那就很酷。

案例5-5 周挺:边学边"艺",携手同行

高年级学生学业困难是毕业班辅导员较为棘手的问题。在毕业的分水岭面前,如何帮助学业困难学生迈过这道坎,考验着思政教师的基本功。

周贝贝(化名),一个深爱动漫和绘画、不喜欢金融和会计方面知识的金融财务与管理专业大四学生。在高考填报志愿时未能如愿进入艺术类院校,周同学心有不甘地在这个不喜欢的专业里挣扎了三年。她下定决心申研一定要去英国的艺术类高校。父母的反对、同学的疑惑、逐梦路上的孤独,一步步瓦解着周同学的意志,吞噬着她面对生活的勇气和信心。

所幸,周同学想到了求助辅导员。作为辅导员的我,除了感受到被需要,更感到肩上的重任。对我来说,这只是众多学生中的一个,而对于周同学来说,我是她的救命稻草。很巧合的是,我曾经是一名有着书法和广告涂鸦特长的签约艺术家,辅导员的多面手在这个时候派上了极大的用场。

边学边"艺",又学又"艺",两手抓两手都要硬,是我能想到的解决周同学困惑的唯一路径。带着深深的被信任感,我陪伴周同学走上了跨专业申研的道路。在我的鼓励下,周同学利用课余时间参与了艺术类专业培训班,也参与了学校的博雅学堂;在她完成学业的情况下,我利用下班时间帮她恶补相关技能性知识,并给予她作品上的指导。我还时常分享自己的个人经历,如放弃体艺道路选择成为一名辅导员。所有这些看似简单却很有分量的陪伴和引导,化解了周同学追艺道路上的孤独,潜移默化地鼓励她,周同学的学习生活状态也逐渐走上了正轨。

一线学生工作者无特殊技能,也无高技术含量,唯有一颗真诚陪伴学生的心。不求成为学生人生道路上的贵人,但求做到能够在他们迷茫和孤独时挺身而出,携手同行。

二、尊重自然:践行可持续发展的理念

一句"天人合一"道出中华文化的精髓,也确立了中国传统道德人格的整全性。我国历史上从未产生过西方近代那种将自我/人与万物割裂,进而将万物贬为自我/人认识、分析甚至盘剥对象的认识论,而后者正是导致今日生态危机的主因。儒家的仁学既不以自我为先,在道德上又亲爱施恩,亦以他人与社会福祉为优先,自然会由人及物,"仁民爱物",重视人与天地万物的和谐关系。天是自然万物的总称,所谓"天生之,地养之,人成之"①,人的职分在于成天养物,因而"圣人处物不伤物"②。王阳明曾说,"风、雨、露、雷、日、月、星、禽、兽、草、木、山、川、土、石,与人原只一体",并进一步将天人同体与仁心联系起来。王阳明在《大学问》中写道:"大人之能以天地万物为一体,非意之也,其心之仁本若是,其与天地万物而为一也。"③可见,儒家人与天地万物的和谐观念并不囿于今天西方所讲的环保意识,而是兼有义理之义的天(天道、天命、天常、天德)的维度。西方讲的环保意识,要么从其宗教传统中找寻一个关顾大自然的外在律令,要么从功利原则出发指出环保对人自我保存的意义。相较而言,儒家讲的天人合一是人之为人的道德品格的一个内在要求。儒家倡导的环保意识有其自在的道德意蕴,是其仁学中自我与他人融合的一个延伸,亦是发自自我内在道德品质的一个律令:人的职分在于以仁心成人、成天和养物。

鉴于此,宁波诺丁汉大学一方面汲取传统儒家的天人合一观念,另一方面吸收全球倡导的可持续发展理念,注重在校园科研、教学、生活中贯彻人与自然和谐共处的理念,专门成立可持续发展委员会指导具体工作。学校还设有诺丁绿学生社团,致力于将可持续发展、普及环保的理念推广给在校师生。同时,学校凭借其立足中国、面向国际

①　钟肇鹏.春秋繁露校释[M].石家庄:河北人民出版社,2005:32.
②　钱穆.庄子纂笺[M].北京:生活·读书·新知三联书店,2010:193.
③　王守仁.王阳明全集[M].上海:上海古籍出版社,1992:968.

的独特优势,充分利用海内外优质科研资源,致力于以科技创新推进世界的可持续发展,鼓励师生携手在绿色科技发明创造领域深耕研究,在短短 17 年间取得了显著的发展和突破。

（一）科技引领可持续发展研究

环境科学系陈加信(Faith Chan)教授带领环境科学专业学生参与"海绵城市"的研究,为联合国可持续发展目标中的"清洁用水"而奔走。目前,他的团队已与政府有关机构共同设计了东部新城海绵城市规划与实践项目,为宁波和中国其他城市提供更好的可持续雨水管理方案,实现可持续发展的目标。

运营管理专家钱德拉·伊拉宛(Chandra Ade Irawan)和陈庆佳(Hing Kai Chan)教授一起开发的智能船舶航线模型将有效解决风力涡轮机的高成本问题。通过船舶位置和航线优化将船舶的燃料消耗降低 2％—5％,从而降低维护活动的运输成本,助推海上风电行业可再生能源的可持续性。

建筑与城市设计教授艾历·切什梅先吉(Ali Cheshmehzangli)带领一个跨学科专家团队,通过"智慧生态城市"项目,解决联合国可持续发展目标中的城市可持续发展问题。他们长期开展欧洲与中国城市的比较研究,总结各国如何利用技术加速城市化进程、同时减小气候变化影响,形成政策建议。

环境经济系专家斯图尔特·麦克唐纳(Stuart McDonald)博士,一直致力于通过政策制定促进可持续发展技术的采用。他目前和行业合作者一起,通过一系列政策,鼓励宁波本土农场采用以色列的精准农业技术,培育新作物,提高富盐土壤的产量。

在日常教学管理过程中,宁波诺丁汉大学始终坚持可持续发展理念,以多样化的组织与活动载体宣传生态文明理念,助力推进美丽中国建设。

校园里的废弃自行车占用大量停车空间,给学校管理造成不便。学校后勤事务中心的老师表示,针对生活区内一些闲置了两三年的废弃自行车,学校先组织公示,如果公示期结束后无人认领,则会被判定为无主车辆。

2015年起,宁波诺丁汉大学青年志愿者协会在校园内开展公共自行车项目。环境科学专业的大二学生丁晨雪是该项目的负责人,她说,对于这些"变废为公"的自行车该如何上锁的问题,同学们花费了不少的心思。"普通的钥匙锁自行车,需要较多的人力保管钥匙,无锁自行车又无法统计谁借了车,不便于管理。经过多次协商讨论,最终确定采用密码锁方案。"现在,每辆公共自行车都配备了密码锁,通过微信平台后台程序,借车的学生只需要输入"JC"(借车拼音缩写)、自行车编号和学号,平台就会自动回复该车的密码。

(二)师生响应可持续发展理念

宁波诺丁汉大学诺丁绿社团成立于2018年,目的是在学校内部推广可持续发展和环保理念。成立以来,该社团组织了20余场大型讲座以及活动。例如,2020年4月在院士公园以及校园内推广绿色环保周,开展了以庆祝世界地球日为主题的一系列活动,包括设计生态系统的活动课、放映环保影片、清理院士公园、科普校内植被类型等,培养学生保护地球和自然资源的优秀习惯。又如,2021年3月在校内开展"地球一小时"活动,引导师生主动关闭校内部分区域的照明,呼吁大家对自然损失、气候危机和可持续性问题加强关注。

值得一提的是,在宁波诺丁汉大学校园内有一个"后花园",在校师生可以通过认领土地的方式在花园内种植蔬菜。这个花园引导着师生群体积极响应学校的可持续发展号召,深思人与食物、人与自然、人与社区的关系。这里不仅是自然教育的场所,还是一个共享种植知识、经验、技术并相互协作的社区。

三、艺术活动:培育艺术表达的兴趣和能力

重视艺术教育发展,践行国际化美育路线,宁波诺丁汉大学通过多元的艺术活动引导学生发展艺术兴趣,营造浓厚的校园艺术氛围。

学校将美学教育工作融入学生文艺团体的培养建设,同时又以文艺团体的培养成果为载体,以文艺演出等形式辐射更广大学生群体,使之潜移默化地接受美学教育。

（一）校艺术团的发展

学校充分挖掘学生的艺术潜能,在没有音乐学院和艺术学院的情况下,打造出了多个校艺术团。校艺术团作为美育教育开展的重要载体,下属九支表演团队,平均每周开展队训 2—3 次,全年组织并参加校内外各类文艺演出 30 多场。其中,宁诺交响乐团共有成员 51 名,合唱团有成员 45 名,较往年数据上涨 15％。街舞队、民舞队、民乐队等其他表演团队也都继续保持着有条不紊的发展态势。

在 2021 年 4 月的宁波国际大学生节闭幕式上,宁诺交响乐团在多首中西方名曲的演奏中传递"春日盛会、曲终奏雅"的蓬勃生机与力量,以"复苏"和"重生"为主题的原声音乐节更体现了当代新型音乐表现形式,焕发青春新面貌。2023 年 4 月,宁诺交响乐团首次走出校园,在宁波音乐厅为市民带来一场精彩的演出,为宁波的艺术文化和交流做出贡献。

近年来,学校在艺术类竞赛方面也逐渐崭露头角。在 2020 年浙江省大学生艺术节上,宁波诺丁汉大学交响乐团选送的贝多芬《长笛,中提琴与钢琴的小夜曲》第八号第五节荣获器乐类二等奖,民乐团凭借《牧民新歌》荣获器乐类三等奖,学校也因此荣获优秀组织奖。此外,艺术团指导老师撰写的《浅谈中外合作大学里的美育工作——以宁波诺丁汉大学交响乐团为例》一文获高校美育改革创新优秀案例二等奖。

图 5-1　2023 年 4 月,宁诺交响乐团首次走进宁波音乐厅,为公众呈现春季交响音乐会

(二)宁波诺丁汉大学电影院

宁波诺丁汉大学鼓励在校学生追逐梦想、追求创新。经过校团委、21 世纪在线和学校社团中心为期半年的调研,2018 年 4 月 10 日,宁波诺丁汉大学电影院正式上线,取名"宁诺荧屏"。该项目完全由学生主导,通过社团中心独立运营,成为校内首个由学生全权管理的硬件设施项目。为了更好地鼓励学生创新,学校对劳伦斯报告厅进行了适当的改造,支持"宁诺荧屏"项目组播放 2D 或 3D 电影,并接受线上订票,受到全校师生的一致好评。目前,宁诺荧屏项目每次观影量达到 700 人以上,运行多年始终保持零投诉的纪录。

(三)宁波诺丁汉大学艺术中心的创立和发展

宁波诺丁汉大学艺术中心于 2022 年成立,致力于为全校师生提供更优质的艺术资源,点亮学生的创意火种。

艺术中心设有驻校艺术家、各类艺术展览等美育项目,邀请具有国际化视野的中外艺术家进驻校园,采取"艺术展演"＋"工作坊指导"＋"创意沙龙对话"有机结合的运营方式,全景展现艺术家的工作点滴与内心独白,以启发师生艺术灵感。成立至今,艺术中心已成功举办四期驻校艺术家项目,总参与人数达1万人次以上。

图 5-2　2023 年 11 月,宁诺学子在第三期驻校艺术家工作坊——镜面绘画中热情创作

　　艺术中心还为全校师生开设博雅学堂,旨在倡导以美育提升学生综合素养的艺术教育路径。在充分借鉴国际前沿艺术教育理念和方法的基础上,巧妙地融入了地方特色,目前已开设"博学""雅致""艺行"三大系列,2023—2024 学年,博雅学堂系列课程共计 180 节,包含钢琴、芭蕾、油画、马术、戏剧、国标舞、茶艺、平面设计、数字媒体等优质课程。博雅学堂课程反响热烈,众多同学反映艺术中心的课程十分火爆,听课席位往往一抢而空。

图 5-3　2024 年 4 月,艺术中心戏剧课程的学生为校园艺术节开幕式表演

图 5-4　宁诺学生参与由艺术中心开展的博雅学堂"雅致"系列活动,体验马术课堂

第二节　健康素养:真正的健康,是心理与身体的健康

　　健康素养包括心理健康素养和生理健康素养两个部分。所谓心理健康,就是在心理、智能以及感情上与他人的心理健康不相矛盾的范围内,将个人的心境发展成最佳状态。而生理健康则要求学生具有

安全意识和自我保护能力,能够掌握适合自身的运动方法和技能,养成健康文明的行为习惯和生活方式。对于高校来说,不但要使学生实现知识增长和智力发展,还要切实落地心理育人工作,保证学生身体健康,真正促进学生身心的全面和谐发展。

一、心理育人:促进学生心理的健康发展

宁波诺丁汉大学高度重视学生心理健康指导和心理育人工作,积极构建以教育教学、实践活动、咨询指导、预防干预为主要内容的"四位一体"工作体系,形成了专业结合的工作队伍、校内外资源整合、家庭亲友配合、学校社会融合的"四合"统筹协调工作格局,努力让学生享受国际化、专业化、系统化的心理健康指导,推动学生全面成长成才。

(一)5-HT减压周

5-HT减压周是宁波诺丁汉大学关心关注学生心理健康的特色品牌活动,也是对全国大学生心理健康宣传教育月活动的创新性解读,积极交出中外合作大学心理健康教育模式样本。2017年起,学校在每学期的期末复习周(5月和12月)开展5-HT减压周活动,该活动已持续开展七年,累计开展超700个心理健康活动,覆盖学生超10万余人次。

5-HT减压周通过年轻人喜闻乐见的教育活动方式适应和满足学生心理健康需求。"5-HT"全称5-hydroxytryptamine,是5-羟色胺的缩写,它被称为传递快乐情绪的信使,可以从大脑层面帮助人类产生愉悦情绪。可以说,5-HT自诞生起,就被赋予心理健康教育的概念。

5-HT减压周特色活动形式有萌宠羊驼、马匹、猫狗等聚集的迷你动物园,有学术教授"空降"自习室为学生送去暖心糖果和小贴士,有师生共同策划的治愈艺术展,还有各式运动体验课、正念冥想课程、减压草坪音乐会、烘焙课堂、自画像艺术课堂、温暖市集等。减压周密集的活动供学生根据自身需求报名参加,在活动中提高学生对心理健康

的认知,探索内心,从而释放压力。此外,5-HT减压周通过统一视觉设计、创作同名主题歌曲《5-HT》、推出微信减压表情包、制作减压小程序等方式,不断增强活动的品牌效应,提高学生对活动的关注度和忠诚度。

5-HT减压周在校内取得成功后,积极开展校内外联动,与当地政府、企事业单位等机构合作,鼓励学生参与校外的人文关怀服务活动,为社区高压人群提供各有特色的人文关怀活动和心理健康知识普及,从受众转变成减压大使,不断提高自身健康素养。

5-HT减压周作为宁诺校园最受欢迎且最具影响力的活动之一,被媒体争相报道。2018年,《宁波晚报》《宁波日报》、宁波电视台、新浪等媒体报道了5-HT减压周活动,在浙江新闻客户端点击量超过33万人次。2019年,5-HT减压周与当地政府及各方传媒力量深度合作,全市共有2000辆出租车、300个商业电梯广告牌、18个户外大型广告位、4条线路的公交车、3个大型商业中心的室内外电子屏和1条地铁线及站台广告位提供全天候免费宣传,累计受众超过100万人次,节省广告经费达110万元,微博点击量超过40万人次。2020—2024年,5-HT减压周持续被多家国家级、省级和市级媒体报道。例如,《宁波诺丁汉大学:50余个活动助力考试季减压》发表于《中国教育报》等。

(二)搭建心灵沟通桥梁

后勤事务中心于2017年专设生活老师岗位,招聘了一批具备外语交流能力、能适应多元文化融合发展所需的年轻学生工作服务团队,作为"生活思政"工作的主力军。每学期,后勤事务中心定期开展生活老师的心理健康培训。生活老师定期"走进寝室、走近学生、走进内心",了解学生日常所需,解答学生生活上的困惑,及时给予思想上和行动上的指导与帮助。生活老师日常办公点设置在生活区公寓前台,学生可随时与她们进行面对面的沟通,诉说生活的烦恼、学业的压力、情感的不顺等。对有特殊情况的学生,给予特殊的"关注、关怀、关爱",并建立特殊学生档案,提供有温度的个性化服务。在学生公寓楼内设置心理谈话室。房间虽小,却架起了一座师生间沟通的心灵桥梁,帮助学生走向世界的康庄大道。

二、安全教育:加强安全培训提升健康意识

安全意识和自我保护能力是健康素养的重要组成部分,培养学生具备这些意识和能力也是保证学生生理健康的重要条件,为此宁波诺丁汉大学的后勤事务中心通过各种渠道加强对学生的安全教育和培训,这不但是培养学生健康素养的重要渠道,也是构筑校园安全健康环境的有力保障。

(一)多渠道安全健康教育

为了不断加强师生的安全健康意识,学校统一部署年度校园安全健康教育内容,依托学生群体,多部门协作开展宣传教育活动,充分利用视频、公众号、线上安全教育平台等新媒介,多途径多形式创新宣教活动。每学年,学校组织开展安全健康宣教活动 60 余场,参与学生8500 人,满意率达 97%,内容涉及防诈骗、消防、禁毒、实验室安全、食品安全、交通安全、急救、心理健康等与学生相关的重点话题。学校还定期开展消防反恐、电梯救人等演习活动和消防器材实操演练、校园安保工作体验活动,组织学生参加安全检查,理解生命意义和人生价值,增强学生安全健康意识和责任意识,提高自我保护能力。

(二)健康安全理论培训

理论培训是不可或缺的部分。按照每学期的安全宣教计划,学校安全保卫办公室邀请专家定期举办防诈骗、金融知识、消防安全及交通普法等主题性系列培训讲座,覆盖生活区的在住学生,干货满满的讲座受到学生的一致好评。从 2021 年 9 月开始,安全保卫办公室面向新生组织开展理论与实操相结合的"安全伴我行"课程。讲师以宁诺实际案例为切入点,增强学生安全意识,提高学生自我保护能力。

保安队长现场指导学生如何使用灭火器,千余名新生动手操作灭火器,将理论联系实际,掌握安全技能。参加课程的学生纷纷表示非常实用,在增强消防安全意识的同时也对校园中的消防设施有了更清晰的认识,会更加爱惜生命。

（三）安全实操演练

每学年,学校安全保卫办公室都会组织在校园内相关楼宇开展年度消防演习,涵盖教学楼、行政楼、图书馆、体育馆、学生宿舍楼等,进一步增强校内师生的消防安全意识,使其学习安全知识、掌握必备的逃生技能。此举得到了相关部门的大力配合及在校师生的认可。后勤事务中心还定期开展反恐、电梯困人和消防器材实操演练活动。2018年至今轮流对生活区学生宿舍楼开展电梯困人演习,形成学生、宿管、安保、外协单位等联动保护机制。通过现场救助和应急处置演练,让学生和工作人员掌握自我救护的相关技能,也让学生感受到安全就在身边。

三、运动健康：开展丰富多彩的体育活动

体育教育课程作为教育部规定的必修课程的一部分,也是宁波诺丁汉大学对卓越教学质量承诺的重要组成部分。体育教育在发展学生专业技能、改善身心健康、完善学生人格、提高学生的学习能力、帮助学生掌握新知识和提高学习成绩方面发挥着关键作用,应最大限度确保体育教学质量和学生在课堂上的参与度与积极性。

（一）热身小游戏增加课程趣味

宁诺体育部率先在中外合作大学中采用20人小班化教学授课,教师以多样化的热身小游戏替代传统的热身操,以激发学生对课程的兴趣,让学生可以在不同的小游戏中充分热身。经过近几年的实践,学生对体育课程的积极参与程度有了大幅度的提高。

（二）优质师资保障体育教学质量

体育部为所有学生提供最优质的教师资源,所有教师都尽全力以

最包容的心态确保所有学生能得到公平对待。体育教师和体育部员工会为学生提供热情的帮助和指导,期末还将以各种形式进行教学评估,确保授课质量达到最高标准,并获得学生较高的满意度调查结果。教师团队每年都会进行深度专业发展探讨,以确保他们可以采用最现代和最有活力的教学方法。教学风格将尽可能结合国内和国外的授课方式,以确保学生获得更多样化的学习经验。

（三）Engage 课程让体育充满乐趣

在体育课程之外,体育部还积极为在校师生开展 Engage 参与课程,可以让更多的师生体验参与各类体育项目。在校内开展的瑜伽、动感单车、射箭等活动目前都处于火爆状态,抢到名额的同学都非常珍惜体验课程的机会。他们会积极分享在运动中的收获与喜悦,带动身边的同学一起参与体育锻炼。

在校外开展的项目也非常有特色,如滑翔伞、冲浪、探洞等极限项目,体育部的教练会提前考察并与专业人员进行安全性和可行性讨论,包括单次活动安全容纳人数、活动路线教练之间的分工协作等。在安全的前提下满足学生的体验感和成就感,让他们在活动中身体和心理都能够锻炼提高,这是体育部一直追求的目标。每次活动后,体育部都会发放问卷收集师生的反馈,教练团队会在活动后总结经验和不足,讨论下次活动需要改进的地方,为师生提供更好的校外锻炼平台。

（四）竞技赛场尽显体育精神

宁诺体育部在倡导学生通过体育运动强身健体的同时,积极为学生对接平台,鼓励学生发挥竞技体育精神,且成绩喜人。仅 2020—2021 学年,该校学生共参加 40 场市级及以上体育比赛并取得优秀成绩,其中包含国际级比赛 1 项、国家级比赛 4 项、省级比赛 14 项（见表 5-1）。

表 5-1　各级体育赛事获奖情况一览

序号	级别	项目	时间	比赛名称	成绩
1	国家级	橄榄球	2021 年 7 月	2021 全国触式橄榄球广西南宁分区赛	业余组第四名,业务组碗级亚军
2	国家级	飞盘	2021 年 6 月	2021 苏州飞盘城市青年交流赛	第三名
3	省级	排球	2021 年 6 月	浙江省大学生排球联赛	男子第十三名,女子第十七名
4	国际级	橄榄球	2021 年 6 月	2021 年上海 10 人橄榄球锦标赛	男子第十二名,女子第三名
5	省级	乒乓球	2021 年 6 月	2021 年大学生乒乓球锦标赛	男子双打第三名,混双第三名
6	国家级	飞盘	2021 年 6 月	2021 年上海飞盘公开赛	第四名
7	市级	壁球	2021 年 5 月	2021 年上海壁球联赛	女子 A 组第三名,男子 A 组第五名
8	市级	篮球	2021 年 5 月	2021 年宁波市大学生篮球联赛	男子甲组第三名
9	市级	篮球	2021 年 5 月	2021 年宁波市大学生篮球联赛	女子本科组第三名
10	友好级	网球	2021 年 5 月	大学生网球锦标赛	男子单打第七名,女子单打第八名,男子双人第五名
11	友好级	篮球	2021 年 5 月	三校(昆山杜克大学,上海纽约大学)篮球交流赛	第一名
12	友好级	足球	2021 年 5 月	宁波市大学足球交流赛	4∶3 胜浙江万里学院(男子)
13	市级	田径	2021 年 5 月	宁波市第十届大学生田径运动会	男子铁饼冠军,男子标枪冠军,女子标枪冠军
14	省级	飞盘	2021 年 5 月	第 11 届武汉飞盘公开赛	第三名
15	友好级	足球	2021 年 4 月	宁波市大学足球交流赛	3∶1 胜宁波大学(男子)
16	省级	木球	2021 年 4 月	2021 年浙江省第二届生态运动会	男子和女子组第二名
17	省级	足球	2021 年 4 月	浙江大学足球锦标赛	女子团体第四名
18	省级	羽毛球	2021 年 4 月	浙江大学生羽毛球锦标赛	女子团体第七名,女子双打第五名

续表

序号	级别	项目	时间	比赛名称	成绩
19	友好级	足球	2021 年 4 月	宁波市大学足球交流赛	3∶1 胜宁波城市职业技术学院(男子)
20	友好级	赛艇	2021 年 4 月	嘉兴、上海、宁波三地友谊赛	八人双桨和四人双桨冠军
21	友好级	足球	2021 年 4 月	宁波市大学足球交流赛	4∶3 胜浙大宁波理工大学(男子)
22	友好级	篮球	2021 年 4 月	宁波诺丁汉大学 VS 甬江职业高中	胜(女子)
23	友好级	足球	2021 年 3 月	浙江农林大学交流赛	3∶2 胜(男子)
24	友好级	篮球	2021 年 3 月	宁波诺丁汉大学 VS 浙江农林大学	负(女子)
25	市级	羽毛球	2021 年 3 月	宁波市春季羽毛球俱乐部联赛	混合团体第八名
26	省级	攀岩	2021 年 3 月	上海巨蛋攀岩大赛	男子第一名、第四名
27	市级	排球	2021 年 3 月	第七届宁波高校精英赛	男队第二名,女队第三名
28	市级	棋	2020 年 12 月	第七届"云林杯"浙江大学象棋锦标赛	男子:200 名参与者中的第 17 名 女子:80 名参与者中第 13 名和第 14 名 团体:45 组中第 10 组
29	市级	排球	2020 年 12 月	宁波市第四届排球联赛	第八名
30	省级	壁球	2020 年 12 月	浙江省第八届壁球锦标赛	男子团体第一名,女子第五名、第六名
31	市级	篮球	2020 年 12 月	2020 年宁波市大学生篮球联赛	男子第四名,女子第四名
32	省级	田径	2020 年 11 月	浙江省第五届大学生田径锦标赛	女子标枪第一名,男子110 米栏第八名
33	省级	木球	2020 年 11 月	浙江省第九届大学生木球锦标赛	男团第五名
34	省级	乒乓球	2020 年 11 月	浙江省大学生乒乓球锦标赛	男子单打第四名,混合双打第五名,男子双打第四名、第七名

续表

序号	级别	项目	时间	比赛名称	成绩
35	省级	足球	2020 年 11 月	浙江大学足球锦标赛	男子小组赛第三名
36	市级	棋	2020 年 11 月	第三届宁波高校象棋大赛	团体第一名
37	省级	羽毛球	2020 年 11 月	浙江省大学生羽毛球锦标赛	前十六
38	国家级	橄榄球	2020 年 10 月	上海全国十人橄榄球锦标赛	小组赛第三名
39	市级	排球	2020 年 10 月	宁波市第十三届大学生排球联赛	女子第二名,男子第三名
40	省级	足球	2020 年 10 月	浙江省足球联赛大学女子组比赛	女子小组第三名,体育道德风尚奖

值得一提的是,为增强学生对于体育运动的荣誉感和获得感,宁诺体育部在每学年末都会举办一次大型体育颁奖晚会,旨在表彰和奖励在校师生过去一年所取得的体育成就,吸引近 400 名热爱体育运动的师生参加该活动。颁奖晚会共设九个奖项,即年度最佳社团组织奖、年度最佳校队、年度最佳女运动员、年度最佳男运动员、年度最佳员工突出贡献奖、年度最佳学生突出贡献奖、年度体育风尚奖、年度最佳照片和年度最佳体育社团。

第三节　自我管理:学生懂学生,所以学生才能更好地管理学生

大学教育不应局限于让学生处于被动地位接受帮助和引导,而应当始终重视培养大学生自我管理、自我约束、自主进步的意识和能力。只有学生真正通过大学这面"镜子"看清自己,才能更好地发展自身,帮助和引导其他同学,在学生群体中发挥榜样作用,进而为整个学校营造健康发展氛围。

一、以学生为主体的社团运作模式

宁波诺丁汉大学的学生组织和社团是学校第二课堂的重要生力军,同时也承载着不同的属性和定位。学生组织服务全校师生,有较强的责任感、使命感,也有固定的经费支持,成员人数一般在80—100人。学生社团旨在鼓励学生陶冶兴趣爱好、发展个人特长,组织形式相对灵活,没有固定的经费支持,成员人数最少可以在10人以下。

所有学生组织和社团服从学校制定颁布的规章制度,包括财务制度、活动审核、外出报备等。为了能够让学生团体更加专业化发展,校团委联合学校行政部门共同参与指导工作,以实现其个性化发展需要,充分体现宁诺在第二课堂建设方面的专注。

宁波诺丁汉大学有严格的学生活动报备和审批流程,尤其在财务申请和报销、赞助管理、场地申请等方面有系统的规章制度。学生社团的星级评定更是广受关注,因为这不仅是对优秀社团的肯定和鼓励,同时也是责任和压力。

学生组织和社团构成了校园活动和创新的中坚力量。学生在参与组织、社团的管理和活动过程中不断得到锻炼,同时也为丰富多彩的校园文化奉献了自己的力量。在过去几年,宁诺学生组织和社团在领导力建设、社会责任感培养、校园艺术发展、创新和国际化影响力等方面均有建树。

案例5-6 第三届中国华东区学生论坛顺利召开:学生组织和社团常态化自我管理

宁波诺丁汉大学的学生组织和社团基本实现了常态化的自我管理,在活动策划、成员招募和团队建设等重要问题上体现较强的独立性和判断力。2017年11月18日至19日,由学生组织ACCA Club筹办的第三届中国华东区学生论坛在宁波诺丁汉大学顺利召开。华东地区,尤其是长三角地区的全国重点高校均选派学生参加,极大地提升了宁诺的品牌知名度,也充分体现了学生组织的领导力、团队协作能力和执行力。该活动得到了媒体的广泛关注,《宁波日报》更是用了几乎整版进行报道。

案例 5-7 新生博览会:实现自我运营的生态模式

宁波诺丁汉大学鼓励学生组织和社团通过合理、合法的方式获得赞助,从而形成良好的活动"造血功能",建立可持续的发展模式。2018 年 10 月 24 日至 25 日,学生组织创行协会举办了新生博览会。此次博览会邀请了 13 个外界商家,为广大师生提供便捷的服务,两天人流量超过 3000 人次。创行协会通过新生博览会获得部分盈利,扣除活动本身的运营费用,剩余部分可以支持全年的其他活动,真正实现了自我运营的生态模式。

二、"朋辈导师"项目

"朋辈导师"是由学校学生事务与发展中心发起的跨年级学生朋辈互助项目。该项目于 2015 年正式问世,经过多年发展,现已成为校园知名且卓有成效的新生发展支持平台之一。

该项目面向所有高年级的学生,每一位志在成为"朋辈导师"的热心同学经过自主报名、面试、专项培训三个流程的筛选后受聘,在新学期为新生们提供环境适应、学习指导等聚焦新同学普遍需求的服务支持,并科学设置了定期考核、新生评价等流程以检验"朋辈导师"的工作成果。

在迎新工作期间,"朋辈导师"活跃在校园各个角落,是迎新工作组的生力军。他们以团总支为单位,在迎新周负责团总支内的各项事务筹备和活动组织,以学长学姐的身份,帮助并引导新生快速适应学校生活。2023 年度的"朋辈导师"项目中,来自不同学院的 98 位"朋辈导师"在迎新周积极发挥自身作用,通过线上答疑分享学习生活经验;举办大班会小班会完成了三个学院团总支和 42 个团支部的组建工作;在行政班管理工作中,协助学生干部公正民主地选举;在新生档案工作中,发挥"朋辈导师"带头作用,提升新班委工作能力;在思政工作中,以身作则,帮助新生巩固入党信念,提升入党热情;在防诈骗宣传和心理教育宣传工作中,坚决做深、做实相关工作,完成数百次校生对接。

在随后的学年任期中,"朋辈导师"会将班级管理责任转交班委,在培养、协助其自我管理、自主发展的同时,继续帮助大一学生提升在校体验、顺利完成学业。"朋辈导师"日常及时回复新生各类提问,向辅导员反馈沟通过程中发现的各类包括身心健康、学业困难等方面的问题;积极协助全体大一新生班级紧锣密鼓排练、参与校级班歌大赛,丰富了新生们的课余生活,增强集体荣誉感;督促班委开展每月一次的团日活动,在轻松快乐的氛围中展现自身能力,在集体中营造相互学习的良好氛围。

迄今为止,"朋辈导师"项目累计已有1000余名"朋辈导师",协助辅导员帮助1.4万余名新生顺利度过大一学年的适应期。项目工作组更是在长期实践中不断优化自身,总结形成了"朋辈导师"项目独特的三大途径:一是代际传递,主动引导。朋辈学生之间联系加强,长辈学生独有的亲和力和模范力能够真正将正确的育人成才理念,在潜移默化中传递给下一届学生。二是协助实践,推动自主。"朋辈导师"不做"老大哥",不当"班主任",而是真正放下"辈分"融入同学,支持同学们的想法,为同学们的自主实践提供力所能及的条件,使每一届学生都能在第一学年切实培养自我管理能力。三是校生联动,高效协同。"朋辈导师"作为学校和新一届同学联系的桥梁,能够调动同学们的参与积极性,高效落实学校的各项活动,让学校的育人方针落实到每一个班级,使学校对学生的反馈更加精准切实。

三、创设"生活在宁诺"课程体系

2021年9月,后勤事务中心与学生事务与发展中心、体育部、语言学习发展中心联合运营新生适应项目,开展一系列讲座、实操或研讨活动以帮助大一学生更快、更好地适应大学校园生活。后勤事务中心开发了"制度＋技能"一体化的生活类课程,纳入宁波诺丁汉大学第二课堂实践学分体系。本系列课程包括制度类必修课程和生活技能类选修课程,共计 8 个学分,采取线上线下相结合的授课形式,不仅帮助学生正确认识和评估自我,合理分配和使用时间和精力,而且让学生掌握基本生活技能,提高自我保护意识、自我保护能力和实际动手能力。2021 年 9 月至今,后勤事务中心已开展 16 场讲座或培训,累计5700 多名学生参加了本系列课程,学生综合满意度达 96％以上。

四、"诺挺好"宿舍管理模式

"诺挺好"是学生事务与发展中心创新推进生活思政的崭新探索模式。该项目招募了一批高素质的高年级学生担任"楼宇导师",在宿舍楼内处理学生噪声、违纪等问题,保障楼宇的平和安宁。他们还在生活区举办一系列丰富多彩的学生活动,促进学生学术进步和全面发展,助力学生保持积极健康的精神状态,让学生获得多姿多彩并获益终身的大学生活体验。

该模式最大的特点是学生自主管理。一方面,对担任"楼宇导师"的学生来说,在老师的积极引导下,通过给予其充分授权,这些"楼宇导师"普遍具有高度责任感。这份工作让他们积极发现自我价值、发掘自身潜力,从而形成适应社会发展和推动自身适应社会的意识和能力。另一方面,对于被管理的学生来说,受到来自优秀的学长学姐的帮助和指点,他们从心理上更能接受并认可,从而进行积极的自我调节。

其中一个案例是,"楼宇导师"接到求助电话,夜间有个宿舍的男生每天玩游戏到凌晨,发出很大的键盘敲击声影响室友的休息。"楼宇导师"到达现场后对男生开展思想工作。首先,建立联系,获得信任。他从男生正在玩的游戏入手跟男生聊起,与男生建立起有效联系。其次,现身说法,分析利弊。"楼宇导师"作为学长,从自身的经历入手,谈及自己曾经如何因为游戏而短暂迷失方向,后来又如何从游戏中走出,申请到本校博士学位,成为一名直博学生的故事。最后,帮助纠偏,支持鼓励。学长给男生指出了如何培养自控力的可行方法,对如何改正不良生活习惯、把时间和精力从游戏中转移出来进行了耐心指点。后来,"楼宇导师"再也没有接到过对这个同学的投诉电话。

宁诺是个倡导自由平等、包容多元的校园。在这样的校园环境中,有时权威和强制力会引起学生的抵触情绪,效果往往适得其反。如何利用本校特有的文化和氛围,引导学生向着更加积极健康的学习生活方向发展,"诺挺好"项目提供了一种行之有效的工作思路和范例。

第四节 社会责任:将国际化的智慧资源, 源源不断地输送出去

社会责任感是一个民族赖以生存和发展的基础,是大学生成才的必然要求,也是当代大学生应当具备的基本品质之一。培养、强化、支持学生的社会责任感,是宁波诺丁汉大学一直以来锲而不舍、孜孜以求的主要发展方向之一。可以说,宁波诺丁汉大学在培养学生社会责任感这方面的工作,底蕴深厚,已形成了诸多特色品牌。

一、文明礼貌:培养学生对自己和他人负责

(一)开展"寝室美化大赛"评比活动

宁诺生活区每年秋季举行"文明寝室"评比活动。评比活动以寝室卫生、室友关系、文化营造、安全使用电器等为标准,打造楼宇文化,树立"文明寝室"典范,营造文明、整洁、和谐的宿舍文化氛围,培养学生自尊自律、文明礼貌、诚信友善、宽和待人,充分发挥宿舍文化育人功能。从 2018 年开始,连续开展了四届"文明寝室"评比,住校学生积

极参加,将寝室打造成风格各异、文化浓郁、干净整洁的温馨家园。通过在线投票,评出每幢楼"文明寝室"。通过观察他人的生活,自省自视,启发学生爱生活要从爱护自己的生活环境开始。

2023年秋季,"文明寝室"评比活动升级为"寝室美化大赛",由生活区学生自治组织组织策划,围绕学校的战略,挖掘宁诺寝室文化,分四个组别开展,丰富活动内涵,提炼学生在可持续发展、寝室氛围营造等方面的创新做法,促进学生在生活和谐关系构建、自治管理、绿色环保、特色寝室文化等方面的提升,提升学生在生活区的住宿体验感。

（二）设置后勤服务体验岗

鼓励学生参与后勤事务中心的岗位体验,让学生融入生活区,用心感受温暖服务,珍爱劳动、珍惜付出。2019年起,后勤事务中心根据实际运作情况,设置了礼仪、安全和技能三大类生活体验岗,涵盖门岗、巡逻岗、维修体验岗、新媒体体验岗、垃圾分类志愿者和"光盘行动"督导员等11个岗位。2020—2021学年,教学周每周二中午,学生以督导员身份在餐厅提醒就餐人员节约粮食,从自身做起落实"光盘行动"。目前,学生参与较多的是垃圾分类志愿者和"光盘行动"督导员。后勤事务中心将继续加大宣传力度,同时改变活动形式,明确岗位内容,将体验与积分挂钩,在岗位体验中提升学生的团队意识、强化互助精神,增强其社会适应能力。

二、社会实践:培养学生兼济天下的情怀

（一）协助学校招生工作

学生社团学生招生志愿者团队每年都协助学校的招生工作,为宁诺在29个省份举办的高考招生咨询会输送上百名学生志愿者。学生招生志愿者团队为学生志愿者提供系统的行前培训,使其能够自信、自如地为前来参加咨询会的家长和考生介绍宁诺的招生政策、专业设置和生活体验。学生招生志愿者团队通过协助招生工作,主动参与学

校的发展建设,体现了学生社团高度的责任心和领导力,也展示了宁诺学子的风采。

（二）春晖支教项目

春晖支教项目成立于 2013 年,通过常规性有序教学的方式,为外来务工人员子女学校的教师提供系统培训,使学校学生能够接受更高质量的英语教学。截至 2021 年,春晖支教项目组已向春晖学校输送了 460 余名志愿者,辅助春晖学校的教师更好地交流和分享知识、经验和成果,受益学生人数每学年多达 1610 人。值得一提的是,宁波诺丁汉大学英语语言中心于 2019 年专门为鄞州春晖学校英语教师量身定制了为期三个月的系列英语教学培训,市场价值 20 万元,免费送外教上门。

（三）Passing Hope 传球计划

传球计划是宁波诺丁汉大学学生自发组织的新形式公益支教项目,致力于在贫困地区建立一座座足球场。项目打破了多数传统的"过客式支教",做到在志愿者离开时,当地群众依然能感受到公益的温存。同时,项目响应"体育强国——足球梦牵中国梦"的号召,联合全国一类知名院校,在做公益的同时促进高校之间非商业交流,最终使传球计划形成一定的社会效应,为贫困地区的孩子打造一个外界可视的平台,让社会关注他们,为他们提供更多的机会。

2017 年,为了帮助贫困山区孩子们圆一个足球梦,传球计划应运而生。6 月初,第一批志愿者走进了贵州六盘水市果布戛乡。那一次,志愿者们不仅看见了整个山区孩子们对足球一类体育活动的热爱,还感受到了孩子们对知识的无尽渴望。8 月中旬,传球计划正式启动,携带着众筹善款所购的物资还有社会爱心人士的捐赠,传球计划第一批 18 位志愿者再次走进果布戛乡,进行了足球支教活动,并且建立了第一座足球场。由于这座球场位于海拔较高的悬崖边,志愿者们将其命名为"云端足球场"。"云端足球场"获得了广泛的社会关注,《中国青年报》《现代金报》《扬州日报》等都有报道,新浪、腾讯、搜狐等门户网站也持续关注。

传球计划虽然收获了鲜花和掌声,但是志愿者们始终不忘初心。2017 年 12 月底,志愿者们跟随宁波诺丁汉大学的公益教师培训队伍去到了山西省垣曲县。垣曲县不仅在教学师资方面匮乏,学校硬件设施的配备也相对弱势。在垣曲县教育局的带领下,宁诺的志愿者们走访了垣曲县数所学校,最终定下在堤沟小学和毛家小学开展寒假足球支教任务。2018 年春节前,31 位宁诺志愿者们抵达垣曲县,并马不停蹄地用筹集来的善款为两所学校采购建球场的物资。除了课件与行李,他们还带了将近一吨的人工草皮,为这两所学校建造了 7 米×7 米标准绿茵足球场,并进行为期一周的足球支教课程。

作为"传球计划"的第二站,宁诺的志愿者们认为,不仅应该为贫困地区孩子提供一块能够肆意奔跑的足球场,更重要的是希望通过足球这项运动帮孩子们树立自信,鼓励他们团结协作,帮助孩子们重建人与人的关系,并审视生命的深度和广度,带领孩子们拥抱全新的世界。在过去几年,传球计划的足迹遍布 17 个省份,为 38 所小学修建 7 米×7 米标准绿茵足球场,项目共计惠及 1 万多名少年儿童。

(四)暑期社会实践项目

宁波诺丁汉大学暑期社会实践是青年志愿者协会面向全校招募志愿者的支教活动,意在依托宁波诺丁汉大学优秀的教育资源与出色的人才力量,组建学生支教队伍,前往教育资源匮乏的地区和国家,开展大学生暑期支教活动。2006 年至 2024 年(2020 年受疫情影响未开设路线),宁波诺丁汉大学暑期社会实践项目持续开展 18 周年。据统计,该项目共开设 200 条支教线路,派出 2931 名志愿者前往 25 个省份进行支教活动(见表 5-2),乡村振兴与山区支教项目还吸引了来自英国、美国、加拿大、法国、德国、西班牙、爱尔兰、俄罗斯、澳大利亚等国家的留学生参与。从 2006 年第一条支教线路甘肃线启动以来,宁诺志愿者的支教足迹遍布全国,将宁波诺丁汉大学的教育理念和教育方式传递到各地。

　　值得一提的是,宁波诺丁汉大学坚持"引进来"和"走出去"相结合,在不断扩展国内支教线路的基础上不断进取,于 2012 年开辟第一条国际支教线路。此后,学生们赴尼泊尔、巴厘岛、柬埔寨、越南等国家开展支教活动、传播中华文化。2016 年 10 月,在宁波团市委、宁波市文明办和宁波市志愿者协会的积极推动下,宁波市国际志愿者基地在宁波诺丁汉大学成立。基地主要依托宁波诺丁汉大学的国际志愿者项目开展工作,包括入境志愿者项目、海外公益服务项目以及暑期社会实践等。基地自建立以来,成功承办"中国-中东欧'一带一路'青年创客国际论坛",揭牌"16＋1 国际志愿者宁波工作站",在保加利亚首都索非亚开辟"文化出海"项目,在苏北发起名为"麦播计划"的留学生支教项目。经过坚持和沉淀,学校中外籍志愿者的足迹遍布 35 个国家和地区。

图 5-5　2023 年 7 月,宁波诺丁汉大学志愿者于云南保山金鸡乡中心幼儿园支教

　　正如索非亚中国文化中心负责人屠雪松在接受央广网采访时所作的评价:"宁诺的国际化程度很高,这也是我们最初选择宁诺学生的原因。事实证明,这个选择是正确的。这两周里,他们不遗余力地推广传播中国文化,用真诚热情的态度、自然流利的表达和创新的授课

形式,讲述中国故事,展现了文化传播使者的风采。"①

表 5-2　宁波诺丁汉大学暑期社会实践项目统计

序号	年份	线路/条	参与人数 /人
1	2006	1	15
2	2007	3	45
3	2008	2	26
4	2009	5	79
5	2010	6	118
6	2011	10	201
7	2012	13	217
8	2013	15	264
9	2014	16	226
10	2015	15	178
11	2016	16	271
12	2017	16	251
13	2018	14	210
14	2019	14	157
15	2020	/	/
16	2021	11	130
17	2022	5	90
18	2023	20	219
19	2024	18	234
总计		200	2931

(五)海外志愿者项目

宁波诺丁汉大学的海外志愿者项目每年都吸引数百名宁诺学子远赴全球 35 个国家和地区参加公益志愿活动,在实践中培养自己的

---

① 杜金明.宁波诺丁汉大学 9 名志愿者赴保加利亚讲述中国文化[EB/OL].(2019-07-17)
[2024-06-05]. https://zj.cnr.cn/zlfg/20190717/t20190717_524694215.shtml.

社会责任感,同时,学校还积极引进国际志愿者,在国内相对落后地区进行公益活动。2018年7月,由象山县精神文明建设委员会办公室、宁波诺丁汉大学、象山县民政局和共青团象山县委联合主办的"美丽中国·善行象山"国际志愿者交流活动在象山成功举办。该交流活动为期七天,吸引了来自14个国家的54名外籍志愿者参与公益实践活动,分享志愿服务的宝贵经验,受到了象山县委、县政府的一致好评,并在搜狐等门户网站有持续报道。

(六)"学科优势＋研究实践＋产出成果"的叠加模式

培养学生的社会责任,包括鼓励学生主动参与生产劳动、公益活动和社会实践,能主动作为,履职尽责,但履职尽责并不意味着要一味蛮干和死干,而是要充分发挥创新创业精神,使从事的活动和工作焕发生机和活力。宁波诺丁汉大学第二课堂注重培养学生的创新创业能力,在校内为学生创新创业提供平台和资金支持,对外对接各项资源,为学生的创新创业争取更多的渠道和资源。随着学生创新创业的不断发展,逐渐形成具有宁诺特色的"学科优势＋研究实践＋产出成果"的叠加模式。

一是积极参与大学生竞赛,凸显学科优势。以大学生竞赛为载体,完善校内竞赛选拔机制,将学术老师、辅导员和相关部门的积极性调动起来,营造争优创先好氛围;推荐校级优秀作品重点参加如"挑战杯"全国大学生科技学术竞赛、"互联网＋"大学生创业计划大赛等一系列大型大学生竞赛,力争好成绩;鼓励大学生参与社会企业项目,帮助吉林通化清河镇当地贫困参农创立"参参不息"品牌,并于2010年5月获得"赛扶"全球大学生企业家联盟大赛中国区总冠军。

二是努力对接各项资源,推动研究实践。双向了解学生以及学术老师的双方需求,不断充实师生需求备用库,在日常工作中,实现学术老师科研项目与优秀学生个人诉求的高度匹配,促进学术研究;结合课程思政,重点打造余姚河姆渡遗址博物馆、余姚王阳明故居、镇海宁波帮博物馆等三大研习基地,通过设计大赛、理论培训、岗位实习、志愿服务等形式,深度挖掘宁波当地古人、圣人、商人等文化内涵,实现从理论学习到实际操作的落地。

图 5-6　2024 年 5 月,宁波诺丁汉大学理工学院在王阳明故居举办
阳明和宁诺联名纪念品设计展

三是聚焦大学生职业发展规划,注重产出成果。通过参与大学生竞赛、学术理论研究、社会实践等,了解职业特色,了解个人特质,挖掘自身兴趣点、兴奋点、特色点,不断试错、不断探索、不断尝试,实现个人特质与职业特色的高度匹配,帮助大学生走出迷茫期,快速明确未来职业发展方向。

第五节　国家认同:学习感知中国文化,
令我更加热爱我的民族

民族国家的本质要求,就是民族对国家的认同。没有一定程度的国家认同,一个国家就不可能取得民族国家的形式。国家认同感是巩固各民族关系、实现经济社会稳定发展和国家兴盛的基础。正所谓"少年智则国智,少年富则国富,少年强则国强",对大学生国家认同感的培养,直接关系到我国社会意识形态的进步,关系到民族凝聚力和战斗力的强化。培育巩固高校大学生的国家认同感,是每一所高校的重要任务。

宁波诺丁汉大学以"中国文化课"(思政课)作为培养学生国家认同的主渠道。该课程以五本思政课统编教材为主要内容,以"历史"和"哲学"两个维度为主线,前者全面梳理了中华 5000 年的文明史,让学生了解我国古代历史中对中华文明具有深远影响的因素,并以此为基点帮助学生理解中国近现代历史的形成,以及当代中国治理特色的历史根源;后者通过中西对比的方式让学生深入了解我国古代的哲学思想,带领学生探寻我国古代思想文化的宝藏,并进一步过渡到对马克思主义哲学的讲解,从而帮助学生建立起涵盖古今中外的哲学视野。不管是"历史"维度还是"哲学"维度,课程的根本目标之一是培养学生的国家认同,让学生在深入把握我国历史文化和现实国情的基础上形成民族自豪感和文化自信心。然而,培养学生的国家认同并不以课堂教学为唯一途径,在学生的课外活动和日常生活中依然埋藏着很多教育培养的契机,因此在宁波诺丁汉大学的"生活思政"实践中也有许多相关的活动和举措。

一、升旗仪式

每年 9 月,在宁波诺丁汉大学的操场都会有一场隆重的升旗仪式,至今已不间断地开展了三年,成为每年开学迎新季的固定活动之一。每年的升旗仪式约有 2000 人参加,群体涵盖学生、教工以及自发前来观摩的学校外籍高管和外籍教师。通过庄严肃穆的方阵、出旗、升旗、唱国歌、国旗下讲话等环节,充分表达作为中国人民对于祖国的热爱与祝福,增强中国师生的国家认同感。参加升旗仪式的一名学生说道:"看到国旗伴随着国歌冉冉上升,内心的骄傲感油然而生,这大概就是我们说的归属感和仪式感吧。"

二、党的十九大精神双语学习会

2017 年 11 月 29 日,全国劳模、全国"五一劳动奖章"获得者、宁波公交总公司陈霞娜女士来到宁波诺丁汉大学,面向中外师生分享参会体验,讲述外籍留学生"听得懂"的党的十九大。本次学习会采用同声翻译的方式,打破了语言的壁垒,使外籍师生清楚了解党的十九大所阐述的新时代党和国家事业发展的大政方针和行动纲领,用创新的方式讲好中国故事。

英国籍学生索菲亚·本(Sofyia Ben)说:"这次讲座真实地传达了中国共产党对人民,尤其是对基层人民的真切关心。这些会议让我有了深切的情感体验,我能感受到在为期一周的会议中,中国人民的强烈自豪感。"意大利籍教师乔万娜·科梅里奥(Giovanna Comerio)说:"我非常喜欢这次学习,陈霞娜女士作为人大代表非常到位地传达了高层领导对国家的关心。她还多次提到了'基层人民',也就是普通群众,而正是普通群众塑造了现在的中国。还有一点让我非常欣赏的是,国家领导人对人民的关心,并且通过各种方式来落实这种关心。这次报告学习不只是一次宣讲,而且是一位关心自己国家的普通人,尝试向我们讲述她的所感和所想。"

党的十九大精神双语学习会是宁波诺丁汉大学的一次成功尝试,通过该活动,我们发现外籍师生也希望能够及时了解中国政府在政策方向、社会治理、经济建设和民生问题上的立场和发展思路。在充分了解中国共产党的治理经验和为人民做实事的发展方针后,他们也都给出高度评价和肯定,这是传播中国好声音的重要举措。

三、"微系列+正能量+小细节"的融媒体宣传矩阵

培养学生国家认同不仅要靠各种具体的活动,还应该创新媒体宣传方式,使学生在面对来自各种渠道的大量信息时能够区分是非善

恶,在不知不觉中认同社会的主流价值观。

第一,开发"微系列"产品,以多种方式拓展宣传渠道。一是"微"平台。顺应融媒体发展趋势,促进融媒体背景下的微博、微信与微视频联动带来的微电影、微直播、微动漫等制作,进而改变传统媒体"一对多"的单向信息输出方式。二是"微"方式。综合运用诸如数据图解、音频、视频、动画、H5 轻应用等形式,进行更加生动形象的宣传报道。三是"微"内容。在传播内容、话语体系上注重方式方法,开发形式多样、生动有趣的短、平、快产品,采用平易近人、循循善诱的宣传与表达方式,以满足师生使用移动设备进行"浅阅读"与"轻阅读"的便捷需求。

第二,"正能量"引导,统一协调把握舆论导向。一是整合资源,实现主流媒体归口管理。整合各类新媒体平台信息,明确主流媒体主管部门与运营人员,构建主流媒体管理架构,在鼓励师生自由表达观点的同时,坚守主流舆论的传播渠道和空间。二是紧跟热点,引领舆论发展方向。要有计划、分步骤、有节奏地进行舆情动态预判,有针对性地处置问题、有效把握舆情走向。在报道过程中及时亮明观点、强调立场,面对突发舆情事件能够做到灵活应变、积极应对,有效把握舆论引导的最佳时机。三是完善机制,提升舆情引导效率。进一步完善舆论监督机制和引导机制,加大舆情监测力度,着重关注社会敏感问题与焦点问题并实时监测舆情动态,利用大数据分析预测,构筑舆论安全防线。

第三,"小细节"挖掘,独特视角呈现大主题。一是以学生为本。从该校学生群体的个体化、特色化、差异化、分众化发展角度出发,以社团组织 App 开发为契机,排摸以学生社团组织为单位的包括微信公众号、微博、微视频等基本信息,并确保一学期更新一次平台列表。二是从实际出发。在日常工作活动中,有意识地积累素材,做好痕迹管理以及台账资料,重视前期筹备、活动现场、收尾工作以及反馈的全流程记录,有效运用照片、小视频、文字材料等方式,以或故事化或叙事化或夸张或吐槽的手法表达,激发情感共鸣,让师生自发转发刷屏。三是讲出大道理。在海量基础素材的积累中,寻找最佳切入点,挖掘亮点,合理研究和运用全媒体时代媒体传播规律,用小花絮、小故事、朴实话折射主流价值观,追求传播效果最大化。四是形成思政刊物。后勤事务中心在微信公众号小U平台和公司官网上设"生活思政"专栏,制作月度《工作简报》,并创办了2019—2021年《生活思政》年刊。

第六节　跨文化交流:让多元的文化激烈碰撞,迸发出绚丽的火花

文化,是一个国家或者地域精神层面的承载体。跨文化交流,就是通过对不同文化背景的学习与解读,最大限度消除文化误解,加强有效沟通。作为一所中外合作大学,宁波诺丁汉大学无论是学习环境、生活环境,还是人文氛围,都是跨文化交流的天然沃土。

一、开放包容:向学生展示来自世界的多元文化

从最初的250余名学生,到今天拥有来自70多个国家和地区的8000多名学生,宁波诺丁汉大学最宝贵的财富就是建立了开放、包容的办学环境,培养了一批熟悉中西方文化,既能服务地方发展又能参与全球事务的毕业生,即"构建人类命运共同体"所需要的未来人才。

（一）EDI主题周

宁波诺丁汉大学公平多样包容(Equity, Diversity and Inclusion,简称EDI)委员会旨在引领公平性、多样性和包容性,并将其融入学校的核心价值观和日常实践,构建一个相互尊重、包容的环境,让师生无论其个人背景如何,不受任何歧视,并都有机会尽其所能实现理想,或因其贡献而得到认可、奖励和发展。

每年3月,宁波诺丁汉大学除了庆祝国际劳动妇女节、宣传性别平等,还在节日期间举办为期七天的EDI主题周,通过一系列丰富多

彩的活动在校园内推广和宣传宁诺大家庭的平等、包容和多样化环境,达成更广泛的认可和共识。

图 5-7　2024 年 3 月,在宁波诺丁汉大学图书馆举办 EDI 活动普及展览

此外,学校还定期举办 EDI 相关讲座,如讨论职场矛盾的讲座、反性骚扰的讲座等。拿反性骚扰讲座来说,其初衷就是让在校师生有机会了解有关性骚扰的一般知识,识别构成性骚扰的不当行为,学习如何处理与该主题相关的问题,并能够在不同文化背景下避免误解。

（二）国际教育周

宁波诺丁汉大学国际教育周结合学术与课外实践,打造丰富多元的主题活动,为宁诺学子提供锻炼展示的平台,是对博雅教育下第二课堂的育人成果的展示,也是大学教育培育学生人文素养的体现。

以"融·合"为主题,第九届宁波国际大学生节暨第五届宁波诺丁汉大学国际教育周联袂在宁诺举办,开展了围绕"文、体、艺、行"四个篇章的主题活动,搭建了广阔、多元的大学生文化交流平台。在国际教育周活动中,除了保留如音乐节、中文大赛、配音大赛、演讲比赛等经典活动,还增加了与中国传统文化、传统艺术相关的内容。以凤鸣雅集为例,活动复刻中华传统儒雅生活,通过古琴、琵琶、箫等古典音乐,对话吟诵、舞蹈、香道、汉服文化等多元语境,将观众的视觉、听觉、嗅觉、味觉融于画、乐、香、茶的意境。通过邀请校外专业人士进行讲解和展示,活动在体现高水准的同时向同学们呈现出国学儒雅高尚又不失开放创新的领域内容,向参与活动的海外同学彰显中国古典文化的博大精深与艺术特色,拓展学生对于传统艺术的理解和认知,也从传承千年的文化形式中感受天人合一的气韵和人文精神的内涵。中国传统文化语境讲求"以和为贵","和"指的是人与人相处中的"和而不同"与"求同存异",更指的是人与自然的和谐共处与万物归一,由此也映射了教育周的"融·合"主题,彰显人文主义的风采。

第九届宁波国际大学生节暨第五届宁波诺丁汉大学国际教育周历时八天,共计13项活动,参与群体涵盖市委领导、友校国际师生及文化界代表,线下参与人数近2000人次,线上图片展播浏览量逾30万人次。值得一提的是,国际教育周俨然已是宁波诺丁汉大学第二课堂实践活动的集中展示品牌,更是对培养跨文化交流能力的良好应用与展现。其所倡导的根本在于通过向学生展示世界多元文化的多样性和差异性,培养学生尊重包容的态度,使学生具备较强的国际理解能力,进而能够把握人类命运共同体的内涵与价值。

(三)定期举行中华优秀传统文化节活动

后勤事务中心以中华优秀传统文化节日为切入点,结合中华传统优秀工艺技能,从2019年起连续举办春季插花品茶、立夏柱蛋、端午包粽子做香囊、秋季赏月摄影、冬季迎新春等系列传统节日活动。定期在诺丁河畔举行的立夏柱蛋活动包含称体重、柱蛋、画蛋等环节,尤其展现中国北方和南方生活习惯的差异,让国际学生更好地体验中国文化。定期在餐厅举办的端午包粽子活动,让师生了解中国伟大诗人屈原的生平事迹,促进国际学生对中国传统文化的理解。中秋月饼寄托师生的思乡之情,团团圆圆才美满。除夕年夜饭,中外学生相聚一堂,彼此分享生活体验,建立更加深厚的友谊。每年新年和元宵节,公寓楼内总是充斥着浓浓的年味,元宵灯谜让国际生感受博大精深的中国文化。

二、沟通合作:加强来自不同文化背景的人的交流

面对来自全球不同国家的文化,第二课堂的实践项目"行走在中国"(Living in China)应运而生。该项目是宁波诺丁汉大学针对国际生开展的系列活动,旨在通过一系列体验式和沉浸式的活动,缓解国际新生初到中国校园的陌生感、紧张感和疏离感,从而更好地适应在校的学习,更快地融入当地生活,助力学校国际生的管理和服务。

"行走在中国"项目于2019—2020学年初创立,由学生事务与发展中心总牵头,以国际师生为主要目标人群,主要由以体验当地风土人情为主的外出活动和中国传统文化研习班两部分组成。一方面是"1+1+1"(参观型+体验型+体现型)外出活动。通过设计主题活动、参观主题展馆、走访主题线路、完成主题展示的模式,确保每月至少一次的外出主题活动,产出形式可以为活动视频回顾、座谈交流分享、主题活动展等。另一方面是开设"小而精"的中国文化"洋"课堂。充分整合利用该校现有的学术资源,系统性地开设中国文化课,确保正常教学期间每周至少一次的主题课程,产出形式可以为学生课堂分享、学生成果展示、技能比赛等。课程内容主要为两大块,即语言学习和兴趣培养。其中语言学习主要为中文教学,兴趣培养主要为中国传统文化,如琴、棋、书、画、戏曲等基础类知识的普及和教学。

随着时间的推移和经验的积累,该项目在学校师生中已具备一定的品牌效应。截至目前,该项目已经累计开设相关课程160多课时,外出次数30余次,覆盖中外籍师生600余人。2021年1月27日,宁波诺丁汉大学来自16个国家和地区的25名师生走进宁波市奉化区大堰镇,感受山村地道的中国年味。本场活动通过央视新闻直播间、网易直播、百度直播报道,当天直播观看量累计超80万人次,中央电

视台 13 套报道收视率达 100 万人次,《人民日报》、人民网、"学习强国"学习平台、今日头条、新华网、腾讯网等 76 家媒体同步记录,掀起一股留"浙"亦温暖的热潮。

第六章　中外合作大学生活—实践
育人模式的育人原则

育人原则是中外合作大学生活—实践育人模式在开展过程中要遵循的价值导向和基本准则，贯穿生活—实践育人模式所涉及的各种活动、举措和制度，具体来说可以表现在以下几个方面。

第一节　多元互观，中国立场

根据《中华人民共和国中外合作办学条例》，中外合作办学"依法自主开展教育教学活动……必须遵守中国法律，贯彻中国的教育方针，符合中国的公共道德，不得损害中国的国家主权、安全和社会公共利益"。因此，中外合作大学的一切活动，包括思想政治教育，不得违反我国的相关法律与政策。在依法"规范中外合作办学活动"的同时，《中华人民共和国中外合作办学条例》也申明中外合作办学的目的是加强教育对外交流与合作，促进教育事业的发展。这一点在逆全球化越演越烈的今天，尤其具有特殊意义，表明了我国在教育建设上认同全球化，坚持在多元文化平等互鉴的基础上培养具有国际视野与全球意识的人才。

作为《中华人民共和国中外合作办学条例》的产物，中外合作大学因而也结合了本土化与国际化两个面向，前者强调育人的本土性，后者强调多元文化碰撞与互观下知识传播的国际性，两者共同构成中外合作大学思想政治教育的全方位性。对应上述办学的二元特点，中外合作大学的思想政治教育要培养学生具备的素养可粗略分为两大范畴:思想政治素养与广义的技能性素养。前者涉及价值全球化下如何根据本土资源立德树人的立场问题,后者涉及知识全球化下学生应具备何种技能的技术问题。前者为体,后者为用。因而,宁波诺丁汉大学应以育人为本、德育为先作为构建生活—实践育人模式理论基础的指导精神,同时主张以平等原则在多元文化互鉴下培养具备国际视野与全球意识的人才。

中外合作大学从其创立以来不可避免地具有国际化的特点,因为其设立目的即通过全球化的知识传播吸收先进的科学技术等知识,培养具有本土特点但又具国际视野的人才。因而在兼顾中国立场的同时如何做到"多元互观"一直是宁波诺丁汉大学创校以来的宗旨。在构建生活—实践育人模式一事上,宁波诺丁汉大学应继续坚守按照我国法律法规和中国立场办校的原则,同时强化国际化教育,提高学生有关拓展国际视野的技能性素养,构建适合兼顾本土化与国际化特色的思政教育体系。

作为一条重要的育人原则,"多元互观,中国立场"不仅是宁波诺丁汉大学落实教育部等部门关于育人精神的原则,也是宁波诺丁汉大学结合自身特点培养学生成人的具体原则,它有着统合其他基础理论的功能,并与其他基础理论一起构成实现前述成人思想的具体原则。换句话说,宁波诺丁汉大学的成人思想涵盖"多元互观,中国立场"两个方面,后者体现教育部等部门关于育人的精神,前者则体现在一个多元化的校园里如何实现后者,两者合一成就宁波诺丁汉大学人的理想:既有家国情怀和传统知情意人文关怀,又有跨文化沟通能力的国际化人才。

习近平主席在 2019 年召开的亚洲文明对话大会上指出:"认为自己的人种和文明高人一等,执意改造甚至取代其他文明,在认识上是愚蠢的,在做法上是灾难性的!"①这点对中外合作大学办学有着非常深刻的指导意义。中外合作大学设立的其中一个目的是让学生在接受国际先进科学技术知识的同时自觉坚守中国立场和坚定文化自信,然而在这些先进科学技术知识传播的同时也不可避免地带来一些偏见与谬误。如何在学习国际先进科学技术知识的同时拒绝谬误,并坚持平等的文明对话是中外合作大学核心素养培育与践行的一个基本前提。

习近平主席在 2019 年召开的亚洲文明对话大会开幕式上的主旨演讲中提出"文明因多样而交流,因交流而互鉴,因互鉴而发展。我们要加强世界上不同国家、不同民族、不同文化的交流互鉴,夯实共建亚洲命运共同体、人类命运共同体的人文基础"②的倡议。正是因为文明是多样多元的,因而更有必要对话交流、互鉴互观。而对话交流应有的原则是什么呢? 为此,习近平主席列出了文明对话的四项原则:(1)坚持相互尊重、平等相待;(2)坚持美人之美、美美与共;(3)坚持开放包容、互学互鉴;(4)坚持与时俱进、创新发展。③

这四项原则不仅构成了我国与其他国家/文明对话的基础,而且为高校的跨文化交流(intercultural communication)提供了准则,对中外合作大学有着积极的指导意义。作为跨学科的教育理念与方法,跨文化交流在世界各国的多元文化教育中扮演着越来越重要的角色,因为它对在多元文化校园中如何促进不同文化之间的共融有着积极的意义。在宁波诺丁汉大学这样一所有着众多来自世界各地师生的校园中,如何兼顾中国立场的同时推行不同文明间之跨文化交流是一个不能回避的课题,也是强化宁波诺丁汉大学国际化的一个重要工具。

---

① 习近平.深化文明交流互鉴 共建亚洲命运共同体:在亚洲文明对话大会开幕式上的主旨演讲[M].北京:人民出版社,2019:6.

② 习近平.深化文明交流互鉴 共建亚洲命运共同体:在亚洲文明对话大会开幕式上的主旨演讲[M].北京:人民出版社,2019:5.

③ 习近平.深化文明交流互鉴 共建亚洲命运共同体:在亚洲文明对话大会开幕式上的主旨演讲[M].北京:人民出版社,2019:6-8.

宁波诺丁汉大学在学生培育上应以四项原则为基础推行跨文化交流，坚持相互尊重、平等相待、开放包容的原则，反对对不同文明/文化和来自不同文明/文化的人群进行标签化，杜绝一切文化歧视与偏见，尊重文化意义上的他人（cultural others）及其生活方式，反过来也要求外籍师生尊重我国国情和本地学生的生活方式，在跨文化教育中引导不同国籍的师生在课堂内外透过互相尊重和平等相待方式传播知识与进行人际交流，从而达至真正的互学互鉴、互相提升的教育效果，并践行宁波诺丁汉大学跨文化教育中立德成人的理念——如何成人和成全他人。

第二节　扩充快乐体验，创建幸福生活

生活—实践育人模式的本质是"思政"，即一种思想道德教育，只不过其基本途径是生活经验，而不同于传统思政教育的课堂教学。生活—实践育人模式从价值取向上看必然是指向幸福快乐的，这不仅是因为这种思政教育模式依赖的是学生的真实生活，可以消弭传统思政教育因凌驾于日常生活之上而给学生带来的疏离感，使其与学生在情感上有天然的亲和力，还因为伦理道德从本质上看与幸福具有同一性，实现幸福是伦理学的最终目标。[①] 正如亚里士多德所说，"幸福是灵魂的一种合乎完满德行的实践活动"[②]，也就是说一个人只有在道德上达到完美状态才能获得幸福。中国的传统文化中也向来将道德与幸福视之如一，如儒家将最高概念设定为道德性，即天理，它是一切存在的本质属性，也是人心中的"良知"本性，因此幸福只能源于人心对道德的体认与满足，正如王阳明所说："君子之所谓洒落者，非旷荡放逸之谓也，乃其心体不累于欲，无入而不自得之谓耳。夫心之本体，即天理也。天理之昭明灵觉，所谓良知也。君子戒惧之功，无时或问，则

---

① 江畅.关于道德与幸福问题的思考[J].湖北大学学报（哲学社会科学版），1999(3)：105-109.

② 亚里士多德.尼各马可伦理学[M].廖申白，译.北京：商务印书馆，2003：32.

天理常存,而其昭明灵觉之本体,自无所昏蔽,自无所牵扰,自无所歉馁愧怍,动容周旋而中礼,从心所欲而不逾,斯乃所谓真洒落矣。"①道家亦持德福一体之论,认为道乃天地万物的本性和主宰,德即是符合道德,因此有道德的人便是与道合一,自然会成为最幸福的存在。②

生活—实践育人模式在中外合作大学中具有重要价值,因为这类大学中有大量国际生,而国际生虽不需要像中国学生一样上思政课,但学校又不能放弃对这些学生的思想道德教育,因此需要更多地采用生活—实践育人模式对其进行教育。生活—实践育人模式想要获得成功必须遵循幸福教育原则,这是因为在日常生活中进行的思政教育活动很多并不具有似课堂中那样的强制性,如果机械照搬传统教育模式生硬灌输,则会使学生对相关活动产生厌恶情绪,以致刻意疏远相关活动,使教育效果大打折扣。然而幸福教育原则的引入会改变学生对相关教育活动的态度,因为幸福是任何人都向往和追求的,因此如果将思政教育与幸福联系起来,则会让学生心甘情愿地接受思政教育,践行道德活动,如此一来,相应的思想道德素养自然在实践中产生和巩固了。

生活—实践育人模式应如何在校园生活中实施,并最终使学生获得幸福呢?想要解决这个问题需要对幸福的含义进行认真剖析,虽然古往今来人们对幸福的认识非常多样,但总的来说可以划分为作为感官快乐的一般性理解、作为道德幸福的终极性理解以及作为美好生活的整体性理解。具体来说包含以下三个方面。

一、适时扩充快乐体验:生活—实践育人模式幸福教育的一般性理解

通过感官获得的快乐体验是对幸福的一般性理解,虽然是一般性理解,但也应该是生活—实践育人模式从基础层面上看需要让学生获

---

①　王守仁.王阳明全集[M].上海:上海古籍出版社,1992:1291.

②　任春强.道德与幸福同一性的儒道佛形态[J].江海学刊,2018(6):31-37,254.

得的体验。正如英国教育家斯宾塞所说,教育应是"符合生命的规律"的,因此"儿童爱好某种知识的时候,亦就是他正在发展的心灵适宜于吸收这种知识,以满足其生长需要的时候;反之,当他厌恶这种知识的时候,亦就是标志着这种知识非教之过早,即是教之不得其法,而为儿童所不能接受"。① 由此可以推知,能够使学生产生快乐情绪的教育活动在一定程度上也是符合教育规律的表现,因此,生活—实践育人模式需要创造机会引发学生的快乐情绪。虽然如此,生活—实践育人模式并不是要盲目地哄学生开心,而是要以积极的情感体验引发学生对于思政教育的兴趣,并最终达到提高学生思想道德素养的目的。正如王阳明在探讨"致良知"的问题时,经常将"孝"当作致知过程的起点,从而使"孝"这种情感成为终极价值"仁"的最重要的体现。但是,如果在这个过程中仅仅停留在对父母孝的层面则又过分狭隘了,需要将之扩充至"天地万物一体之仁"的境界②,才算真正完成了"致良知"的任务。这种由浅至深、由小到大的教育引导方法是较为符合德育规律的,因为基本的人伦方面的情感是较为容易激发的,然后可在此基础上扩展到更高级的情感,而促成学生情感方面对道德规范的认同在一定程度上可以解决德育中知行分离的问题。

对于中外合作大学来说,从基本情绪出发来实现学生对道德规范的认同具有较大的适用性,这是因为基本情绪具有一定的跨文化普适性。舍勒(Scherer)等曾进行了一项涉及 37 个国家的大样本调查,要求被试报告自己在情绪的诱因、主观体验和评价方面的看法,结果发现来自不同国家的被试对上述问题的回答没有显著差异,说明情绪具有跨文化的一致性。③ 在中外合作大学,由于师生往往来自不同国家,文化背景差异较大,过分具体的价值观有可能不容易被所有人认同,

---

① 张焕庭.西方资产阶级教育论著选[M].北京:人民教育出版社,1979:436.

② 张志强."良知"的发现是具有文明史意义的事件——"晚明"时代、中国的"近代"与阳明学的文化理想[J].文化纵横,2017(4):56-65.

③ Scherer K R,Wallbott H G. Evidence for universality and cultural variation of differential emotion response patterning[J]. Journal of Personality and Social Psychology,1994(2):310-328.

因此可利用基本情绪的跨文化一致性,从一些能够引发学生普遍产生快乐情绪的小事出发,并逐渐将积极情绪扩展到事关道德原则的大事,最终使其自我与道德规范之间的界限消融。

那么,如何使思政教育的相关活动引发学生的快乐情绪呢?教育学中关于人的发展的问题存在着"外烁论"和"内发论"两种理论,前者认为人的发展是由环境或教育等外部力量决定的,后者认为人的发展是由人的基因或天性等内部力量决定的。现在人们普遍认为,人的发展是内外部因素共同作用的结果。从外部因素的角度看,为增大对学生的影响力,学校在设计各种思政教育活动时要丰富活动形式,增加活动趣味性。如宁波诺丁汉大学在校园内开辟了一个"后花园",允许师生通过认领土地的方式在园中种植花卉蔬菜,以此种活动引导师生响应学校可持续发展的号召,而这也是科学发展观的题中应有之义,可以说是以寓教于乐的方式发挥了思政教育的作用。

从内部因素的角度看,若人的内心有"良知"在,人们在"良知"驱动下所出现的行为自然会为人们带来快乐,不需要外在因素的推动或强迫就会自觉做出符合道德的行为,所以学校应鼓励学生参与各种学生主导的活动。对于中外合作大学来说,尤其应该充分利用学生主导的活动。因为生活—实践育人模式主要在学生的真实校园生活中实施,教师对学生相关活动进行干预的范围和力度都会相对缩小,因此需要发挥学生的自主性来促使相关活动的推进。这类大学大多数社团活动都由学生自己发起和组织,因此学生在参与自己组织的活动时自然是具有较大的自主性和较高的愉悦情绪的,这就为生活—实践育人模式激发学生的快乐情绪提供了有利的条件。在这种情况下,学校的相关教师为了能够借助这些活动实现思政教育的目标,需要采取措施对这些活动的方向进行引导,如给予与某些特定主题相关的活动以更多的经费支持,这样一来,学生为了获得相关支持,在设计活动时会主动向这些主题靠拢,从而使学生一方面能够在活动中满足自己兴趣爱好等方面的需要,另一方面又能在活动中不知不觉感知到做人的道理或思政教育想要传达的价值观,使快乐情绪和道德原则之间贯通起来,自觉认同思政教育所要传授的相关原则。

二、激发本体性的幸福:生活—实践育人模式幸福教育的终极性理解

这里所说的幸福是一种更高级的幸福,乃是心之本体,而并非七情之乐,因此教师在实施各种活动时虽然要注重激发学生的快乐情绪,但这种快乐情绪不应是肤浅的,而是要能够对应人本心的种种实性。① 正如王阳明所说:"乐是心之本体。仁人之心,以天地万物为一体,欣和和畅,原无间隔……'时习'者求复此心之本体也,'悦'则本体渐复矣,'朋来'则本体之欣和和畅充周无间,本体之欣和和畅本来如此,初未尝有所增也。"② 可见,王阳明所说的"乐"是一种人道合一之乐,它虽然是人心中本来就有的,但对于普通人来说难免会在纷繁复杂的各种现象中迷失本心,因此需要教师创造机会帮助学生复本心之乐,促使学生体悟那种本体意义上的幸福。

对于中外合作大学来说,从本体论意义上来探讨道德教育的原则是非常重要的。这类大学大量引进了国外的优质教育资源,学校专业课教师中的外籍教师比例可达到70%以上,因此学校在思想领域难免会遇到中西文化的冲突。虽然中西文化在认识上难免会有差异,但人们在最本质意义上的"良知"德性方面却是不分中外的,德育的目的就是帮助人们发掘彰显先天具有的"良知",以达到心所本然具有的幸福状态,正如王艮所说,"良知之体,与鸢鱼同一活泼泼地"。因此,生活—实践育人模式虽然会从激发学生的快乐情绪起步,但须选择与人的基本德性有关的内容为出发点,最终使学生认同相关的道德规范,体会精神性的终极幸福。正如古希腊思想家柏拉图所说:"我认为快

---

① 申祖胜.宋明理学中的"乐学"思想考察——以王阳明为中心[J].商丘师范学院学报,2018(1):35-39.

② 王守仁.王阳明全集[M].上海:上海古籍出版社,1992:194.

乐和痛苦是儿童最先的知觉,这些也就是善与恶对他们最初的呈现形式。至于智慧、真理和卓见,一个人如果能够获得它们,即使在垂暮之年,也是愉快的。凡是能够掌握这些,并且因此而产生了各种幸福,那便是一个完人。"①可见,从让学生感受一般意义上的快乐到使学生体悟终极幸福,体现了教育发展的一般规律,而终极幸福亦是本体性的,自然具有超越不同文化差异的特点,而此种幸福之达致便是思政教育根本目的的实现。

那么,思政教育如何才能激发学生体悟本体性的终极幸福呢?柏拉图认为,掌握了美德真理的完人必然是幸福的,而要培养这样的完人则必须采用能引发幸福感的方法,如采用启发诱导的方式教育学生,使之在冥思苦想后茅塞顿开,从而收获理智的喜悦。启发诱导的方法主要适用于由学校或教师组织的活动,在这一类活动中学生可能免不了要花一些时间听取教师讲授相关的知识或信息,但在此过程中教师可以通过启发诱导的方式引起学生对相关问题的关注和思考,避免采用强制灌输等手段引起学生对相关内容的厌学情绪。以宁波诺丁汉大学为例,该校为加强对学生的思想道德和人文素质教育,于2019年12月31日与宁波帮博物馆签署了合作协议,依托该馆的人文教育资源成立了"宁波诺丁汉大学人文素质教育基地",并计划每年组织相关师生赴该馆参观考察。该基地的建立是学校思政教育的一个组成部分,同时也是开展生活—实践育人工作的重要平台。对于一般的博物馆参观活动来说,讲解员会按部就班地将与展品相关的内容介绍给学生,虽然这种讲解不会给学生带来因学业压力导致的厌恶情绪,但平铺直叙的灌输也有可能难以引起学生的兴趣,从而使思政教育的效果打折扣。从生活—实践育人模式幸福教育原则的角度出发,讲解员在介绍时可适时通过提出问题来激发学生的求知欲,如可问学生:"为何宁波帮会在众多商帮中脱颖而出?"这类提问可启发学生主

---

① 华东师大教育系,浙江大学教育系.西方古代教育论著选［M］.北京:人民教育出版社,2001:70.

动思考,而讲解员最终的解释在印证了学生心中的答案或帮助学生解决了心中的疑惑时,学生自然能够体会到豁然开朗的喜悦,从而对展品所体现的宁波帮精神产生深刻的印象。

三、努力创建美好生活:生活—实践育人模式幸福教育的整体性理解

如果说生活—实践育人模式幸福教育的一般性原则和终极性原则是从幸福概念的层次角度来探讨生活—实践育人模式的实施方式,那么生活—实践育人模式作为一种在真实生活中开展的教育,在探讨实践问题时不能忽略对生活维度的考量。从表面上看,生活—实践育人模式是借助现有的校园生活使学生达致道德幸福,然而从伦理学的角度讲,幸福在本质上就是美好生活本身,因而生活—实践育人模式的最终目的就是帮助学生创造美好生活。站在学校的场域中看,什么样的生活才是美好生活呢? 美好生活首先是有德性的生活,然而光有德性还不足以让人们过好的生活,还需要能够满足人们维持身体健康的需求、安全的需求等。如果说单纯的幸福感归根结底取决于个人的主观体验,那么美好生活则体现了主体性与客观性的统一,个体与群体的统一,以及群体的共同理想。① 可见,创建美好生活将生活—实践育人模式的幸福教育原则道德领域拓展到了整个教育空间,是一种整体性原则。

通过创建美好生活来实施生活—实践育人模式对于中外合作大学来说非常重要,因为这种美好生活显然已经突破了课堂教学范围,扩展到了学生在校园中活动的方方面面,而这对于那些国际生来说自然是一种最好的接受思想道德教育的途径。美好的生活实现了德性和幸福的统一,在同等条件下这样的生活自然会被人们选择和青睐,而人们自然而然接受这种生活的过程必然会成为人们自然而然接受

---

① 李建华.道德幸福 何种幸福[J].天津社会科学,2021(2):26-34.

这种生活所包含的德性的过程,因此它将成为一种优质高效的思政教育方式。

从实践的层面看,学校创建美好生活不能只是让一个学生感到幸福,而是要让大多数学生都感受到幸福,因此需要制定大多数人都能够认可的标准,基于标准建立相关的制度,从而使这种生活成为一种建制性的存在物,能够持久地对学生发挥影响作用。虽然想要设计一套学校层面公认的美好生活的制度体系和指标体系是困难的,且此举已超出了本书的研究范围,但中外合作大学在生活—实践育人模式的实施过程中所产生的相关经验还是具有借鉴价值的。以宁波诺丁汉大学为例,该校通过生活—实践育人模式培养学生过美好生活所需要的核心素养,这些素养不但包含了与思想道德有关的素养,还包含了维持学生一般性的身心健康的相关素养,涵盖了学生过美好生活的基本方面,因此也可以看成是衡量在校园中过美好生活的标准。

在确定了美好生活的标准之后,学校还从实践活动和生活经验出发,从各个层面采取各种措施为学生打造美好生活,具体包含文化、管理和环境等几个层面。从文化层面看,学校充分彰显自身的国际化办学特色,将公平、多样和包容作为学校的基本价值观,积极贯彻人类命运共同体理念,制定了《宁波诺丁汉大学公平性与多样性战略》(The University of Nottingham Ningbo China Equity and Diversity Strategy)。为了有效地落实该战略,学校还制定了一系列具体政策,并定期开展形式多样的相关活动,如讲座、培训、研讨会等,以宣传相关理念,为学校营造包容多样性的文化氛围。从管理层面看,学校建立起了较为完善的残障支持服务体系,通过校内各部门联动为每个残障学生量身定制支持计划,持续推进融合教育,借助改进教学演示文稿、多元化评估等各种途径帮助残障学生融入主流课堂,在教育领域充分体现了平等、公正等社会主义核心价值观。从环境层面看,学校在对商业街进行改造时融入了宁波本地文化元素,以石雕造像的方式打造了河姆渡遗址、天一阁、北仑港、三江口等特色景观,凸显了"书藏古今、港通天下"的宁波精神,这不但是对宁波文化的宣传,同时也是对中国文化的宣传,不但有利于增强中国师生对中国文化的认同,也能够激发外籍师生对中国文化的兴趣,培养其知华、友华、爱华的情怀。

第三节　显性教育与隐性教育相结合

生活—实践育人模式是一种在真实生活中展开的,以学生在各种实践活动中的反思性生活经验为基本途径,通过激发学生潜意识中的道德因素以促使其心理与思政教育传达的真理合二为一的思政教育模式。这种教育模式除了包含一些显性教育的因素,还需要借助学生的潜意识发挥作用,相关教育情境和活动中的教育性不一定能够直接为学生所意识到,因此其有效开展需要以隐性教育的相关理论作为基础。美国教育家菲利普·W.杰克逊在其《班级生活》一书中首次提出"隐性课程"的概念,指一种"非正式的文化传递",即广泛利用学校内一切现象和活动中未被发现的因素来促进学生情感、态度和价值观方面的成长。[①] 后来随着相关研究范围的扩大,隐性教育的概念衍生了出来。这种教育强调教育载体的生活性,即根植于日常生活开展相关活动,从而能够将理论层面的价值观转化为生动活泼的社会生活,使学生在实践活动中不知不觉地认同相关价值观[②],因此对于生活—实践育人模式的开展具有指导作用。

隐性教育理论强调在生活中对学生施加非正式影响,以使学生自觉认同相关价值观,但并没有详细论说学生主动进行价值认同的内在机制,因此在这方面还可以引入王阳明的哲学思想来丰富生活—实践育人模式隐性教育原则的理论基础。阳明哲学中的一个重要观点就

---

① 郑永廷.思想政治教育方法论［M］.北京:高等教育出版社,2010:168.
② 宋丹.大学生社会主义核心价值观隐性教育的现实路径研究——以陕西部分高校为例[D].西安:西安石油大学,2018:18.

是"致良知"。"良知"是与天理相通的善良天性,这种善良天性人人皆有,只是有些人受后天环境的影响导致"良知"被私欲蒙蔽,而道德教育的目的就是帮助学生去除蒙蔽,使之重新发现其内心中的"良知"本性,即"致良知"。在良知天理与书本知识的关系上,王阳明认为,学习《五经》等书本知识不是目的,悟到《五经》隐含的"道"才是目的。《五经》之于"道"犹如筌之于鱼,糟粕之于醪,若是得了"道"则《五经》尽可去之,犹如"得鱼而忘筌,醪尽而糟粕弃之",可见王阳明将良知天理的地位放在了书本知识之上①,并没有将显性教育作为道德教育的主渠道,相反认为若显性教育中的书本知识过分繁复驳杂,还会对"良知"起遮蔽作用。他说:"天下之大乱,由虚文胜而实行衰也。使道明于天下,则《六经》不必述。删述《六经》,孔子不得已也。"②因此,良知天理的获得需要通过行来实现,而知与行的关系并不是行前知后,而是"知行合一"。人们明心见性的过程非常类似于在生活中被相关因素触发而产生好恶情绪的过程,而触发人们对善恶问题的好恶显然可以通过隐性教育来实现,因为生活中的很多现象和活动都可以渗透道德教育的因素,所以若教育者能够善于设计和安排相关情境和活动,便有可能在一瞬间达到道德教育的目的。

一、显隐结合原则视角下中外合作大学生活—实践育人模式的特点

如果说显性教育是一种以教师为主导,以课堂教学为主要途径,教育过程有较强计划性的教育模式,那么隐性教育则是一种强调学生自主性和教育途径的多样性,教育过程有较大随意性的教育。③ 基于此,我们可以对中外合作大学生活—实践育人模式的特点进行总结。

---

① 陆永胜.以心释经与明心立学——王阳明的经学观[J].浙江社会科学,2018(4):112-119,159.
② 王守仁.王阳明全集[M].上海:上海古籍出版社,1992:7
③ 左敏,崔笛.学生骨干在学生自我教育中的隐性教育功能探析[J].成都中医药大学学报(教育科学版),2009(3):47-48.

(一)教育主体的自主性

学术界对显性教育和隐性教育的界定标准有不同的看法,其中有很多学者从教育主体的角度进行界定,认为显性教育是学生被动接受教师明确传达的信息,从而有意识地受教育影响的过程;隐性教育是学生主动从事相关活动,教师要传达的信息不容易被学生直接意识到,需通过学生的潜意识来影响学生的过程。隐性教育的信息传达机制也是生活—实践育人模式的作用机制,通过学生在生活中自主自愿进行的各种实践活动,借助潜意识对学生产生道德影响。正如美国教育家杜威在《教育中的道德原理》中所说的,道德教育应该贯穿学生的学习生活和社会生活,教师应该放手让学生自主从事社会实践活动,充当学生的引导者而不是主导者。[①] 可见,好的道德教育当注重发挥学生在实践中的主观能动性,而中外合作大学的教育传统恰恰为该特性的发挥准备了良好的条件。由于这类大学受西方大学文化的影响较大,与传统大学相比,它们无论是在课堂教学中还是在课外活动中都更加注重发挥学生的自主性,从而能够为生活—实践育人模式的开展提供更加宽广的平台。

(二)教育途径的多样性

传统思政教育以课堂教学为主要途径,注重发挥显性教育的作用。生活—实践育人模式虽然并不完全排除课堂教学的途径,但更加注重在课堂之外的广阔天地开辟多种渠道作为思政教育的途径,而这又与"全方位育人"理念不谋而合。近年来,国内的很多大学都在开拓多样化的育人途径,如课程育人、科研育人、实践育人、文化育人、网络育人、心理育人、管理育人、服务育人、资助育人、组织育人等。[②] 在这些育人途径中,除了课程育人,其他育人途径都可看作隐性的育人途

---

① 杜威.教育中的道德原理[M].王承绪,译.杭州:浙江教育出版社.2003.

② 胡大平.坚持显性教育和隐性教育相统一全面提升高校立德树人水平[J].思想理论教育导刊,2019(7):79-83,2.

径,中外合作大学可以充分借鉴这些育人途径,还可根据本校的特点和实际进一步探索更加丰富的育人途径。

（三）教育过程的随意性

隐性教育的一个重要特点是教育过程具有较大的随意性。生活—实践育人模式遵循显隐结合的原则,因此虽然其教育过程有时也会表现出随意性的特点,但这种随意并不是真的毫无章法的随心所欲,而是背后要有周密的系统设计,要有完善的体制机制,只是其表现形式看似与学生的日常生活和实践活动无二,但仔细分析则会发现其背后大有深意。例如,学校组织的某个教育活动看似并非与思政教育有关,学生只当成普通的文娱活动参加,但其具体活动内容中能让学生身心愉悦的因素却与具有教育意义的因素浑然一体,使学生在喜欢该活动的同时连同其中具有教育意义的部分也一起喜欢了,思想道德教育的目的便达到了。

二、显隐结合原则视角下中外合作大学生活—实践育人模式的实施策略

中外合作大学在开展生活—实践育人模式时需要运用显隐结合原则来设计相关的教育计划和活动,具体来说可采用以下三种策略。

（一）挖掘其他课程中的思想资源

显隐结合原则指导下的生活—实践育人模式具有教育途径多样化的特点,这就意味着它虽然要求思政教育在真实的校园生活中展开,但并非一定要脱离课堂教学。正如习近平总书记在全国高校思想政治工作会议中所说的:"要用好课堂教学这个主渠道,思想政治理论课要坚持在改进中加强,提升思想政治教育亲和力和针对性,满足学生成长发展需求和期待,其他各门课都要守好一段渠、种好责任田,使

各类课程与思想政治理论课同向同行,形成协同效应。"①对于生活—实践育人模式来说,它所要立足的真实校园生活应该包括课堂教学活动,因此"课程思政"在某种程度上亦可以成为生活—实践育人模式的一条实施路径。

从显隐结合原则出发,生活—实践育人模式语境中的"课程思政"与一般意义上的"课程思政"有所不同,它虽然也强调挖掘其他课程中的思想资源,但在呈现这些资源时需要摆脱显性思政教育的痕迹,使学生在接受相关内容时并不会将其作为思政教育内容来接受,而是将其作为其他课程的必要组成部分来接受,但其中所渗透的思想道德教育因素能够在不知不觉中与学生内心的"良知"产生共鸣,从而弥合思想品德与专业化知识之间的断裂。这种做法在中外合作大学具有较大的适用性,因为这类大学除思政课之外的课程大都是由外籍教师教授,较难像传统大学一样给这些教师直接布置"课程思政"的任务,但是可以鼓励教师利用课堂途径培养学生良好的道德品质,实实在在地发挥思政教育的功效。

(二)创新校园中的隐性教育载体

与显性教育不同,隐性教育不是以直接、公开的方式将教育内容灌输给学生,而是要将教育内容隐藏在不同的教育载体之中,任何学生在校园生活中所见、所闻、所感的事物都有可能成为思想道德教育的载体,承载一定的教育意义,变成激发学生内心"良知"的重要契机。然而环境中具有教育意义的要素仅仅为激发学生内心的"良知"提供了一种可能性,这种可能性需要通过发挥学生的主动性来转变为现实性,而不同的学生在感性和理性思维的各个方面都存在差异,其主动性的发挥方式可能会有所不同,因此仅仅使用一种教育载体或途径,很难使所有的学生都能够自觉领会相关的理念或价值观,这就要求教

---

①　把思想政治工作贯穿教育教学全过程　开创我国高等教育事业发展新局面[N].光明日报,2016-12-09(1).

育者要善于进行隐性教育载体的创新。

　　具体来说,隐性教育载体的创新可以包含三个方面。第一,物质性教育载体的创新。人生活在某种物理环境之中,人通过与这种物理环境中的相关物品长期接触与之形成了一种相互依存的关系,从而使之可以随时进入人的意识,在不知不觉中影响人的观念。以宁波诺丁汉大学为例,该校在每一栋教学楼的门口都配备了"苏苏伞",学生或教师在下雨天碰巧没有带伞时可自行取用,用完后则需将伞送还教学楼门口。这种设置从表面上看只是在教学楼前添了几把伞,但体现了学校对师生的人文关怀,实际上是在潜意识层面将学生与浸润了人文关怀的物品建立起联系,使这种人文关怀因素以一种隐而不显的方式进入学生的精神世界[①],最终成为学生精神世界不可分割的组成部分。

　　第二,制度性教育载体的创新。一所学校的规章制度表面上看是用来管理学生的手段,但好的规章制度在一定程度上也可以成为思政教育的重要载体。对于中外合作大学来说,一方面,利用制度性教育载体进行思政教育具有文化上的便利。中外合作大学深受西方法治文化的影响,学校的教育观念以规章制度的形式呈现比仅仅通过老师或管理人员提要求的方式呈现更容易被学生遵守,因此学校应注重利用这种方式对学生施加教育影响,把学校倡导的价值观融入相关制度。另一方面,中外合作大学中的制度性文化有利于纠正传统大学普遍存在的一些不良风气。例如,一些传统大学给学生打分的权力完全掌握在教师手中,一些教师为了赢得学生的高分评价,会不顾实际情况刻意帮学生提高分数。这种做法虽然从短期来看会产生一个使各方都满意的结果,但从德育的角度看对校风学风产生了消极作用,不利于培养学生形成端正的治学态度。中外合作大学引入了西方大学的校外考官评审制,考试结束后所有教师打过分的考卷都要寄回外方大学,通过抽样的方式由校外考官审阅,以确定教师所给分数是否恰

---

　　① 黄剑.物品对生活世界的嵌入与日常情境的生成[J].华南师范大学学报(社会科学版),2017(5):143-147,191-192.

当,从而在一定程度上避免了给学生开后门提分数的情况,这虽然看起来只是反映了学校教学管理制度严格,但实际上是在以一种隐性的方式培养学生实事求是、严谨治学的品质。因此,中外合作大学要善于发现自身在制度性教育载体方面的优势,并根据自身的特殊实际对制度性教育载体进行大胆创新,从而为生活—实践育人模式开辟更多隐性教育的途径。

第三,活动性教育载体的创新。如果说物质性教育载体和制度性教育载体都是静态的,需要通过学生被动感知的过程来实现思政教育的影响,那么活动性教育载体则是动态的,需要通过学生主动参与的过程来实现思政教育的影响。在传统的思政教育模式中,课堂教学之外也有一些实践性的活动,如思政课的实践教学活动、党团委等组织的各类活动等,但这些活动一般旗帜鲜明、主旋律突出,对隐性教育的方式利用不多。虽然显性的实践教育活动也有着重要的教育意义,但从生活—实践育人模式的角度看,在此之外安排大量的隐性实践教育活动也是必要的,即活动的主题虽然并未打着思政教育的旗号,但从其内容上看与思政教育具有相关性,使学生以为自己并不是在参加思政教育活动,但通过参与活动其思想认识在不经意间被引向了教育者所期望的方向。

（三）促进教育活动中的同辈互动

显隐结合原则指导下的生活—实践育人模式突出教育主体的自主性,这就进一步凸显了学生在相关教育活动中的作用。在传统的思政教育模式中,教育活动主要通过师生之间开展各种互动来完成,然而由于教师和学生在年龄、人生经历、教育背景等各方面差异较大,教师经常难以准确把握学生的内心世界,因此面对教师的教导和要求,学生有时只是表面上接受,内心并不一定真正认同。生活—实践育人模式的关键在于通过激发学生内心深处蕴含的道德因素,唤起学生对于思政教育所要传达的主流价值观的认同,因此在实施时应尽量排除一切矫揉造作与虚饰敷衍,使其相关环节能真正打动学生的心。在这种情况下,学校思政教育的相关实践活动可以尝试将强调师生间的互动转变为强调学生与其同辈之间的互动。一方面,因为在同辈群体中学生之间没有社会身份的差别,更容易彼此了解并接受来自同辈的影响;另一方面,同辈群体中容易产生从众效应,学生看到其他很多同学都从事某一活动,自己的行动也有可能与多数人趋向一致。鉴于此,学校可以围绕相关主题让学生自己组织活动,这样一来,他们便能够用学生熟悉的语言和乐于接受的方式去设计活动内容和互动方式,能够自然而然地形成一个有利于培养学生良好思想道德素养的环境。

中外合作大学受西方大学管理模式的影响,向来有着注重学生自我管理、自我服务的传统,许多党团活动和社团活动都要求学生自己设计和组织,这为生活—实践育人模式的开展准备了良好的条件和平台。但已经具备的传统并不意味着在实施生活—实践育人模式时只需要"萧规曹随",不需要再有额外的举措,而是可以在已有条件的基础上进一步加强对学生活动的引导。据笔者对相关中外合作大学的了解,这类学校的社团活动都是由学生自主发起,只要活动申请能够获得学校相关部门的批准,学生就可按照自己的计划组织实施活动。这种管理方式可看成是一种消极型管理方式,虽然能够保证活动方向的正确,但难以引导活动进一步完善,因此可在此之外适当引入积极型管理的方式。以宁波诺丁汉大学为例,该校在思政课下设置了实践课学分,学生所参与的各类活动如果能够符合相关标准便可以以此来申请实践课学分。实践课学分的申请标准比一般学生活动的审批标准更具有导向性,因此这有利于引导学生围绕与思政教育有关的主题组织活动,从而既能使活动内容渗透更多的思想道德教育因素,又不妨碍学生与同辈的充分互动,使思政教育以一种相对隐性的方式实施,有利于增进其教育效果。

第四节　多途并举,因材施教

生活—实践育人模式是一种在真实生活中展开的,以学生在各种实践活动中的反思性生活经验为基本途径,通过激发学生潜意识中的道德因素以促使其心理与思政教育传达的真理合二为一的教育模式。王阳明教育思想中的"致良知"认为所谓"良知"是蕴藏在人身上的先天德性,人们无论贤愚皆有这种德性,而教育的目的就在于"致良知",即在人的日常生活中利用知行合一的方法使人发现并践行"良知"。"良知"说与生活—实践育人模式的基本思路是一致的,即认为人思想道德素养的提升不取决于吸收书本知识的多少,而是取决于其内心"良知"的被唤醒程度,因此生活—实践育人模式是"思政课程"这种思政教育主渠道之外的一种补充渠道,其教育场所以学生的真实校园生活取代传统的课堂,其教育途径以学生的各种实践活动取代理论性的讲授,最终目的不在于帮助学生获取知识,而在于促使学生主动提升自身的德性。

在具体的道德教育实践中,王阳明非常重视贯彻因材施教的原则,他说:"人的资质不同,施教不可躐等。中人以下的人,便与他说性说命,他也不省得,也须慢慢琢磨他起来。"①王阳明认为,"良知"存在于每个学生的心中,教师需要引导学生唤醒内心的"良知",而每个学生的性情都不相同,因此教师需要从学生的实际出发,根据每个学生的不同特点采取有差异的教育措施,如面向文化水平较低的人进行教育不能采取与文化水平较高的人相同的方法。从现代教育理念的角度看,任何好的教育原则都必须有利于实现教育的正义性,即教育不但要公正地对待每一个学生,还要让他们都能成为德才兼备的人,而具体到教育教学方法上则必须根据学生的不同特点实施有针对性的教育,才能激发每一个学生的潜能,真正达到教育正义的目的。②在高校通过思政教育来帮助学生"致良知"这件事情上,由于学校同一年级学生的高考分数大体处于相近的分数段,他们在文化水平上差

---

① 王守仁.王阳明全集［M］.上海:上海古籍出版社,1992:88.
② 何菊玲.因材施教原则的教育正义之意蕴［J］.华东师范大学学报(教育科学版),2018(2):110-116,157.

异不大,一般不会存在王阳明所说的"中人以下"问题,但学生会在性情品质和价值观方面有所差异,因此需要学校和教师顺情导性,采用不同的方式去引导学生,这不但是实现"致良知"的需要,也是实现教育正义的需要。

因材施教原则虽然是王阳明教育思想中的重要组成部分,但其首创者并非王阳明。早在春秋末期,孔子便已提出因材施教原则,南宋的朱熹在评论他时曾有过"夫子教人,各因其材"的概括,而该原则也在后世运用十分广泛。虽然因材施教原则普遍适用于各级各类教育,但在不同的教育活动中,其使用的方式方法还是有所差异的。具体来说,在中外合作大学的生活—实践育人模式的教育情境中,因材施教原则在贯彻时应注重以下几方面。

一、教育形式方面:允许学生自主选择

王阳明说:"圣人教人,不是个束缚他通做一般。只如狂者便从狂处成就他,狷者便从狷处成就他。人之才气如何同得?"[①]这句话强调了教师要根据学生才气的不同对其进行有差异的教育。教师对学生进行有差异的教育的前提是对学生进行深入了解,正如毛泽东所说:"对于自己的宣传对象没有调查,没有研究,没有分析,乱讲一顿,是万万不行的。"[②]然而,由于不同的人在性格和才智方面的特点都是复杂的,一个班的学生数量又多,不是每个学生都有跟教师深入接触的机会,教师如何判断一个学生的才气如何?如果判断有误则可能会引发许多弊端,如将学生分为"三六九等",给教师认为优秀的学生"开小灶",从而导致出现教师对待学生厚此薄彼或教育机会不公平的现象。[③]在这种情况下,中外合作大学的生活—实践育人模式在运用因

---

① 王守仁.王阳明全集[M].上海:上海古籍出版社,1992:104.
② 毛泽东选集(第三卷)[M].2版.北京:人民出版社,1991:837.
③ 吴全华.因材施教有何"罪错"?——驳《超越因材施教》一文对因材施教的否定[J].教育科学研究,2015(8):5-13.

材施教原则时或许可以采取反其道而行之的办法，即不是让教师根据不同学生的才智特点主动为其选择适宜的教育活动形式，而是让学生根据自己的个性和爱好为自己选择甚至是创造适宜的教育活动形式。

中外合作大学在引入外方大学的优质教育资源时也引入了外方大学的学生管理模式，即采取以学生为主的社团管理模式，社团的成立和管理、社团活动的发起和组织都由学生主导，而教师或学校相关部门只具有审批的权限，并为其提供必要的支持。在这一背景下，宁波诺丁汉大学的生活—实践育人模式将传统的思政教育与学生的社团活动结合在一起，学生可以自己组织或参与实践活动并以此申报思政课的实践课学分，若活动的主题符合思政课主旨并获审批通过，则学生可获相应的思政实践课学分。这种教育模式看起来属于教师"教"的成分较少，但事实上能够更好地贯彻因材施教原则，因为"如人饮水，冷暖自知"，只有学生自己最了解自己的个性特点，只有学生自己最知道自己是"狂"还是"狷"，而相关的活动又是他们自己组织或依据自己的喜好参与的，那么这样的活动一方面切合思政课主题，另一方面又能够真正地使学生在最符合自身特性的地方成就自己，可谓真正做到因材施教。

二、教育内容方面：主题材料灵活多样

因材施教的"教"不仅指"怎样教"等教育形式上的问题，还可以包含"教什么"等教育内容上的问题。传统的思政课以国家的五本统编教材为教学内容，虽然教师在具体上课时也可以按照自己的理解进行讲解，并且可以根据实际情况加一些教材中没有的例子，但总体而言上课还是要遵循教材中的大纲和脉络，在内容选择方面没有太大的随意性。然而，生活—实践育人模式作为"思政课程"的补充，其主要的教育途径不是传统课堂，而是在学生的校园生活中展开，这不仅要求其教育形式灵活多样，教育内容也应是灵活多样的。正如王阳明所说："夫良医之治病，随其病之虚实强弱，寒热内外，而斟酌加减，调理

补泄之要,在去病而已。初无一定之方,不问症候之如何? 而不使人
人服之也。君子养心之学亦何以异于是?"①根据王阳明的"心即理"思
想,人的本心与天理是相贯通的,但人的心往往会受后天欲望的遮蔽,
以致偏离天理,而道德教育的本质就在于帮助学生去掉遮蔽本心之欲
望,所以从这个角度看养心之学与良医治病确有异曲同工之妙。如果
将思政教育比作良医治病的话,那么思政课的教材便列出了治病所需
要的所有药材,这是因为思政课本身就是一门跨学科课程,内容涉及
哲学、历史、政治学、法学、社会学等学科,其丰富多样性也是其他专业
的课程所难以比拟的。在思政课课堂上,由于采取了班级授课制,教
师在教学时不可能没有面向全班的统一要求,因此可以看成是面向全
班学生的普遍性药方,但不同学生所生之病的虚实强弱不同,所以需
要在普遍性药方之外再根据不同学生的情况开出具有个性的药方,这
便是生活—实践育人模式的题中应有之义。在这种情况下,生活—实
践育人模式可以对思政课教材内容的"药材库"进行充分挖掘,觉得哪
味"药"最为适合哪些学生便为其开哪味"药",并以最恰当的方式对其
进行炮制,巧妙地将其融入学生的生活实践和环境,对于相关的学生
来说自是会起到"药到病除"的作用。

以宁波诺丁汉大学为例,该校在 2021 年 3 月组织了一场中国文
化周系列活动,由思政课教研室、图书馆、人文社科学院党总支主办,
爱中华文化社、扶风甬声项目组承办。其中爱中华文化社和扶风甬声
项目组都是学生社团,他们在"中国文化"这个宏大的主题下广泛搜寻
三个主办部门的各种资源,所组织的活动内容多姿多彩,有宁波民俗
文化展、中国风艺术展、有关宁绍平原的讲座、中国文化文创作品设计
大赛、篆刻工作坊、有关书籍演变的讲座、古籍修复工作坊、汉服体验、
投壶比赛、成人礼观摩、纸鸢、蹴鞠工作坊、有关中美贸易关系演变的
讲座、月湖城市行走、宁波帮博物馆半日游等。弘扬中国传统文化也

---

① 王守仁.王阳明全集［M］.上海:上海古籍出版社,1992:191.

是思政教育的重要内容,中国传统文化博大精深,在课堂教学之外更不可能将所有有关的知识全面地灌输给学生,因此由学生社团牵头组织各色中国文化类活动能在教育内容上体现因材施教原则,无论是组织活动的学生还是参与活动的学生都可以自主选择自己感兴趣的内容,而从喜欢的内容出发自然能够引发其对中国文化的兴趣和热爱,这恰恰是思政教育所要达到的重要目的之一。

三、教育者方面:激发学生主动参与

生活—实践育人模式主要是在学生的真实校园生活中实施,以学生的各种自主活动为主要途径,因此教育者在此模式中常常居于幕后而不是台前,但这并不意味着教师对学生可以放任自流,而是要求教师更多地在培养学生主动性上下功夫。正如王阳明所说:"学问也要点化,但不如自家解化者,自一了百当。不然,亦点他许多不得。"[①]也就是说,学生在学习时固然需要教师指点,但如果学生不能独立思考,缺乏自主学习的能力和动力,那么即使教师指点再多也难以产生良好的学习效果。这几句话其实突出了学生的主动性在因材施教过程中的重要地位,因为教学从来都不是教师单方面的事,学生若缺乏学习意愿,即便教师找到了适合学生的教学方法,也很难使教学内容入脑入心。

宁波诺丁汉大学的生活—实践育人模式不但给学生较大的自由空间,让学生根据自身的需要在一定范围内选择教育形式和内容,同时还采取各种各样的激励措施激发学生学习的主动性,最大限度地使更多的学生产生参与生活—实践育人相关活动的热情。例如,该校的思政课教研室在其微信公众号中推出了一个《观赏》栏目,鼓励学生针对相关电影撰写影评,并以推文的形式向栏目组投稿。对于学生来说,看电影是其日常生活中的一个重要娱乐项目,而一些具有教育意

---

① 王守仁.王阳明全集［M］.上海:上海古籍出版社,1992:114.

义的电影则不仅具有娱乐价值,还具有道德教育的价值,该校微信公众号中的这个栏目可以说是将思政教育与学生的日常娱乐联系了起来。虽然看电影是很多学生喜欢的娱乐活动,但如何使学生以此为契机参与生活—实践育人的活动,而不是仅仅通过电脑或去影院看几场电影呢?为了鼓励学生主动参与,该栏目从学生中招聘编辑,负责策划、约稿、撰稿和排版工作,这样一方面喜爱编辑工作的学生因为能够获得报酬而进一步提高了参与该工作的积极性;另一方面由于编辑还要承担约稿工作,其会采取各种措施鼓励周围同学撰写影评,那些仅仅爱写作但平时不太爱参加活动的学生积极性也会被调动起来,从而使因材施教过程中激发学生主动参与的环节得到关照。

第七章　中外合作大学生活—实践育人模式的育人方法

中外合作大学生活—实践育人模式的育人方法是在活动中引导学生反思内省，它作为一条总的育人方法，对相关具体方法的设计和使用具有指导意义。对于生活—实践育人模式来说，在不同情境中其反思内省的方法可以体现在以下几个方面。

第一节　善于把握生活契机进行非预设性提问

根据王阳明的"心即理"思想，"天理"蕴含于生活中的万事万物，这种理并非单凭肉眼观察便能发现，而是要通过内心的反思省察才能把握，才能由此做出正确的道德判断，从而使心中的"良知"自然而然地流露出来。那么如何才能使学生遇到相关事物后进行反思，而不是看过之后就抛诸脑后呢？教师应该善于把握生活中的契机，进行非预设性提问，提问的目的不是听到正确答案，而是作为一个激发学生思考的引子来引发学生反思，但反思的结果又能够得出与思政课教材中相关理论一致的结论。

例如，"思想道德与法治"课程第一章第二节包含了培养学生积极进取的人生态度的内容，要求学生乐观豁达，为承受困难和挫折打下心理基础。宁波诺丁汉大学的辅导员在开展生活—实践育人时曾遇到一位同学，她中学时学习成绩优异，但高考时不小心失利，这使她一度意志消沉。辅导员得知这个情况后便问她："既然过去无法改变，何不注重当下,脚踏实地,做好现阶段的事?"受此问题启发,该同学开始关注自己周围的现实。渐渐地,该校作为一所中外合作大学多元开放的氛围让她改变了人生只有取得高分这个目标的狭隘见解,她开始把做自己感兴趣的事树立为人生理想,不但形成了乐观的人生态度,还在专业学习中获得了灵感,设计研发了多项专利。

再如,高校的思政教育要培养学生认同社会主义核心价值观,其中较为重要的一项价值观是"平等",而"平等"又包括男女平等,要求无论男女都能够打破性别偏见,公平地行使社会权利,分享社会成果。宁波诺丁汉大学的辅导员在开展生活—实践育人时遇到一位女同学,她是学理工科专业的,但是从小被告知女生应该甜美、可爱、温柔、穿粉红色的小裙子等,相比较而言她的专业似乎是男孩子才应该学的,这让她一度对自己的未来感到迷茫。辅导员得知这个情况后便问她:"为什么女生不能学好机械、编程和工程?"这个问题引发了她的思考,她开始关注身边的人和事,寻求这个问题的答案。她所在的宁波诺丁汉大学是一个高度国际化的大学,学校制定了平等、多元和包容战略(EDI),旨在打造一个人们互相尊重、包容且具有多样性的环境。学校每年3月在庆祝国际劳动妇女节之余,还举办EDI周,通过各种丰富多彩的活动宣传平等、多元、包容的价值观。受学校氛围的感染,该女生逐渐学会与过去的性别偏见告别,努力做自己,为自己心中的理想而奋斗。

生活—实践育人模式是思政教育的一种创新模式,因此教师在该模式中的提问内容也应当服务思政教育的目的,即引发学生对相关道德问题的反思,使之能够通过自己的思考和内省,得出与思政课教材中相关理论一致的结论。然而,任何一种理论或学说的真理性都不是由该学说本身决定的,而是由该学说与现实的一致性决定的。王阳明认为,凡是在某种程度上具有真理性的道德学说都是因为其能够反映人内心的"良知"。"六经者,吾心之记籍也,而六经之实,则具于吾心;犹之产业库藏之实积,种种色色,具存于其家。其记籍者,特名状数目而已。"①可见,六经是否具有正确性需要依据人心中的"良知"去拷问,同理,在生活—实践育人中教师的提问只是为促使学生"以实训文",即依据其所处的情境反思所学的相关理论,而理论的正确性则需要根据内心的"良知"来判断。通过上述案例可以看出,辅导员对学生的提问是受现实情境中的问题触动而油然生发的,具有非预设性,学生主动思考该问题并不会觉得是在被迫迎合外在的要求,但其实该问题是无法绕开思政课本中提到的相关观念的,所以相当于是学生在教师提问的引导下自己去发现和领悟到课本中的相关真理。

第二节　积极创造平台组织开放式交流探讨

根据王阳明的"致良知"思想,判断一种思想正确与否主要依据的是人内心的"良知",但由于人认识能力的有限性以及顿悟发生时机的不确定性,有时人在面对一个问题时可能会百思不得其解,迟迟不能明心见性,这时便可以采用交流探讨的方式来帮助学生进行反思。交流探讨的方式即教师要选择适当的时机引导学生围绕相关问题进行讨论,让学生将自己的想法摆在众人面前,通过与其他同学进行辩论来证明自己观点的是非。正如王阳明在"天泉证道"中所做的那样,他让自己的学生王畿与钱德洪各自发表自己的见解,然后通过师生之间的辩论,使两人各自认识到自己观点的是非得失,从而达到"真理越辩越明"的效果。

以宁波诺丁汉大学为例,受西方大学文化影响,该校学生普遍具有较强的权利意识,参与校园生活相关管理活动的意愿较为强烈。在这种情况下,该校的学生公寓部在每次新年来临之际都要组织由生活老师和学生共同参加的"新年茶话会",从表面上看是为学生提供平台,让学生反映宿舍管理中遇到的相关问题,为宿舍管理献计献策,但

---

① 　王守仁.王阳明全集[M].上海:上海古籍出版社,1992:254.

实际上则是通过组织讨论来进行生活—实践育人的重要契机。学生的宿舍生活除了涉及学校提供的生活服务,还主要涉及如何处理与其他同学的关系,而培养同学之间团结友爱的精神是思政教育的题中应有之义。从王阳明思想的视角看,友爱精神是人心中"良知"的重要组成部分,并非来自外界他人的告知。"知是心之本体,心自然会知:见父自然知孝,见兄自然知弟,见孺子入井自然知恻隐,此便是良知不假外求……然在常人不能无私意障碍,所以须用致知格物之功胜私复理。"①可见,学生在生活中与同学交往时便自然会激发关爱他人的"良知",但也不能排除部分学生因为"私意障碍"而不能觉知这种"良知",而茶话会上的讨论则类似于"致知格物"的工夫。由于"良知"是不假外求的,且这种讨论是以茶话会的形式开展,会上教师自是不可能像上课一样抛出现成结论,直接告诉学生是非对错,而是要引导学生对相关问题进行讨论,使学生能够意识到问题,并通过反思内省觉察到自己内心的"良知"。

此外,教师在交流探讨中虽然要尽量避免抛出现成结论,但还是可以辅以推理方法指导。通过交流探讨的方式引导学生反思并不意味着学生可以天马行空地胡思乱想,虽然有时面对一个问题的顿悟需要借助直觉式思维,但这并不是反思内省所需要的思维活动的全部,有时还是要借助严谨的逻辑推理过程。逻辑推理的主要任务是以概念、范畴作为思想工具,对自己的认识进行系统化的理性推演,并在这种理性推演中不断修正、完善自己的认识,最终得出合乎理性的结论。②然而,很多学生在以往的学习过程中并没有接受过系统的逻辑推理训练,因此他们在思考问题时可能充满逻辑漏洞而不自知,得出的结论便会失之偏颇而不中肯。为此,教师在参与学生的讨论时,可以根据学生发言的情况适时给予思想方法上的指导,在指出某一个学

---

① 王守仁.王阳明全集[M].上海:上海古籍出版社,1992:6.
② 杨道宇.教学阶段再认识:以事为本的学问思辨行——兼论王阳明与杜威教学过程思想的异同[J].现代大学教育,2015(2):65-72.

生发言中的逻辑问题的基础上,对与该问题有关的思维方法做较为系统的介绍。但需要注意的是,推理方法的指导始终只是辅助性的,引导学生在讨论中不断反思自己的已有观点才是主要任务,教师在学生的讨论活动中莫要喧宾夺主。

第三节　创新实践活动吸取学生多样化反馈

在中外合作大学,学生在社团活动的参与和管理上具有较高的自主性,除了少数由学校相关部门发起和组织的活动,大多数活动是由学生社团自行组织的,学校只是在学生有需要时提供必要的帮助。在这种情况下,中外合作大学的大多数学生社团活动缺少教师的参与,教师难以在活动中通过提问或组织讨论等形式对学生进行引导。在教师不能在活动过程中直接进行引导的情况下,教师可以通过要求学生在活动结束后完成作业等反馈形式发挥间接引导作用。由于学生在活动结束后需要完成教师布置的作业,学生在活动中或活动后需要对与活动有关的事宜进行反思,从而发展自己的德性。

如宁波诺丁汉大学巧妙地实现了思政课实践教学与学生社团活动的结合,即充分利用学校中学生社团活动丰富多彩的特点,允许学生在满足一定条件的前提下将其社团活动转化为思政课实践教学学分。这种做法的操作方式是,如果学生认为他们所组织的某个活动符合思政课实践教学的特点,那么可以向学校相关部门提出申请,详细陈述其符合实践教学要求的具体情况,若获得批准,则参与该活动的学生都可以获得实践教学的相应学分。这样一来,学生自主组织各种活动时就不再是盲目的,或单纯出于自己的兴趣爱好,而是会对思政教育的相关内容有所考虑,而当他们在活动结束后申请实践教学学分时,便会自觉对其活动的思想道德意义进行反思,而其所填写的申请材料本身也就相当于某种形式的反馈,从而在学生具有充分主动性的情况下,完成了思政教育的部分任务。总之,感想反馈的目的是促使学生通过任务的完成对相关问题进行反思,因此只要是能够实现这个目的,那么反馈的具体形式可以多种多样。

　　虽然反馈的形式可以是多种多样的,但还是应该具有半结构性。反馈作为引发学生反思内省的方法应服务于思政教育的目的,因此若是对学生作业的内容完全不做限定,则学生所写的内容有可能完全与思想道德方面的主题无关,这样一来,思政教育就没有达到目的。因此,教师在让学生完成作业时,可根据活动内容列出几个开放性的问题,使学生在撰写材料时能够围绕相关问题进行思考。在设计具体问题时,要紧密联系学生活动的实际,其与思政课教学内容的深层相关性应巧妙隐藏于问题中,而不要过于直白明显。

第八章 宁波诺丁汉大学生活—实践育人模式的阵地打造

生活—实践育人模式作为一种新的思政教育模式,不但可以在第二课堂和宿舍生活中进行,还可以以专门的教育阵地为平台,通过系统的教育活动设计展开。近年来,宁波诺丁汉大学充分挖掘校内校外的各种资源,建设和打造了多个生活—实践育人阵地,落实宁波诺丁汉大学生活—实践育人模式核心素养,提高学生人文素养、科学素养、健康素养、自我管理能力、社会责任感、国家认同感等,培养兼具国际视野、家国情怀和中国立场的接班人。

第一节 阳明文化研习基地

阳明心学发轫于明朝中晚期,是对中国经典的孔孟儒学体系和程朱理学的有效延伸,是"土生土长"的中华优秀传统文化。学习研究阳明心学可以有效地促进我们厚植爱国情怀,增进国民身份认同,弘扬以爱国主义为核心的民族精神。宁波诺丁汉大学理工学院"诺有所习,知行合一"学习小组便是由研究并学习阳明文化的一群有志之士组成。该小组成立于2018年,以弘扬中华优秀传统文化为根本任务,以阳明心学为主要切入点,与余姚市文保所和王阳明故居开展了诸多合作活动并取得了卓著的成绩。

一是有阵地(Place)。宁波诺丁汉大学阳明文化研习基地于2019年5月12日正式挂牌,为该校师生实践活动又增实践活动场地;2023

年 6 月 20 日在贵州修文王阳明故居成立了宁波诺丁汉大学第二个阳明文化研习基地,形成了山海互推的生动局面。二是有团队(People)。该基地由余姚王阳明故居和宁波诺丁汉大学理工学院"诺有所习,知行合一"学习小组负责日常运营和支持,学习小组成员均从理工学院学生党员干部中优选,确保学习小组有持续不断的活水来源。三是有内容(Program)。2020 年,在疫情防控期间及时调整授课模式,开发线上授课系统,并成功举行 2 次直播,总计浏览量超过 3000 人次,对疫情防控期间实践课的发展做出创新性探索,受到广泛好评和称赞。如 2021 年 6 月开展的"格竹·竹结构研习工作坊",以"阳明格竹"这一著名的历史典故为背景,研究品读王阳明的生平事迹,从王阳明流放贵州期间在溶洞中学习《易经》的故事中得到启发,编制了一个"玩易窝",供游客在其中休憩冥想。四是有成果(Progress)。该基地尝试将"阳明文化"引入校园,同时进行工业设计、建筑课程的有益课程思政项目探索实践,英文讲解机与英文讲解稿的研发、阳明文化研习课程的开发、"王"府地图、阳明心灯以及阳明文创伞设计,一个个知行合一项目如雨后春笋一般涌现,充分体现了该校学术老师以及学生的创造力和执行力,同时也为高校智慧资源与当地本土文化的有效转换和融合提供了优质范例。

自成立以来,"诺有所习,知行合一"实现制度化运营团队、体系化丰富课程,多样化增大输出,旨在进一步挖掘"知行新说"内涵,并致力于推广阳明文化在外国友人和青少年人群中的传播。同时,依托宁波诺丁汉大学孔子学院优质的教学资源,开设中国传统文化研习班,每学年开设不少于 120 课时的中国传统文化研习活动,覆盖人数达 3000 余人,增进了全校学生对中华优秀传统文化的认同感和自豪感,并增强了学生们身体力行弘扬中华优秀传统文化的意识。

下一阶段,立足研习基地,专题研究小组将实现制度化运营团队、体系化丰富课程、多样化增大输出,旨在进一步做大做实"知行新说",对接更多外籍老师和中国老师加入项目建设,鼓励更多学生了解、学习、研究阳明文化。同时,该项目也与余姚市政府合作,于 2023 年 10 月联合启动了"米兰设计周中国高校师生设计作品展阳明文创大赛",致力于推进阳明文化国际化进程。

第二节　宁波帮博物馆研习基地

人文社科学院立足学院特色,坚持在校内外、境内外开展一批国际交流活动,将"文化寻踪"搬进校园,将"甬事"传递给学生,不断提升中华优秀文化和地方特色文化的亲和力和影响力,激发文化碰撞的火花。

2020 年是宁波与诺丁汉缔结友好关系 15 周年,以此为主题的"双城记"系列活动火热开展,"双城记"系列活动包括云上论坛、线下系列文化讲座、主题展览、体验活动四大模块。宁波诺丁汉大学人文社科学院与宁波帮博物馆联合举办了"曼妙丝语——诺丁汉蕾丝及蕾丝制造展"、罗宾汉生生不息展、馆校合作公开讲座、宁波市口译大赛、城市行走等活动,通过系列活动展示宁波与诺丁汉两个城市之间的文化交流、沟通与合作。

宁波帮博物馆承办了宁波与诺丁汉缔结友好城市 15 周年"双城记"系列活动中的中外文创市集。18 个中外摊位精彩纷呈,既有宁波城市官方周边印象宁波、非遗美食龙凤金团、非遗手艺捏面人、金银彩绣、汉服体验等体现中国传统文化的摊位,又有生活在宁波的外籍人士拿出珍藏的"家当",出售外文书籍、工艺品等。值得一提的是,市集上所有盈利将通过宁波市人民政府外事办公室捐赠给慈善机构。

未来,人文社科学院将进一步加强加深与宁波帮博物馆的合作,一方面通过实地参观、讲解、活动等形式,让更多的宁诺学子了解宁波城市文化,进而了解宁波,喜欢宁波;另一方面发挥学院优势,培育一支政治素质过硬、结构合理的国际交流人才队伍,联合学生党员、学术老师和思政老师,携手合作,引导学生"做人""立德""修业",从而培养学生建立正确的价值观和思想意识。该项目继续结合"甬遇"项目组开启形式为"遇见一座有故事的城市;认识一座有故事的博物馆;建设一个有故事的学院;培养一批有故事的青年;讲好一段有故事的中国梦"的系列活动。

第三节　河姆渡文化研习基地

2020年6月9日,河姆渡遗址博物馆——宁波诺丁汉大学文化研习基地正式揭牌成立。近年来,校馆双方在基地建设、人员培训、教学实践等方面开展了一系列紧密合作。依托宁波诺丁汉大学的国际化平台,通过实地参观、文物进校园和精品研学课程体验等活动,中外师生们领略到了别样的史前文化之美,促进了对中华古代文明的理解和尊重,也为讲好中国故事贡献了绵薄之力。该基地成果丰硕,2023年恰是河姆渡文化发现50周年,借此契机,商学院提出"博物馆焕活计划",积极组织师生参与博物馆专题研究和实践活动,尝试探索文博文创领域,以馆藏为设计基础,调动宁诺学生的创造力和活力,设计出了一系列带有河姆渡文化内涵的产品。其中一件作品作为2024年宁波诺丁汉大学和河姆渡遗址博物馆联名款日历于2023年11月底正式发布。同时,商学院硕士生创新创业专业的课程考核因河姆渡文化创新而丰富,优秀课题包括以河姆渡为主题的"围炉煮茶"和"考古盲盒"等。

在原来的实践基础上,未来该基地将进一步发挥作用,实现在创新、人才培养及管理等领域的优势互通。通过学生主导创作、授课、支教等形式,发挥其主观能动性,支持宁诺学子传承文化基因,深化身份认同感,完成从河姆渡文化体验者到传播者的角色转变,引导其在走向世界的道路上注重和寻求国际文化交流中的平等和尊重,守护好中国的"根"与"魂"。结合先前成功举办过文物进校园、文创设计大赛和河姆渡文化观影月等校内活动的经验基础,商学院于2023年12月举办"溯·照"河姆渡文化月活动,以展览的形式呈现宁诺学子的河姆渡文创作品,由项目组学生开设不同主题的文化研学课程,并计划后期向宁波周边小学开展河姆渡文化支教活动,层层深入,进一步落实"博物馆焕活计划",让更多师生在校园内就可以学习体验到河姆渡的独特文化,探寻宁波远古时期饭稻羹鱼、鱼米之乡的富饶和文明,增强文化自信,厚植家国情怀。

学校通过让宁波诺丁汉大学的大学生走进博物馆,使之感知历史,懂得担当,培养其乡土情怀和文化自信,最终实现余姚河姆渡文化与宁波诺丁汉大学优势互补,将中华古代文明向世界传播。

第四节　宁诺生活区街区与楼宇文化基地

后勤事务中心对宁诺生活区商业街进行改造时,将宁波本地文化融入环境设计,在招商方面引入英国特色的店铺。宁诺生活区商业街分为纵横双向,纵向的宁波街融入了河姆渡遗址、天一阁、北仑港、三江口等特色景观,彰显了"书藏古今、港通天下"的宁波精神;横向的英国街引入咖啡馆、西点屋和甜点屋等,散发浓浓的英伦风味。罗宾汉广场中心竖立的立体地球仪,象征着和平与团结,既弘扬了"勇者不惧"的中西文化精神,又凸显了宁诺多元与包容的特色。生活区生态景观布置考虑本地气候特征,做到"四季常绿、四季花香",达到人与自然和谐共生的状态。

宁诺生活区共有 12 幢学生公寓楼,公寓楼文化墙融入国际元素、中国元素、宁波特色,让每一面墙说话。有以"小联合国"为主题的国际生楼,以赤、橙、黄、绿、青、蓝、紫为主调分别布置每一层楼,营造"不经历风雨怎能见彩虹"的寓意,激励学生养成健康的生活观。有以国际文化为主线的国内生楼,选择世界七大洲的代表性国家进行墙绘,展现了中国、英国、美国等主要国家的地域文化和人文风情。也有以宁波文化为主线的楼宇,以中国风水墨画形式呈现了河姆渡遗址、天一阁、安庆会馆、鼓楼、天封塔等宁波著名景点,让学生感受到宁波之景近在咫尺。还有以中国文化为主线的楼宇,以山水画绘画风格将长城、西湖、桂林山水、珠穆朗玛峰等中国各地特色景点融入楼宇文化,见证中华大地的魅力。在王阳明故居纪念馆专家的帮助下,将宿舍楼大厅打造成了"阳明文化"基地,介绍王阳明的一生经历和阳明精神发展历程,传播"知行合一"理念。由此,让学生在书香氛围中受到文化滋养和美德熏陶。

第五节　艺术中心

在没有艺术学院、不设音乐专业、不招艺术特长生的大环境下,宁波诺丁汉大学美育教育工作的开展主要以第二课堂为依托,将美学教育融入学生文艺团体的培养建设;同时又以文艺团体的培养成果为媒介,以文艺演出等形式辐射更广大学生群体,使之潜移默化地接受美学教育。随着艺术团的不断发展,以及学生对美育的需求不断增长,宁波诺丁汉大学于2020年初启动校园艺术中心的改造与建设项目,为美学教育提供强有力的阵地支持。

加快推进艺术中心主阵地建设,打造具有浓厚艺术气息并具备学校特色的学生实践活动阵地,提供高端优质硬件设施,进一步对外延伸校外高端艺术人才以及场地的对接,将优秀拔尖的专业人才"邀请进来",将浓厚气息的展览场馆"参观起来",将本土具有深厚底蕴的文化之地"走访起来",为思想交流碰撞提供场地与空间。

提升艺术专业人才的配比与培养,第一时间成立校园艺术中心筹备小组,并在此基础上陆续吸收通晓艺术领域的外籍教师作为项目组的骨干,定期开会商讨发展目标和思路。艺术中心现有一名行政管理员工、两名表演艺术教师(钢琴、芭蕾)和一名外籍视觉艺术教师(绘画)。2022年9月,艺术中心一期投入使用,包含音乐排练房、戏剧排练房、舞蹈房、钢琴房和乐队排练房等。2022学年,艺术中心开设驻校艺术家项目、我与大师零距离系列活动、校园艺术节和博雅学堂三大系列课程，极大地丰富了校园艺术活动、充分加强了学校在美学教育领域的维度和纵深，目标为打造国内一流的美学教育软硬件支持体系。

图 8-1　宁诺学生在艺术中心的音乐排练室里练习钢琴曲目

同步完善艺术中心管理政策，借鉴学生活动与创新中心管理经验，完善宁波诺丁汉大学艺术中心管理规章制度，并配备工作人员以及实习生团队，确保艺术中心可以有效运营，实现资源配置和资源利用的最大化。

重点聚焦艺术中心成果产出，尝试探索传统高校学生活动有效性升级以及新型高校学生活动策划设计、组织开展创新性攻关，并实现系统化、制度化、理论化的循环运行模式，争取实现创新背景下生活思政研究的成果产出。

第六节　浙江省国际人文交流基地

宁波诺丁汉大学的国际人文交流基地以校内阵地为核心,全方位、多形式、创造性地加强基地建设,在人、财、物等方面加大保障,争取得到浙江省在政策、资源和战略布局方面的支持,不断扩大国际人文交流活动的对外辐射面。

一是常态化、制度化、系统化举办活动、开设课程。做大做强优质品牌活动,进一步提升活动质量。聚焦活动后期宣传工作以及满意度调查,收集组织者、参与者等多方面反馈,总结经验,扬长避短,擦亮活动品牌;开设中华优秀传统文化研习班,利用高校优质的教学资源优势。与学术老师建立起长效沟通机制,通过兼职、外聘等形式研发中国传统文化课程,目前已开设国画班和书法班的系统课程,反响热烈。

二是挖掘、培养、吸纳"网红师生",补充人才队伍。结合日常工作,发现深受学生喜欢的授课老师或有一定影响力的学生,将其吸纳到人文交流传播的队伍中;聚焦青年教师、学生党员或学生干部,培育其演讲技巧和宣传能力,并鼓励其将这些能力应用到实际;转变工作方式方法,在探索与实践中巧妙运用外籍留学生"听得懂、看得明、走得进、能理解"的表达方式,深入结合显性宣教和隐性渗透的工作方法,关注提升外籍留学生对中国文化的接受感与认同感,致力营造"外国人看中国、外国人讲中国"的文化氛围。

三是依托第二课堂学分体系扩大基地建设影响力。将基地建设相关课程与活动纳入学生实践活动学分体系,提高学生参与率。在学生实践活动学分体系修订中新增国际人文交流基地相关内容,将其作为学生实践学分中的必修科目,进一步增大基地影响力并扩大覆盖面;创新活动方式,激发新活力。"洋眼看浙江"作为基地新增品牌项目正处于筹备阶段,致力于从外籍学生的角度,围绕乡村振兴、城市智慧化等方面,通过视频、图片、演讲等形式进行分享。

四是打造一批有影响力的国际人文交流平台或品牌。尝试跳出学校看学校，立足宁波，服务浙江，对现有平台和品牌活动进行重新定位、塑造，培育一批大平台、受众广、影响力强、受外籍师生欢迎的国际人文交流项目、平台、载体；利用学校国际关系系和国际文化传播系师资力量和专业科研优势，在志愿者队伍培训、国际研讨、文化交流合作、当代中国研究、国际人文交流品牌塑造等方面发挥更大作用，努力建设浙江国际人文交流基地的"重要窗口"。

浙江省国际人文交流基地
Zhejiang International Culture Exchange Base

浙江省人民政府新闻办公室
Information Office of Zhejiang Provincial Government
浙江省文化和旅游厅
Department of Culture and Tourism of Zhejiang Province

图 8-2　宁波诺丁汉大学入选浙江省国际人文交流基地

第七节　"生活思政"工作室

后勤事务中心将在生活区打造集党建、服务咨询、展厅陈列、会议活动、实践操作于一体的"生活思政"工作室。党支部及"生活思政"工作小组将集中在此开展会议和活动，发挥阵地育人作用；后勤事务中心、校方、学生可在此开展实践活动。服务大厅提供住宿服务、缴费服务、校园卡服务与咨询，提供更便捷的服务窗口；展览厅将展示后勤事务中心工作成果、模范代表、学生作品等。

2019年1月,后勤事务中心建立了"生活思政"研讨室,研讨室为生活导师与学生事务与发展中心的学务辅导员提供小组学习、交流与创作的场所。生活导师定期与学务辅导员在"生活思政"研讨室开展双周例会,将学生的学习与生活相结合,以实际工作为案例,建立特殊学生档案,为学生提供个性化服务,共同探讨教育策略。生活导师团队定期召开内部交流会,研讨工作案例,形成常态化工作机制,交流工作心得,提升团队服务能力。

第九章 中外合作大学生活—实践育人模式的制度建设

生活—实践育人模式不仅要通过显性的教育活动或举措直接对学生施加影响,还要通过制度建设将教育渗透在无形之处。习近平总书记在全国高校思想政治会议上指出:"要坚持把立德树人作为中心环节,把思想政治工作贯穿教育教学全过程,实现全程育人、全方位育人,努力开创我国高等教育事业发展新局面。"①教育部原部长陈宝生强调:"把质量作为教育的生命线,坚持回归常识、回归本分、回归初心、回归梦想。"②因此,生活—实践育人模式还要将"立德树人"教育根本任务渗透到学生日常生活中,体现在对学生日常生活的管理和服务中,通过学生事务与发展中心、后勤事务中心、体育部三部门联动,制定各种规章制度来辅助六大核心素养的培养,充分体现"管理育人""服务育人"的理念。

第一节 制定《中国文化课·实践课学分制度及申诉须知》

《中国文化课·实践课学分制度及申诉须知》明确本科一年级中国学生须修满大于(等于)70分总分,下设四个板块,即项目类学分、拓展类学分、安全类学分以及新生适应学分,合理设定各自板块分值要求;

---

① 把思想政治工作贯穿教育教学全过程 开创我国高等教育事业发展新局面[N].光明日报,2016-12-09(1).

② 陈宝生.努力办好人民满意的教育[N].人民日报,2017-09-08(7).

积极动员学校部门,发挥自身优势,加入学分体系。联合学校体育部、英语语言教学中心和后勤事务中心等多个部门启动"新生适应板块"的内容设计,把体育、美育和劳育有机融合、做深做实;完成第二课堂实践学分体系的电子化升级,在原来的系统上新增 17 项功能,进一步提升运行效率,形成工作闭环,促进规范化、专业化和电子化管理。

实践课作为中国文化课的重要组成部分,旨在通过丰富多彩的学生活动,为宁波诺丁汉大学学生营造良好的课外活动氛围,在活动中促进领导力、社会责任感、艺术修养等多个方面的健全与提升,达到全面培养的目的。实践课由学校学生组织、社团和职能部门单独或联合开展,共同参与并组织开展内容丰富、形式多样、寓教于乐的第二课堂。

实践课与理论课、研究性系列讲座的成绩各自独立计分,三部分成绩分别达到"及格"及以上,视为中国文化课成绩合格,中国文化课教研室将于毕业学年末核发中国文化课成绩单,考核要求如表 9-1 所示。

表 9-1 中国文化课考核要求

等级	理论课	研究性系列讲座	实践课
优	科目成绩达到 70 分及以上	在本科阶段至少参与研究性系列讲座(出勤记录)8 个	本科一年级期间修习学分达到 40 分及以上,并同时满足以下条件: • 项目类学分(不做该类别学分具体分值的限制) • 拓展类学分(不少于 10 分) • 安全类学分(不少于 10 分) • 新生适应学分(不少于 10 分)
良	科目成绩达到 60 分及以上	在本科阶段至少参与研究性系列讲座(出勤记录)7 个	
中	科目成绩达到 40 分及以上	在本科阶段至少参与研究性系列讲座(出勤记录)6 个	
及格	科目成绩 40 分以下,则需要参与补考,补考通过的成绩为"及格";参与清考的,清考通过的成绩为"及格"	在本科阶段至少参与研究性系列讲座(出勤记录)4 个	

续表

等级	理论课	研究性系列讲座	实践课
不及格	科目成绩 40 分以下，且未通过清考	在本科阶段参与研究性系列讲座（出勤记录）不足 4 个	学分未达到 40 分或拓展类、安全类、新生适应学分任一类学分未达 10 分，且未通过清考
请注意：理论课成绩、研究性系列讲座成绩、实践课成绩任一不及格者，不能获得中国文化课成绩证明			

中国文化课成绩与本科阶段相关奖学金评定、本科三年级交换生、宁波诺丁汉大学学士学位证书及毕业证书等资格的获得相关（见表 9-2）。

表 9-2　中国文化课成绩与相关资格获得的对应

相关资格获得	理论课	实践课
【如要获得】本科阶段相关奖学金	【需要】满足相关奖学金评定政策要求	【需要】满足相关奖学金评定政策要求
【如要获得】本科三年级交换生资格	【需要】本科一年级理论课科目成绩达到 40 分及以上；如有参与补考的科目，则补考后成绩为"通过"	【需要】本科一年级期间修习学分达到 40 分及以上，其中拓展类学分不少于 10 分、安全类学分不少于 10 分及新生适应学分不少于 10 分须同时修满
【如要获得】宁波诺丁汉大学学士学位证书、毕业（学历）证书	【需要】获得中国文化课成绩证明，即理论课、研究性系列讲座、实践课成绩分别达到"及格"及以上	

资料来源：《中国文化课·实践课 课程指南》（节选）

第二节　以学生团体为基础，打实地基

正确引导政治属性学生团体，树立底线思维，培育具有习近平新时代中国特色社会主义思想的学生干部，并让其在学生团体中发挥先锋模范作用，树立正确的价值观引领；加强培育大型学生组织，充分了解其组织性质、组织架构、活动特色等，发挥学生主观能动性，对其进行专业化、特色化、活跃化培育；精准扶持小型学生团体，每学期两次

排摸学生社团基本情况,根据其性质以及定位,按照人文社科学院、商学院、理工学院这三大学院进行归口管理,并配备专业指导老师,责任落实到人;常态联系其他学生团体,了解其他学生团体情况,搭建多渠道沟通路径,加强与其他部门、其他学生团体的互动合作。

社团星级评估工作由社团中心统筹安排,本着"公平、公正、公开"的原则对各正式社团进行评估。评估工作进度由社团中心安排,各社团须配合社团中心开展好评估工作。除筹备类社团外,全校所有注册社团都参与当年的评估(筹备类社团由社团中心注册中心另行评估)。

——《宁波诺丁汉大学社团管理办法》(节选)

第五条　学生活动接受赞助的宗旨:"繁荣校园文化,服务学生成才,宣传企业形象,合作互惠共赢。"

第六条　学生外出联系赞助时,需注意仪容仪表,行为举止,维护宁波诺丁汉大学学生个人、组织/社团、学校的形象。赞助行为不得违反国家法律法规,不得从事非法活动,不得有损学校名誉。要本着诚实互助、互利共赢的原则进行合作,不允许欺骗行为的发生,以免给学校带来负面影响。

第七条　拉取的赞助必须公开用于正式场合的学生活动,任何人不得侵占、私分或挪用学生社团/组织的财产。学生社团/组织接受捐赠、资助时必须向学生事务与发展中心(DCL)报告捐赠者或资助者的有关情况,并向全体社团/组织成员公开。注:原则上,社团/组织接受的单笔赞助物资及资金由社团/组织独自保管,并全部使用在当次赞助的学生活动上。若社团/组织对单笔赞助的经费使用有更为合适的方案,需及时联系相应指导老师进行申请。申请获得批准后方可留用不超过单笔赞助总金额15%的款项作为活动备用金。

——《宁波诺丁汉大学学生活动赞助管理办法》(节选)

（一）提交申请

学生活动主办方与赞助方达成初步合作意向时，填写并发送《宁波诺丁汉大学学生活动赞助审批表》到 YL_supervision@nottingham. edu. cn（学生组织）或 SSC_Document@nottingham. edu. cn（学生社团），同时抄送对应组织或社团的指导老师。邮件标题格式为：学生活动赞助申请-组织/社团名-活动名。（申请需在活动举办前至少 15 个工作日提出），若赞助类型涉及大型讲座，需在达成赞助意向前至少 20 个工作日提出申请，填写《宁波诺丁汉大学学生活动赞助审批表》及《宁波诺丁汉大学学生活动大型讲座申请表》发送至 YL_supervision@nottingham. edu. cn（学生组织）或 SSC_Document@nottingham. edu. cn（学生社团），并抄送相应指导老师。邮件标题格式为：学生活动讲座申请-组织/社团名活动名。

（二）审批过程

初审：审批意见将在申请递交后五个工作日内给予答复。经学生事务与发展中心审批同意，方可与赞助方进行进一步沟通和协商，以及开展后续相关申请。团委审察部和社团中心负责相应组织或社团的外联赞助审查。

2. 终审：通过初审后，学生活动主办方与商家达成合作意向，并拟制《合作协议书》，由学生主办方递交给指导老师进行审核。（需提前至少七个工作日提交）

（三）合作达成

审核通过后，双方签订协议，同时签署《宁波诺丁汉大学学生活动赞助事项同意书》，并严格履行双方义务。《协议》和《同意书》均需一式两份，双方各执一份，彩色电子扫描件发至 YL_supervision@nottingham. edu. cn（学生组织）或 SSC_Document@nottingham. edu. cn（学生社团），并同时抄送相应指导老师进行备份留档。组织/社团须按照附件模板做好资金和物资的详细登记工作,不得隐瞒任何细节。

——《宁波诺丁汉大学学生活动经费申请审批和使用管理办法》(节选)

涉及校园活动部分,需明确以下几点注意事项:组织者必须提交学生组织、俱乐部和社团负责人和/或专业部门或学校负责人批准的学生活动登记表,并在计划活动之前至少 15 个工作日(高风险活动为 30 个工作日)向学生事务与发展中心提交证明文件和表格以供批准。这些证明文件包括但不限于:紧急情况的风险评估和应急计划;如果需要学校提供的财政支持,则需提供详细的预算计划。

学生事务与发展中心在收到所有要求的申请材料后,应评估计划的可行性,并向组织者提供反馈。如果提交的计划/提案未获批准,则应通知学生事务与发展中心提供进一步修改的建议。学生活动登记表一经批准,应提交学生事务与发展中心备案。

涉及高风险活动和校外活动。完成校内活动所需的程序后,高风险和校外活动的组织者应提交其他文件,包括但不限于:所有参与者(包括员工)的信息;家长同意书(仅适用于 18 岁以下的学生或海外、高风险活动的参与者);免责声明(UNNC 安全和行为附录);如果运输需要任何租赁服务,则需要租赁公司的车辆租赁协议、营业执照和责任保险。同时所有涉及安全问题的高风险活动和校外活动均需获得安全保卫办公室的批准。

——《宁波诺丁汉大学学生活动安全指南》(节选)

第三节　不断丰富第二课堂的形式和内涵，
使其更可观、可触、可感

宁波诺丁汉大学第二课堂形式包含比赛、讲座、研讨会、体育运动、外出活动等，内容涵盖"德""智""体""美""劳"等方方面面，注重学生综合能力的全面培养。时代发展的大背景对于第二课堂实践活动的开展又提出了新的挑战和要求，要不断尝试探索活动新形式。一方面，结合学校场地以及资源配置，合理调整原先活动计划，以小规模活动为主，注重提高活动质量，提升学生满意度；另一方面，新增线上课程以及直播模式，实现活动现场与第二现场的云端连线，丰富活动形式。

SAIC（赛客）中心由学生事务与发展中心所属的 SAIC 管理团队全权负责运行。我们鼓励各学生社团、组织充分利用各自办公区域，也欢迎有意与 SAIC 联合举办活动的个人或团体的合作，若有此意向，可向学生事务与发展中心提出申请或是发送申请至 SAIC@nottingham.edu.cn，在得到学生事务与发展中心指导老师以及 SAIC 管理团队的许可后方可使用，社团组织可在其指导老师处进行 SAIC 场地及设施使用的申请。

——《宁波诺丁汉大学赛客中心管理条例》（节选）

第四节　不断完善第二课堂学分体系，集成
校园资源丰富实践内容

学分体系由校团委学分项目办公室监督负责，学分部负责学分活动信息的收集、审核和录入以及学分系统的维护，监督投诉部负责学分活动现场纪律的维护以及申诉的处理，学分项目办公室全体成员均

为宁波诺丁汉大学的学生,实现第二课堂实践学分体系的自我管理和运营,确保其公平、公正、公开且透明。第二课堂学分体系与学校奖学金等评奖评优直接挂钩,未满足学分要求的学生无法取得宁波诺丁汉大学学历证书,为第二课堂学分体系的实施提供强有力的保障。

学分制度明确本科一年级学生须修满大于(等于)70分总分,下设四个板块,即项目类(红色)学分、拓展类(蓝色)学分、安全类(黄色)学分以及新生适应(绿色)学分,四色学分体系按照活动性质区别和划分整合,合理设定各自板块的分值要求。

红色学分由学生组织和社团组织开展,多为竞赛、逸知类学生活动,充分尊重学生组织和社团的自主性和独立性;蓝色学分需要向职能部门申请,通过讲座、团辅、沙龙、团建等形式,实现校内优质资源与学生之间的有效互通;黄色学分专注学生心理关怀以及安全教育的普及和警示,连线学校心理咨询部门和安全保卫办公室,关注学生的身心健康,增强学生的安全意识;绿色学分原先为学术学分,旨在通过趣味形式帮助学生提高英语语言能力,后期补充和添加了趣味运动、生活技能、美学普及的实践活动等形式,进一步丰富了板块内容。

同时,学分体系集成学校相关部门的需求与资源,将职能部门的功能和优势通过学分体系彰显,实现了资源的有效整合和利用。例如,进一步联合图书馆、招生就业办、孵化园等丰富拓展类学分,围绕技术技能、就业信息普及、创新创业以及团队合作等为大一学生播下展望未来的"火种";健康安全学分由安全保卫办公室和身心健康中心牵头负责,聚焦防诈防骗、消防安全、心理健康等话题开展活动;由体育部、后勤事务中心、一年级教学办公室和学生事务与发展中心共同指导的新生适应学分,添加体育、劳动、学术和艺术元素。

第五节　构筑"金字塔状"的心理健康工作体系

宁波诺丁汉大学引进国外心理健康工作经验及先进做法,同时厚植中国本土文化,积极探索融合中西方做法的心理健康教育工作对策:在扎实做好心理危机干预的基础上,强调心理健康教育,打造积极向上的校园文化,全方位培养学生积极的心理品质。

据此,学校探索构建了"健康战略、健康素养、朋辈互助、人文关怀、专业力量"的五级金字塔模式。

第一级:构建健康战略。宁波诺丁汉大学一直把身心健康工作纳入其整体战略规划,并出台《宁波诺丁汉大学学生健康工作战略规划》,从机制上全面确保学校各项工作的有序开展。

第二级:培育学生健康素养。学校重视心理健康教育,注重培养学生健康素养,探索创新教育形式。搭建心理健康课程、心理专栏、实践活动以及个性化身心健康定制计划,全方位、全周期地持续开展工作。

第三级:朋辈互助力量。发挥班级中心理委员和同伴倾听者(peer listener)的互助帮扶作用。在学生中选拔培训积极向上、乐于助人且对心理健康感兴趣的学生担任心理委员和同伴倾听者,培养一群"自助、助人、互助"的心理健康志愿者。这些学生经过系统培训后,掌握基本的心理健康知识、良好的沟通技能和心理助人的能力,具备共情式倾听、识别同伴心理危机并适时转介等基本能力,能在心理健康方面有效地支持和帮助身边的同学。在帮助他人的同时,这些学生也能够建立起积极的自我意识,学习解决自身心理困扰的小技巧,增进对心理健康的了解,实现心理自助,最终更好地助力其实现自我价值。他们在寝室里、在课堂里、在社团活动中,积极地在同学朋友中发挥着作用。班级是学生学习和成长最直接、最基本的组织载体,是开展学生工作和心理健康教育的主要阵地之一,是发挥学生自我教育、自我管理和互帮互助作用的关键地点。打造"一班一特色"优秀班集体,让心理委员和同伴倾听者工作的开展有平台有机制有监督,从而发挥其协助学院心理辅导员开展心理卫生知识科普、传播心理健康理念以及开展班级心理健康教育活动,保持和寝室心理观察员经常性的联络与沟通、关注和掌握全班同学的动态心理健康状况,及时向心理辅导员汇报有异常心理或行为的同学,支持预防和干预学生心理危机其他工作等作用。与此同时,组建学生楼委会,打造最基础防线。全力推进"学生宿舍管理委员会"建设,搭建楼长—层长—寝室长的学生自主管理架构,鼓励学生积极参与学生社区文化建设、公共事务管理及服务工作。在此基础上,面向学生楼委会开展围绕大学生朋辈互助、宿舍关系、常见心理问题识别等培训。明确心理委员和同伴倾听者在心理健康工作中的重要性、角色定位及工作职责,提升朋辈心理互助能力,深化自身服务角色,进一步贴近实际,深入了解同学们的心理健康状况。

第四级:组建人文关怀队伍。这支队伍的主力军是一批具有心理、教育学背景的专业辅导员。他们身兼思政教育和学生日常管理重任,持续关注学生思想动态和心理健康情况。辅导员每周都要同需被特殊关注的学生进行深度谈心谈话,始终冲锋在校园突发事件处理的第一线,持续跟进事态后续发展变化。此外,通过辅导员—个人导师—生活老师多元联动的支持网络,为学生提供更为全面的关怀和支持。个人导师由学术老师担任,主要帮助学生解决学习上的困难,在工作时间接受学生预约咨询。生活老师以宿舍为工作阵地,在生活起居方面为学生提供服务保障。

第五级:专业力量发挥作用。学校的身心健康中心有四支专业干预队伍:一是国际医疗团队,他们提供健康宣教、疾病预防、常见病治疗以及院前急救服务。二是心理咨询团队,依照国际心理咨询服务协会(International Accreditation of Counseling Services)标准运行,以1∶1000的师生比配备执业专职咨询师,重视伦理规范,每周组织个体和团队督导,每周开展咨询师成长项目。三是心理健康顾问团队,专门面向由员工转介的有重大心理健康问题的学生,为其提供心理危机干预、个人心理健康支持、精神科转诊支持等服务,并在学校重大心理突发事件中担任 24 小时"救火员"。他们还紧密联系以个人导师和辅导员为主的学生管理队伍,每月组织心理问题学生案例探讨分析会,指导个人导师和辅导员更好地关心关注有心理问题的学生、做好日常谈心谈话工作、与家长沟通并更好地获得家长的支持和配合,从专业角度助力学生管理人员心理助人能力的提升等。四是残障支持团队,其服务对象包括身体残障、长期有心理困难、患慢性疾病以及学习障碍者(如多动症、孤独症、阅读障碍等),与学术教师团队紧密协作,为每位学生制订个性化的"支持计划",主要支持内容包括考试延期、额外一对一学业指导、提早开始预习等。此外,还有统筹管理学校的"高危学生联合支持计划",联动身心健康专业人员、学生管理团队以及学术教师,为有需要的学生提供全面的学术和心理健康支持。2023 年,该计划共签发约 260 份支持方案,有效帮助学生应对学业挑战。其中,两名留级学生最终以荣誉学位毕业。校外专业力量则通过与周边精神专科医院的合作,设有转诊、鉴定、高危提醒等绿色通道,提供心理热线等自助资源。

这套模式的实施已带来可见的成效。例如,在全球学生满意度测评中,学校的心理咨询服务和残障支持服务评分均位居全球前三。近年来,学校未发生学生极端事件,校内心理危机事件显著减少,主动寻求心理支持的学生人数呈明显上升趋势。

第六节　通过制度和标准化建设构建安全体系

宁波诺丁汉大学安全健康管理工作的使命和愿景是保证校园运营的合规性,为学校师生及其他在校人员提供一个安全健康的校园环境,使教学、科研以及校园生活得以可持续化发展,引入优秀的安全健康管理理念,引导学生树立正确的安全健康观念,建立完善的可借鉴的高校安全健康管理模式。学校建立并逐步完善以"风险管理"为核心、以"计划—执行—检查—处理"(PDCA)为准则的校园安全健康管理体系。同时,学校守住高校安全稳定的底线,秉承"以人为本,预防为主"的原则,在国际化校园中践行"大安全大健康"管理理念。

作为一所国际化学校,宁波诺丁汉大学将校园安全健康作为校园文化重要的一部分。学校一直致力于为我们的老师、学生、访客以及所有在学校工作生活的成员,创建和维护一个有国际化标准的安全健康的校园。学校的发展战略需要满足可持续发展和合规性,同时保证学校在社会中的优秀声誉。

我们一直在证明,通过学校全体成员的共同努力,我们必会引领学校环境和校园文化的改革,使我们的校园更加和谐,更加安全,更加可持续发展。

——《宁波诺丁汉大学安全健康声明》(节选)

学校借鉴英国诺丁汉大学风险管理的做法经验,建立健全适合宁波诺丁汉大学的风险管理体系,逐步将被动的事后处置转变为事前预防。风险管理体系率先在学校理工学院实验室运行,逐渐推广到学校活动的方方面面,目前已覆盖学校大型活动、学生实践教学、学生实习、学生社团组织活动等。学校还进一步加强重点风险防控和预警机制建设,进一步完善心理危机多级防控体系和高危学生危机干预机制,进一步提升实验室安全管理和网络信息安全管理水平,保障学校安全稳定。

学校建立、健全安保队伍标准化建设,全面提升校园三防建设能力,推行校园安防智能化系统,实现了"互联网十"在校园安全管理上的创新。并建立完善"每日、每周、每月、每学期"日常检查监管机制,通过年度大数据分析发现存在的薄弱环节,进一步优化校园安全健康管理制度和流程,构建校园安全环境,提升师生校园安全感。

同时,学校已稳步构建了健康教育、宣传活动、咨询服务、预防干预"四位一体"的心理健康教育工作格局;建立了一系列的规章制度,保障心理健康工作的有序、规范、高效开展;构建了"健康战略、健康素养、朋辈互助、人文关怀、专业力量"的五级金字塔模式。以学生为中心,打造环绕式的心理服务体系,为在校学生的身心健康提供多渠道、多方位、多形式的支持保障。经过几年的努力,学校心理健康教育工作水平不断提升,机构更加健全、制度更加完善,心理健康教育更加深入,不断探索中外合作办学模式下学生心理健康教育工作模式。

后勤事务中心加强校园生活区基础设施和食品安全的管理。定期组织人员对高配房、地下水管、消防器材和机房等设施设备进行检查、维修、更新,做好重点部位日常巡查,建立书面台账,确保硬件设施正常运行,保障校园安全。定期组织在住学生代表参加寝室安全检查,加强对寝室大功率电器违规使用检查,保护学生们的生命财产安全。定期组织学生会权益部学生代表参与生活区商户食品安全检查,筑牢校园食品安全防线,保障学生生活权益。

第七节　用规章制度完善后勤管理,提升服务品质

后勤事务中心以"一个校园,一个标准"为工作准则,提升后勤服务规范化、流程化和标准化。截至目前,后勤事务中心已梳理完成了行政管理、人事管理、设备管理、食品安全管理、校园安防管理、住宿管理和财务管理等七类制度,并修订完善了学生公寓操作流程、物业操作流程等72项工作流程。

　　实效性原则。坚持需求驱动,结合各部门工作、管理难点问题,结合广大员工的实际需求,确定培训方向、主题及形式。

　　激励性原则。逐步将培训工作纳入绩效考核工作,做到有计划、有实施、有反馈、有总结,对培训工作中表现突出的培训讲师及参与员工给予表彰,鼓励管理者及员工不断学习、不断超越。

　　多样性原则。不断创新培训形式,将专题培训与讨论交流相结合,将理论学习与案例研讨相结合,分阶段、分层次地进行培训。

　　　　　　　　　　　　　　　　　　——《员工培训管理制度》第三条

以服务技能大赛为载体,本着"紧贴服务、加强服务、提升水平、奖励优秀"的工作原则,以"提高核心技能,提高育人能力,打造过硬队伍,提升师生满意"为目标,增强职业荣誉感,造就一支高素质、高技能的员工队伍,营造尊重劳动、尊重技能人才的公司氛围。

——《员工技能大赛管理办法》第二条

后勤事务中心将员工培训制度化,每年通过"走出去、请进来"开展"职业素养、安全生产、专业技能、工作分享"专题系列培训活动,提升员工专业技能与服务水平,促进员工发挥主观能动性,追求高品质服务。每年开展的岗位技能大赛不仅增强了团队凝聚力,提高了专业服务标准,更增强了员工职业获得感和幸福感。

生活导师岗位职责:

1. 掌握入住学生公寓楼的学生基本情况及特殊情况,建立谈话本、特殊学生档案等台账;

2. 引导学生遵守公寓楼内各项管理规定,确保学生公寓楼宇内生活秩序良好、生活氛围融洽……

——《公寓部岗位工作职责》(节选)

2. "生活思政"工作室是育人、学习与交流的重要场所,由公寓部生活导师负责日常管理。

3. 公寓部生活导师可在"生活思政"工作室组织开展学生谈话、思政研讨等各类思政活动……

——《"生活思政"工作室管理制度》(节选)

后勤事务中心专设生活导师岗位作为"生活思政"工作主力军,制度化管理"生活思政"工作室,将生活导师的走寝工作常态化,规范生活导师与学生的沟通机制。

二、学生社区委员会主要职责包含指导、监督生活区服务、教育、管理目标制定、制度优化完善、学生满意度提升、决策管理执行的落实等。具体表述如下:

1. 对不同时期出现的阶段性问题,进行科学研判、充分沟通,制定整改目标并负责监督实施;

2. 学生社区委员会对有关法律法规、学校相关战略规划和政策措施在生活区的贯彻落实承担监督责任,确保稳步实现生活区运作标准与学校的整体计划决策运行一致的目标;

3. 学生社区委员会监督生活区范围内相关规章制度的讨论、优化、完善、决议、协调、落实和执行的评价反馈……

——《宁波诺丁汉大学学生社区委员会职责范围》(节选)

3. Behavioral Rules 行为规范

3.1 You are expected to respect the rights of others in the hall community and to act in a supportive, responsible manner. 尊重楼宇社区内其他人的权利,对自己的行为负责,并支持帮助他人。

3.2 In line with this expectation, you must not act in an insulting or threatening manner towards any resident of staff member. 不得对任何其他在住学生及工作人员进行侮辱或威胁。

3.3 You may not enter another resident's room without their expressed permission. 未经他人明示许可,不得进入其房间。

——《Residential Rules 宁诺生活区行为管理条例》(节选)

后勤事务中心与校方构建了协同管理机制,共同培养学生良好的行为习惯。2020年11月至今,学生社区委员会讨论通过了《宁波诺丁汉大学学生校外住宿管理办法》《宁波诺丁汉大学学生住宿守则》《宁诺生活区学生违纪管理规则》等制度,并就日常网络、楼宇改造、外卖事宜等听取了学生的意见和建议。学生社区委员会完善了学生行为违纪处理流程,小型学生事件由后勤事务中心根据行为规范规定进行简易处理,并形成档案。重大学生事件通过学校学生违纪委员会进行听证及处理。

1.目的:及时有效地处理师生投诉,有效减少师生不满情绪,提高师生服务满意度。

2.范围:适用于师生对本公司服务类工作投诉的处理。

3.定义

服务范围:公司承担着宁波诺丁汉大学生活区教师和学生公寓服务、餐饮服务,生活区绿化和保洁、动力运行与物业维修服务,商业街运营、校园安防服务等方面的后勤保障工作。

——《投诉建议管理程序文件》(节选)

后勤事务中心建立"诺言诺语"学生建议意见反馈途径,将学生的建议与意见视为提升后勤服务质量的改进之处,规范投诉建议管理流程,保障及时处理学生的诉求,提升学生的生活体验感。同时,后勤事务中心与宁诺校方搭建宁诺生活区服务质量考核体系,涉及综合服务、公寓服务、物业服务、安保服务、餐饮服务等五个方面,考核细化指标达87项,通过不断修正考核指标,让考核指标和流程更趋科学化、合理化和规范化(见表9-3)。

表 9-3　后勤质量服务评估(节选)

评估指标		评估内容
综合服务 22 分	服务理念 8 分	坚持"以生为本"的服务理念,以思政工作室、公寓大品牌课程为依托,设置服务体验岗、学生实践基地,建立思政计分卡,认真落实践行"生活思政"工作,创建思政专刊,提升后勤育人功能
		各岗位人员精神饱满,工作积极、态度端正,有一定奉献精神;各办公室整洁干净,物品摆放有序
		服务性窗口部门统一着装,保持仪容整洁,微笑热情、举止文明、耐心友善
	安全责任满意度 4 分	按期落实安全责任,签署安全责任书
		定期开展满意度调查,查漏补缺,提高服务满意度
	信息公示 4 分	每年年底在适当区域或渠道公示相关服务内容和费用标准、沟通反馈渠道方式等
		影响在校人员学习、工作及生活的作业计划应提前告知,如停水停电、电梯维保、消杀作业等,突发事件除外
	沟通机制 6 分	建立学生社区委员会及教师社区委员会,定期召开会议,落实会议工作,加强与师生联系
		对于师生建议或投诉及时响应,妥善处理,对建议、投诉进行回访和调查,投诉及处理结果应有记录
		提供线上线下多种建议投诉的沟通渠道,确保渠道畅通、有效;加强投诉督办制度,确保各类工作有效落实

第八节　"一体两翼,隐显互动"的留学生中国文化教育体系

为了解决来华留学生思政教育形式陈旧、文化适应性不强、文化教育体系不完善等问题,宁波诺丁汉大学历经十多年的实践与探索,提出以中国文化课为切入口,构建"一体两翼,隐显互动"的留学生中国文化教育体系。

"一体"即中国文化教育,"两翼"则是实践课与理论课,前期以形式多样的实践课为主,辅之专业性强的理论课,着重在留学生的适应

问题以及建立关系上下功夫。通过丰富多彩的实践课让初来乍到的留学生更快更好地熟悉环境,结交朋友。后期不断加强加深理论课学习的内容与比重,注重课程建设以及教学效果,两者相辅相成,螺旋互动式增长。通过加强"显性"中国文化课的顶层设计、议题设置和队伍建设,"隐性"培养出一批批知华、懂华、友华、爱华、传播中国文化的留学生群体。十多年的探索、实践和积累,构建理论扎实、内容完善、渠道创新、活动丰富、形式多样的留学生中国文化教育格局。

以问题为导向,"一体两翼,隐显互动"的留学生中国文化教育体系具体做法如下。

一、使留学生如何更好更快地适应在中国

从中国文化课的角度,提质提亮留学生中国文化教育。

一是课程优化,制定具有吸引力的课程。理论课方面,编写英文版中国文化课教材,制作图文并茂、生动形象的课件,在提升课程兼容性和专业性的同时,增强趣味性。实践课方面,按照"主题式""系列性""项目化"的形式设计开展活动,鼓励留学生与中国学生共同参与校园文化活动。

二是教学实施,注重教学环节的监督工作。周密的教学计划、教学安排是教学活动实施的前提。同时,规范留学生教学档案的管理。在课堂教学方面,邀请对外汉语教学经验丰富的教师给留学生授课,并对中国文化课教学的教师制定相应的检验和考核标准。

三是人文化管理,提升教学管理水平。在充分尊重留学生自身的民族文化和生活习惯的基础上,提供接触中国文化的机会。另外,招募中国学生志愿者,开展"一对一"结对模式,既有利于提高留学生的汉语能力,又能帮助其增进对中国文化的了解。

二、使留学生的中国文化课有效组织开展

实践课与理论课"双翼"螺旋上升形式。

实践课在设计和策划过程中,更多地结合时事热点和当地特色等,让留学生用"第一视角"亲身感受地方政府在乡村振兴、城市智慧化建设等方面的重要举措和成效。通过"1＋1＋1"(参观型＋体验型＋体现型)外出活动,设计主题活动、参观主题展馆、走访主题线路、完成主题展示的模式,确保每月至少一次的外出主题活动。

理论课则是开设"小而精"的中国文化"洋"课堂。充分整合利用校园现有的学术资源,确保正常教学期间每周至少一次的主题课程,课程内容主要为语言学习和兴趣培养。语言学习主要为中文教学,兴趣培养主要为中国传统文化,如琴、棋、书、画、戏曲等基础知识的普及和教学。

实践课与理论课"双翼"的联合形式受到普遍好评。宁波诺丁汉大学中华文化课开展以来,共计完成实践课 52 场次、理论课 48 节,各项子活动参与率均达到 100％,参与留学生数 694 人次。

三、将留学生进一步培育成中国文化的认同者和文明交流互鉴的推动者

"隐显结合"的培养方式,一是加强课程内容设计、打造精品课程和特色活动;二是注重经验总结,鼓励相关课题研究;三是创新传播策略,加强互动交流;四是加强队伍建设,培养优质的综合型教师团队。

第十章　中外合作大学生活—实践
育人模式的育人成效

宁波诺丁汉大学的生活—实践育人模式由学生事务与发展中心、安全保卫办公室、身心健康中心和后勤事务中心负责实施,通过开展各种实践活动、进行相关制度建设、打造教育阵地等多种途径培养学生多方面的思想道德素养,使之全方位发展。生活—实践育人工作已经取得显著的育人成效,而评价这种新的思政教育模式的育人成效不能忽略学生和学生群体,只有学生在接受教育之后在相关方面真正获得成长,做出突出成绩,才能证明这种教育模式的有效性。

第一节　坚定心志,强健体魄

一、赵帅:东京残奥会双金得主

赵帅,优秀残疾人乒乓球运动员,早年因事故失去左臂,后开始专业运动员生涯。2012年,他荣获伦敦残奥会乒乓球 TT8 级男子单打冠军。2016年,他成功卫冕,摘得里约残奥会该项目金牌。2021年,在东京残奥会上,他获得乒乓球 MS8 级男子单打冠军、乒乓球 TT8 级男子团体冠军。

2021年3月,赵帅开启了在宁诺的教职生涯,作为特聘教师教授学校的乒乓球课程。选择宁诺作为执教生涯的起点,赵帅坦言是因为与学校的特殊缘分。

早在 2016 年,赵帅在"邓亚萍体育奖学金"的资助下,来到宁波诺丁汉大学英语语言教学中心学习。首次 40 天的强化学习后,他归队备战里约残奥会。比赛中他战胜各路高手,卫冕摘金。赛后他再次返校进行系统化学习,并接受了为期一年的在线一对一英语辅导。在宁诺就读期间,赵帅还获得过学校颁发的"英国诺丁汉大学执行校长奖章",该奖章旨在奖励取得突出成就的在校生和教职员工。

2021 年,赵帅以老师的身份重回熟悉的宁诺校园。赵帅说,他不仅希望向大家传授乒乓球知识、分享他在实战中积累的经验,更希望让大家了解运动对身体的重要性,培养积极的运动精神和品格。这与宁诺对本科体育教学的理念不谋而合。宁诺体育部前主任莎拉·汉弗莱斯(Sarah Humphreys)表示,学校在体育课的设置上应尽可能地多样化,教学上富有参与性,让学生真正地享受体育课,养成终身运动的习惯。

强健体魄,坚定心志。运动场上的成功离不开赵帅的好心态,谈起赛场经验,他激昂地说:"心态放平,赢得起也输得起。'拼'对手的时候,我们要有'搏'的状态,全力以赴而不是保守对抗。祖国荣誉高于一切,要为祖国争光,为家乡争光,也为咱们宁波诺丁汉大学争光。"

二、孙亦然:克服听力障碍的才女

2016 年初入校时,全英文教学给患有轻度听力障碍的孙亦然带来了巨大的挑战,且因身体、心态、能力等因素,她在大一时挂科并重修了一年。对于一个初入大学的学生来说,这无疑是一个重创。亦然说:"那年的自我接受与调整离不开学校与老师的体贴关怀,如宁诺残障支持部门为有听力障碍的同学配备了助听耳麦以帮助学生更好地适应生活。"

在上课的时候,建筑学的每位授课老师都会戴上特制的话筒,亦然的接收器会收到老师授课的清晰声音。在考试期间,学校也安排单独的听力考场,根据孙亦然的实际情况调整了考试节奏。除此之外,来自个人导师与学院各位老师的关怀让孙亦然意识到自己其实并不是孤独的一个人。

从理工楼302到能源楼一楼的建筑设计工作室,亦然开始了自己的建筑专业学习之旅。在设计工作室奋斗的昼夜,在焦虑与迷茫的时光里,师长朋友的帮助与鼓励是孙亦然前行的原动力。回顾这段经历,亦然说多亏了学校、老师和同学们的关怀和帮助,支持她走过所有的不顺利,取得了今天的成绩。

多元文化背景的国际化师资也为亦然带来了许多灵感。来自日本木匠世家的筱原宽之老师教会了孙亦然苛求完美、精益求精的匠人精神;在与卢日明(Yat Ming Loo)副教授交流的过程中,亦然对城市文化有了初步的了解,并完成了自己毕业设计的核心构思;作为孙亦然的个人导师,建筑与建筑环境系前主任艾利·切什梅先吉(Ali Cheshmehzangi)教授在课堂内外也给了她许多指导与建议。

孙亦然说:"每一次指导都是一次得到反馈与帮助的机会,如何在与老师的沟通中利用指导改进自己的项目是建筑系学生必修的功课。"除了老师帮助,室友与朋友的关怀也给了孙亦然源源不断的能量,每一次小组作业的观点争论、每一次评图前的挣扎、每一次在截止日期之前顺利提交后的欣喜,良师益友们与亦然同行。在设计工作室的三年时光就这样一晃而过,亦然凭借着自己的努力,完成了从吊车尾到年级第一的逆袭。

特别值得一提的是,亦然在大四上学期加入了宁诺宁波城市记忆实验室。在卢日明副教授与几位博士生前辈的带领下,亦然参与了数次实验室的城市行走——学者研讨与策展活动。为了能够将学生们的创作呈现出来,亦然特地在结束学业后留在学校两个月,参与"何以为城"展览的策划与设计。

2021年7月,孙亦然以一等荣誉学位,大四专业课成绩排名第一的优秀表现毕业。与此同时,她的毕业设计还被提名了英国皇家建筑师协会主席奖。本科毕业后,凭借优秀的学术表现和设计作品集,她同时收到了伦敦大学学院和伦敦政治经济学院的录取通知书。但是,亦然并不急着开启她的下一段学习之旅,对于建筑设计专业来说,行业实践经验是非常重要的。因此,亦然在完成宁诺宁波城市记忆实验室的"何以为城"展览策划和执行工作后,赴上海维迈科建集团开始实习建筑师的工作。

三、翼鲲体育:小飞盘做成了大买卖

2008 年,薛志行、安晨冉、王寅秋、徐颖峰、姚曦、周列斌六个宁波诺丁汉大学的学生出于对飞盘的热爱,在大学期间就创立了翼鲲体育这家飞盘公司。"在宁波诺丁汉大学读书的时候,我们因为几个英国外教接触了飞盘运动。我们很热爱这项运动。"薛志行说。他们在大三的时候就注册了中国第一家飞盘公司。毕业以后,他们也曾供职于如汇丰银行、中国交通银行等知名企业,但为了最初的梦想,他们先后放弃了高薪工作,在一个 100 米^2 的小仓库里,开始了全职的创业生涯。

为了开拓市场,他们会把自己发布的产品寄给国外飞盘玩家试用。然而,他们的产品最初并没有获得认可。在论坛上,大部分外国人评论中国制造的产品都是便宜货,只会模仿。"我们看到这些评论暗下决心,要让他们了解我们公司,并通过产品传播中国文化,让他们知道中国制造的产品可以是高品质、有内涵的。"

为了让自己的飞盘有更好的用户体验,翼鲲体育会根据客户的反馈不断改进产品,有时候也会和客户来回沟通、测试不下十次。薛志行回忆说:"创业之初,我们几个吃住、办公都在仓库里,每天睁开眼就看到飞盘。"功夫不负有心人,2011 年,他们试验出了第一个符合国际标准的飞盘产品。2015 年,翼鲲体育极限飞盘还获得了世界飞盘联盟最高标准认证,意味着中国制造的飞盘质量能胜任国际最高水平的赛事。在此之前,仅有北美地区的两家飞盘厂商通过此认证,而中国本土企业翼鲲体育成为亚洲唯一、世界第三家通过该认证的飞盘厂商。2016年,他们的飞盘成为澳大利亚全国青少年锦标赛的官方飞盘。

如今,翼鲲体育的年销售额达到800多万元,并且每年营业额可以增加近50%,仓库也从最开始的100米^{2}变成现在的1000多米^2。

四、郭杨、王晓飞、赵晟懿:新纪录,中国队挺进飞盘亚锦赛四强! 三位宁诺人书写传奇

亚洲大洋洲飞盘锦标赛(以下简称亚锦赛)酣战至第四日,中国队混合组挺进四强,刷新在世界大赛的最好成绩! 其中,混合组三名队员3号郭杨、28号王晓飞、0号赵晟懿毕业于宁诺。此次赛事中,他们燃情赛场,数次展现了盘不落地、永不放弃的飞盘精神。

郭杨、王晓飞、赵晟懿分别是宁诺2009届、2015届和2017届的毕业生,都曾是飞盘队的一员。在校期间,王晓飞和赵晟懿曾代表宁诺出战三校运动会,并创历史地从英诺手中拿到了宁诺首个三校飞盘冠军。王晓飞是宁诺2015届电气工程及自动化的毕业生,现供职于浦发银行。赛场上的他擅长跑动和进攻,接近1.9米的身高也让他在比赛激烈的对抗中有一定的身体优势。为了这次飞盘亚锦赛,王晓飞特意向单位请了四天假。比赛前一天,他仍在工作。

"飞盘在国内一直都是一项比较小众的运动,也没有观众,大家都是业余的,全凭兴趣。这是飞盘运动第一次进入了公众的视野。"王晓飞说,目前飞盘在中国还没有职业化联赛,从事这项运动的选手都有自己日常的全职工作。从宁诺毕业后,繁忙高强度的工作之余,他的时间几乎都贡献给了飞盘,尽可能保证每周两次的训练。

"可以说,飞盘潜移默化地改变了我的性格。我原来有些内向,但玩飞盘的核心之一就是相互尊重,因为比赛没有裁判,要求运动员自己在场上进行裁决,这'逼迫'我张开嘴和队员、对手交流,锻炼了我的沟通能力,使我变得更加开朗外向。"赵晟懿是三位中的"老幺"。他说:"最初玩飞盘是觉得新鲜,但越玩越觉得在飞盘里找到了自己的小

天地。最关键的还是结识了一群走不散的飞盘人,大学交换到英国的时候,我也是先加入英诺的飞盘社,时至今日我们仍然保持联络。"

这点也得到郭杨的认同。作为最早接触飞盘运动的一群人,郭杨曾在美国、法国、中国香港等地学习工作。"每到一个地方,我都会先找当地的飞盘组织,像是找朋友一样,融入他们,也就融入了当地的生活。我也在这个过程中感受到飞盘的魅力——自律、尊重,世界各地有着共同爱好的飞盘人都很友好和包容。"

五、从"三不沾"到校队首发,"宁诺樱木花道"竟是个萌妹子

"我的字典里,没有'不可能'这三个字。"曾经《灌篮高手》里面的樱木花道让无数少年爱上篮球,也成为无数少女的偶像。但你一定想不到,被称为"宁诺樱木花道"的人,竟然是个可爱的女生。在 2021 年 5 月 14 日举行的首届宁波诺丁汉大学体育颁奖典礼(Sports Awards)上,数学系大二学生吴雨浠狂揽三项提名,并最终拿下"年度最佳学生突出贡献奖"。她带领的健身社则获得了"年度最佳社团组织"的称号。

吴雨浠和篮球结缘的故事和樱木花道很相似。因为跳高破了学校的纪录,她过人的身体素质被校队教练发掘,朱峰教练的一句"想要打篮球吗"就把吴雨浠拽进了校队。刚入校队时,吴雨浠不是中流砥柱,甚至连主力都算不上,只是一个不折不扣的"饮水机管理员"。坐在板凳席上的她也没闲着,积极听教练的战术布置、观察队友和对手的打法,没有篮球基础的她一点一点从零学起。第一次上场时,因为紧张和缺乏经验,为球队贡献了一记罚球"三不沾"。

故事如果到此为止,那吴雨浠就只是一个平庸的篮球爱好者。科比职业生涯的第一场比赛,也只为球队送出三记"三不沾",但后来的故事大家都知道。吴雨浠在那个夏天经常出现在空无一人的球场,陪伴她的只有汗水和篮球,坚持不懈地训练,最终也把她送进了首发,在

2018 年还随队打出了宁波市赛第二的好成绩。

回顾在篮球校队的这段时光,吴雨湉说她很享受在团队中和大家一起的感觉,但也免不了有意外。"因为篮球本就是一项有风险的运动,比赛训练的过程中肯定会有一些伤病,在别人看来可能很心疼,觉得女孩子还要承受这些,但在我们看来就很平常。运动,就是这样。"

"每次想放弃的时候,都会多坚持一下,这种精神不光在赛场上激励我,生活中也是这样。运动给我最大的收获是,没有什么事情,是一场大汗淋漓不能解决的。"《灌篮高手》中井上雄彦说:"挑战才是他的人生。"吴雨湉也一样,在挑战中不断升级,不断让自己变得更好!

六、陈烜祺:文武双全的热血宁诺少年

陈烜祺是 2020 年宁波诺丁汉计算机科学系的毕业生,目前已正式入职华为,成为一名网络技术工程师。采访他的时候,画风有些清奇,"老师,不如您采访我们专业去了卡耐基梅隆大学的大牛吧","老师,不止我一个去了华为,还有去了字节跳动的同学"。拥有超多牛人好友的陈烜祺,形容自己是绿叶般的存在,特别平凡——"我成绩不算拔尖,没有获得过高额奖学金"。

陈烜祺说,进入华为的过程颇具戏剧性。2020 年 3 月,正在两手准备留学与就业的他收到华为人事部的短信,才想起来一年前投过一份暑期实习的简历,原以为石沉大海没想到还有转机。第一轮面试时,考官问了他一些关于网络和岗位的技术问题,陈烜祺觉得难度不大,与正常考试差不多。不过,除了专业对口的问题,面试官还从"怎么看待英国脱欧""脱欧会给英国社会带来什么样的影响"等角度对他进行考查。最后一轮面试中,面试官刚好从印度出差回来,而陈烜祺恰好曾跟着学生组织的项目组去印度支教过一段时间。"我当时是利用暑假的时间去到印度的一个特殊教育学校支教,主要教授他们数学。这段经历让我切身感受到教育资源的稀缺,也近距离地观察了印度社会的贫富差距,形成了一些自己的思考。"面试过程中,他把自己

对中印关系和印度发展的思考与面试官进行了分享和交流。两人谈得颇为愉快。

陈烜祺说，虽然学的是计算机，未来很可能会成为一名"码农"，但他从高中开始就对人文学科有浓厚的兴趣，曾自学微观和宏观经济学，也非常关注国际关系与国际政治。"我觉得人不应该简单地按照专业被划分为理科、文科、商科，人才的发展应该是复合型的。学习知识主要是为了解决问题或者达成某个目标，不会像考试或者在校园里那么理想化。"或许是这份文理兼修的气质，让陈烜祺从众多竞争者中脱颖而出，赢得了面试官的青睐。

能够顺利进入华为，陈烜祺调侃自己还有一个重要的加分项——体魄强健。他记得，刚刚进入大学的时候，在运动馆看到攀岩墙在装修，觉得十分不寻常。"这是在我们小城市没有见过的。第一次攀岩，还是前任执行校长为我做保护。"2016年，他又与校友共同完成了杭州马拉松项目。

"无论做什么工作，对体力、激情都会有比较高的要求。可能是面试官看我长得比较壮，加上看我一直参与攀岩和马拉松这些运动，觉得我是一个比较有激情的年轻人吧。"拥有超好人缘的陈烜祺，其实在很多同学眼中也是一个很牛的人物。一位攀岩社的同学开玩笑："我是看他的朋友圈学习经济学和时事政治的。"据说，大家有数码产品购买方面的问题，也都会请教他，因为他会非常认真地分析并给出最优选项。他还参与了三届湖南省招生宣讲，分享给学弟学妹第一手的经验。

按照计划，他会在加入华为后进行为期六个月左右的培训，之后或被派往海外分公司工作。"接受多元文化、具备包容力、尽力帮助别人是在学校潜移默化感受和学习到的，我想，这也是华为对员工的基本要求吧。"

离开大学，步入新的征程，陈烜祺谦虚地总结："我觉得我是一个不那么出众，不那么夺目的平凡学生，但是我在大学度过了比较快乐和幸福的时光,做了一些公益,学到了很多东西,也帮助了一些人,做一些举手之劳的事情。"

第二节　见证学生自我管理能力的转变

一、从挑战到改变:一名学生的行为转型及辅导员的引导作用

某天,一名大一年级男生 A 同学来到办公室向辅导员倾诉,说寝室中另一名同学 B 总是肆无忌惮地抽烟、打游戏到深夜,严重影响他人学习、休息,且平日里脏话不断,游戏时更甚,经常有大吼大叫及摔打键盘、鼠标的现象,致使自己出现了轻微的神经衰弱症状。前段时间,另一名室友尝试与 B 沟通,但 B 却恶语相向,表示绝不做出改变,还对室友说"如果受不了就滚去别的宿舍"。

据了解,B 同学的父母在教育孩子时多有溺爱,不能及时对其所犯的错误予以批评,总是害怕他被欺侮,甚至在电话中鼓动儿子"与同学发生争执时一定不能受委屈,该出手时就出手",导致 B 从小就养成了自私自利、无法无天的性格,从不为他人考虑。该事件如不能得到妥善处理,定会助长 B 的不良风气,影响辅导员及教师群体的公信力,也会严重破坏整个宿舍的关系,耽误其他室友正常学习、休息。

对于此情况的发生,辅导员着手从多方面进行引导与支持。首先,B 同学性格与习惯的养成很大程度上源自家庭的溺爱,若不能得到家长的支持与帮助,仅凭辅导员一人无法完成教育。因此,辅导员了解情况后,马上同 B 的家长取得联系,在多次深入沟通交流后使他们明白溺爱的危害,了解儿子在校期间的所作所为,并约定共同教育孩子、帮助其做出转变。其次,B 是矛盾的制造者,也是解决问题的根源。辅导员在和 B 谈心谈话时并未开门见山地批评指责或询问事情经过,而是先与他聊学习、生活日常,充分了解其性格爱好。当谈到游

戏时，他表现得眉飞色舞、神采飞扬，可见网瘾较重。于是辅导员先询问他的游戏水平能否支撑自己以此为职业、在日后顺利谋生，得到否定答案后又指出其在学业方面的懈怠问题，如若不端正学习态度、奋起直追，可能会因为挂科而不能顺利完成学业，会使自己曾付出的努力白白浪费。此后，B的情况有了起色，据室友反映，其打游戏的次数明显减少，偶尔也会和他人一起去自习室。当 B 的行为有所改善后，辅导员再次与他进行了深入交流，状似无意地提起他抽烟的事情，了解到他初中就学会抽烟，说脏话也是从初中上网吧后开始的。于是辅导员请他细细梳理游戏对自己性格的影响，回想在游戏过程中情绪激动、行为失控的状态，使之认识到网络游戏正于无形之中改变自身，并对周围人造成了伤害。最后，B 决心慢慢戒除烟与游戏，逐步减少抽烟数量和游戏时长。

二、占座而引发的关于自我管理的思考

所谓占座，就是以放在座位上的物品作为标志而占有优先使用权的行为。在宁波诺丁汉大学，每学期期末考试临近的时候，教学区自习位置一座难求，占座成了较为普遍的现象。

宁波诺丁汉大学学生会认为，占座问题关乎学生的切身权益，第一时间面向全校师生发放关于占座问题的问卷调查，组织开展针对占座问题的大讨论，在有限时间内最大限度地收集全校师生的意见以及建议，征集解决方案及相关举措。学生会的问卷发放三天，收集到近700 份有效回复。针对问卷结果，学生会牵头整理了相关意见和看法，认为导致占座问题的原因有以下两点：

一是学生对自习座位需求的增加。受疫情影响，学校里原本打算出国交换或者 2＋2 学制的学生选择留在本校区。同时，学校在原先招生计划的基础上，扩招了持有国外顶尖学府录取通知书的学生，导致在校大学生数量较往年有显著增加，而学校基础设施和配套措施无法在短期内及时跟上。

二是学生自我管理意识仍需加强。在学校不断加强图书馆、教学区和自习室空间管理的同时,广大学生也需要进行自我反思,包括如何从自身做起,如何劝阻身边同学的占座行为,以及如何在学生群体中自我营造健康、积极、向上的学习氛围,倡导文明自习。

在此基础上,学生会也积极采取行动,努力改善教学区楼宇内的占座现象。

一是利用宣传平台,倡导文明风尚,加强广大学生对占座问题的自我反思。学生会在微信公众号、微博等社交媒体平台上发放问卷,推送相关文明倡议,起到了正面积极引导的作用。

二是构建学生自我管理、自我监督体系,倡导广大学生对不文明行为主动采取行动。学生会牵头在组织社团联席会议上提出不占座的倡议,学生组织、社团成员从自身做起,同时劝阻身边不文明行为,充分发挥学生干部的榜样作用。

三、从 TK199 出发的说唱歌手沙一汀

2020 年 11 月,一档豆瓣 9 分音综——由哔哩哔哩出品的首档说唱音乐类节目《说唱新世代》收官,累计播放量破 3.9 亿人次。宁波诺丁汉大学大二国际学专业学生沙一汀以新人之姿横空出世,从全国各地的一众说唱歌手(rapper)中脱颖而出,跻身全国三强,成为 2020 年说唱界最热的 rapper 之一。

沙一汀每出一首新歌,朋友圈就是一波刷屏转发。决赛那天前三的成绩一出来,大家都炸了,才发现其实宁诺有很多默默支持沙一汀的铁粉,原来有这么多人热爱嘻哈音乐。从前三期没什么镜头的低存在感新人,到个人战凭借一首《早点早点》一举出圈,再到之后一路过关斩将成为"基地首富",沙一汀最后以一首《What is rap》赢得超高现场投票坐上第三名的宝座。

一位曾在半决赛现场观看比赛的宁诺学生表示:"因为知道沙一汀是校友,所以特别留心观察了这位选手,没想到他的表现挺让人出

乎意料的——面对有多年舞台经验的陈近南,他并没有在气势上被压制,而是温柔却有力量地完成了这场合作演出。""我很喜欢他在歌词中传达的思想,"这位学生说,"这轮比赛的形式是合作辩论,所以创作者的价值观会自然而然地融入歌词。沙一汀的说唱以自己的真实生活片段为立足点,呼吁人们放下焦虑、正视欲望、拥抱生活,听起来特别真诚。"

宁诺说唱社(TK199 Rap Club)的创始人刘方伟,同时也是沙一汀的挚友告诉大家,2017 年,他和一群志同道合的朋友组建了 TK199,其中就包括沙一汀。他们希望能给爱好嘻哈的学生提供交流和切磋的平台,也让更多人接触到说唱文化。"学校的新生晚会、圣诞晚会,还有校内的音乐节,几乎每次沙一汀都会参加,他也很用心地对待每一个舞台,积极排练、不断磨合,每个舞台动作都经过反复设计,希望能呈现最好的表演。"有时,热爱的价值或许超过热爱本身,沙一汀的经历也让 TK199 的成员备受鼓舞:"他让我们也意识到,原来说唱能真的做出一点东西来,而不是作为兴趣玩玩而已。""希望之后哪怕遇到困难或瓶颈,他能时刻回想起自己身后还有一拨支持他的朋友们,以及怀揣着同样梦想深受鼓舞的人,这些都是他可以一直保持骄傲的资本。"在参加节目之前,沙一汀曾在网易云音乐平台写道:"我写歌的出发点从来不是去鼓励人,因为我觉得这样的出发点实在是很自负而且很讨厌,我只是在写我自己,或许每个人都是我自己。"

节目结束后,他也在微博发布了录制节目三个月时间的感悟:"我从节目一开始就在强调这 40 个选手每个人都是一颗璀璨的钻石,每个人都配留到最后……我感谢喜欢我的人——让我知道我的选择是对的,我会拼命做出更好的音乐。我感谢假装喜欢我然后去引战的人——让我明白人的多面性和复杂性。我也感谢直接骂我的人——我会做到有则改之无则加勉,同时我会锻炼我的接受差评的能力。"

第三节　社会责任感的别样体现

一、李明洁:传说中靠"套瓷"去剑桥的宁诺锦鲤

李明洁是宁波诺丁汉大学化学专业的毕业生,现在的身份是剑桥大学生物科技专业在读研究生,日常沉迷于在实验室做实验,但其实,她还有另一个身份——B 站 UP 主(视频平台哔哩哔哩的主播)。

在 B 站,她的视频画风是这样的:"佛脚抱得好,成绩差不了""良心干货:考试押题命中率＞80％的秘诀竟然是?!""大家都能上剑桥,剑桥申请经验分享"……

"本科阶段,我的成绩不算拔尖,申请剑桥也是抱着买彩票的心态。"李明洁说,在宁波诺丁汉大学,周围的同学都很厉害,她是通过后两年的加倍努力才终于跨入了剑桥的学术成绩申请门槛——年级排名前 10％。

她笑称自己最大的成功经验在于面试时的"套瓷","除了成绩,剑桥非常注重学生的过往经历。大三暑假,我参加了学校的暑期科研项目,课题是研究聚乙烯醇(PVA)复合水凝胶的力学性能及其在生物医学领域的应用,如人造软骨材料、眼科材料和抗凝材料等。这个项目的方向正好和我剑桥导师的研究领域对口,大概正是这点引起了导师的注意"。

受父亲内科医生职业的影响,结合自己的专业和兴趣,李明洁在申请研究生项目时选择了生物医疗科技方向,研究吸入式疗法,跨越生物、化学、医学多个领域。

2020 年新冠疫情暴发,让她更加坚定了自己的研究方向,"人类很可能要和新冠病毒长期共存,在无特效药的时候,没有注射疼痛、能够直达肺部病灶的吸入式疗法会对老人、小孩非常友好。我现在的课题就是研究如何在该疗法药物输送的过程中维持蛋白质活性和药物

效率"。

李明洁对自己的"文具收集癖"十分自豪。"我觉得学习是一件有仪式感的事,当寻找到好用的文具,仿佛脑瓜儿都更加灵光了。中性笔要选择储墨量大、抗摔不断墨的,如百乐 V5,钢笔我推荐颜值高的金尖笔 Elite 95S 或耐糙的百乐 74,学习起来身心俱爽。还有荧光记号笔、点点胶……""安利"起文具的她滔滔不绝。

在英国诺丁汉大学学习期间,她利用学习之余的空闲做起了 UP 主,发布的第一个视频就是推荐自己常用的学习 App,介绍如何快速、有效地在平板上记笔记,怎么有条不紊地管理每天要做的各项任务,播出后收获了 3.4 万人次观看量,弹幕大军纷纷表示"学到了""被种草"。

除了研究学习工具,李明洁还喜欢摸索和分享各种高效学习的小诀窍。她举了个"快速背诵零散知识点"的有趣例子,"大三期末考试有道题是考五种物质的等温吸附曲线,那个表需要硬背下来,背诵要点在于五种物质的顺序不能错。我自创了一种首字母联想记忆法,比如 AISFC 是'爱是付出'"。

回顾自己的本科大学生活,大一时,李明洁经历了很长的沮丧期。渐渐地,校园里开放包容的环境,身边"能折腾"的同学,让她看到了大学生活的更多可能性。她在小组讨论中与国际生就课题的不同看法"掐架",没想到英语能力直线提升,竟然"无痛"通过雅思考试;她在中华文化社结识了志同道合的朋友,和大家一起研读中国古诗词和汉文化……

"我体会到一种跟以往不同的教育模式,明白了大学生不只有学习这一件事,思维和眼界都变得开阔了。"

二、衷浩:这个小伙子思考的是全人类

衷浩是宁波诺丁汉大学国际关系专业的学生,同学们形容他是一个能够感受环境之美的人——去黑龙江保护湿地、去哥本哈根看护难

民、去台湾做田野调查……他想从中获得力量，找到最佳的生命状态。刚刚从国际学专业毕业的他，如愿进入国际环境 NGO（非政府组织）"根与芽"上海办公室从事环境教育。

为什么会对环境公益产生浓厚的兴趣？衷浩一时也答不上来。"从没想过是因为什么，也没想过它会为我带来什么，只是觉得我喜欢，并且能从中收获意义感。"他还谈到儿时的经历，看到水龙头一直开着，他会主动去关上，"那个时候就觉得，我们在浪费水的时候，非洲还有很多人用不上干净的水"。在那样的年纪就有这样的世界公民意识，衷浩与环境公益的缘分似乎是注定的。

衷浩对于公益的第一次深度体验，发生在他大三丹麦交换时的哥本哈根难民看护中心。"当时觉得这是一份可以很直观地了解欧洲难民群体的工作，所以就去了。"在看护中心的工作繁复而又琐碎，工作时间从晚 7 点到第二天早 7 点，两人通宵守夜。工作内容包括准备早晚餐、打菜、洗碗、分配床位、分发衣物等。

其中，床位抽签的环节让衷浩感触良多。因为难民人数多于床位数量，所以需通过抽签决定，没有抽中的只能睡地上或者另寻他处。结束工作回家的路上，衷浩时常能在路上遇见一些人席地而睡。在难民看护中心的时光有苦有甜，遇到过掌握多语种的志愿者、曾与中国人做过生意的难民等，这些都让衷浩感到新鲜和有趣。

交换结束之际，衷浩看到了北京一家环境 NGO 创绿研究院的实习生招募信息。衷浩对这个能让自己公益情怀"落地"的实习异常感兴趣。不过面对用一个间隔年（gap year）实习的决定，他起初还是犹豫的。一边是积极准备读研、找工作的同级同学，一边是他热爱的可持续事业。

"我还是不希望放弃这个机会，"他说，"想到我从小学不停地上到大学，如果去体验另外一种生活方式，同时停下来对自己十几年的学生生涯进行反思也未尝不是一个好的选择。"

最终衷浩选择了间隔年，如愿加入创绿研究院，成为气候与能源项目组的一员。这是一家政策倡导类的环境公益组织,通过政策研究、时事热点分析和研究、促进利益相关者的跨界对话等方式,间接推动公共政策的制定向更可持续化的方向转变。

间隔年快结束时,他又去参加了世界自然基金会(WWF)黑龙江流域的湿地保护项目,在大东北保护湿地的同时,也为那里的孩子们上了一堂堂生动的环境教育课。

2020年寒假,衷浩跟随"扶风计划"到台湾做田野调查。在这里他接触到多位90岁高龄的老人。"他们当时大多生活在社会边缘,唯一的信念就是回到大陆的家乡,谁知一等就是40年,"衷浩无不惋惜地说,"难以想象如果我的一生也这样度过会是怎样?"时至今日,再谈起这段经历,衷浩的声音仍有些哽咽。

2019年7月,衷浩前往南开大学参加中国国际公务员能力建设项目培训。该培训校内报名踊跃,竞争十分激烈。"从当前国际形势、中国的多边外交、北极形势到联合国模拟招聘、联合国翻译等,每天都在汲取新知识、获得新体验。感受最深的是'联合国视角',培训中有现在或曾经在联合国工作的老师参与进来,分享他们的故事。他们看待一些世界性问题的角度非常值得思考。"

回顾五年的大学生活,衷浩总结说:"'内心丰盈、积极行动的未来公民'是我在大学期间长期探索后找到的最契合本意的成长原则,"他笑道,"我一直希望去探索更多可能性,拓展生命的宽度,找到最佳状态,这样等我60年后感叹岁月不饶我时,还能有后半句——好在我也未曾饶过你啊,岁月。"

三、象山志愿者:为全运会做志愿服务

2021年,9月26日,第十四届全运会帆船比赛落下帷幕,圆满完成了志愿服务的宁诺33名青年志愿者以优秀的工作能力、专业的志愿服务,给参赛运动员、教练员和工作人员留下了深刻的印象。

为期20天的志愿服务期间,他们活跃在亚帆中心、驻地酒店等各

个场景,以积极的态度、饱满的热情完成了药剂检查、后勤保障、新闻宣传等工作,他们忙碌的身影成了赛场上一道道亮丽的风景。

在竞赛部运动队服务的志愿者陈梦澜来自宁诺国际商务与经济专业,能为自己深爱的体育事业尽一份力,她感到十分骄傲。"在这个岗位,我们需要为来自全国20多个省(区、市)代表队的运动员提供咨询、引导等一系列服务。为了保障运动员的安全,我们赛前参加了多场关于乳中线定位法等急救技巧的培训。"陈梦澜和团队成员在工作期间主动发现并解决问题,注意到大理石地面容易使刚上水的运动员打滑摔倒,他们及时反馈并制作了提示牌,增铺了防滑垫。

负责管理竞赛部志愿者、宁波市志愿者服务指导中心的陈笑天说:"竞赛部的志愿者主要来自宁波诺丁汉大学,作为赛事运行最重要的部门之一,竞赛部不仅工作强度大,而且专业性要求高,宁诺的青年志愿者们非常圆满地完成了此次赛事保障任务,在过程中展现了强大的工作能力和学习能力。"宁波市志愿者服务指导中心志愿者服务工作部部长杨婷也对宁诺志愿青年赞许有加:"在半个多月的志愿服务时间中,33名宁诺青年以积极热情、不怕辛苦、团结友好的精神风貌给参加比赛的运动员、教练员及工作人员留下了良好的印象。"

本次全运会帆船比赛是浙江省首次承办全运会决赛阶段的正式比赛,也是2022年第19届亚运会的测试赛。对这30多名宁诺志愿者来说,全运会不是结束,而是开始。因为2022年在杭州举行的亚运会是仅次于奥运会的世界第二大综合体育赛事,对志愿服务的语言技能、活动经验、综合素质等均有更高要求,这30多名宁诺志愿者再次穿上了亮眼的志愿者服装,让"奉献、友爱、互助、进步"的志愿精神在亚运会上延续!

经过这些志愿者与宁诺体育部的热情邀请,宁诺更多的师生加入了杭州第19届亚运会志愿者团队,携手助力精彩赛事,在世界舞台上充分展现了宁诺风采。

四、柠檬树:发起公益体育课程

柠檬树是宁波诺丁汉大学体育部与柠檬树唐氏儿家庭互助中心联合发起的公益体育课程,主要针对宁波市范围内的唐氏综合征群体(简称"唐宝")。唐氏综合征即 21-三体综合征,又称先天愚型,是染色体异常导致的疾病。唐氏人群生理状况的下降不可逆,但有效的运动可将唐氏综合征人群的生命从 30—40 岁延长到 50—60 岁。这不仅影响"唐宝"一个人,更能改变一个家庭。

在 2020—2021 学年春季学期,该项目主要通过 EDI 校园跑、世界唐氏儿童综合日活动等形式落地开展相关活动。"唐宝"的妈妈们对活动称赞不已,孩子们在得到体育锻炼的同时也玩得很开心。家长们纷纷表示期待能够继续和这么专业的团队合作。

为进一步了解鄞州区困境儿童的需求,推动鄞州区困境儿童的健康成长,为困境儿童提供更加精准有效的服务,宁波诺丁汉大学体育部与柠檬树唐氏儿家庭互助中心一起开展了九期融合体育公益课程。课程内容包括徒步、瑜伽、动感单车、攀岩、飞盘、篮球、木球、足球、网球。国内"唐宝"运动资料相对匮乏,为了更好地了解这个"小众"群体,老师们利用业余时间进行了三个星期的康复训练课程培训;体育部领导专门邀请英国残疾人运动协会给 24 名志愿者和老师进行了第一批线上培训,为后期的培训课程做了充分的准备工作。

目前柠檬树项目已顺利开展了多次活动,"唐宝"家庭满意度达 97.1%,且参加活动的"唐宝"家庭都愿意再次参加今后的活动,他们感慨道:"孩子们最想天天是周六,可以去宁波诺丁汉大学!"

五、冠军团队又有新举措! 致力于解决高龄家庭照护难题,已服务近 3000 名老人

作为宁波诺丁汉大学创行青年协会的明星项目,"智养天年"致力于为高龄老人家庭搭建全链条支持体系,解决失智失能老人的照护问

题。2021年,项目团队相继研发并上市了防呛喂水器与行动提醒器。目前,产品已服务近3000名失智失能老人、逾600位高龄老人照护者,而这一数字还在不断增长。

值得一提的是,这群宁诺创行青年还带着"智养天年"一路闯入了"善创未来"社会创新赛道全国总决赛,从200多个高校团队中脱颖而出,一举拿下全国冠军。同时,项目还赢得了渣打银行、松下电器特设的"未来企业家精神奖"全国冠军和"松下·美好生活关护奖社会创新赛事"全国亚军。

宁诺创行青年协会(原名"赛扶")成立于2007年,致力于通过社会创新解决联合国可持续发展目标下的社会问题,培养面向未来、富有企业家精神的青年领袖,是培养兼具社会情怀和商业素养的青年领袖成长平台。团队成员既包括学校不同专业的在校生,又包括已经毕业、活跃在各行各业的宁诺校友。"智养天年"就是宁诺创行青年协会目前正在进行的项目之一。

"智养天年"项目的发起人毛子涵是国际学专业的学生,也是一名阿尔茨海默病患者的家属。她的外婆罹患阿尔茨海默病已经七年了,目睹衰老与遗忘给亲人带来的痛苦、怀着对家人深切的爱,子涵想要深入了解这一社会隐疾。"我怎么能给外婆一个更加安全舒适的生活空间呢?""我怎么能让家里人照顾得更轻松一些?""当我变老后,我想要生活在一个怎样的环境里呢?""智养天年"项目组便是在这一系列困惑中踏出他们的脚步。

"项目刚启动时,我们不知道该往何处去,关于阿尔茨海默病议题的庞大让我们愈发清晰地意识到自身能力的边界。直到在养老院里,我们切身体会到照顾者一整天面临的种种困境,才终于意识到:一个小小的产品,只要它能为这些照顾者提供时间和劳动上的便利,减少患者受到的病痛与伤害,它便能创造改变。"设计成员曾靖淳(工业设计专业毕业生)如是说。于是,2021年初,项目组通过对13款预备产品的竞品分析与可行性研究,最终选择了防呛喂水器与夜间行动提醒器两款产品进行设计与研发。

　　"通过对市面上已有产品的分析研究,我们发现这两款产品能够填补空白。现有的老人喂水杯要么不能很好地控制流速,容易发生呛咳,要么不方便照顾者喂水,容易洒出;而提醒器一般都过于智能化且价格昂贵,不便于照顾人员和养老机构使用。我们希望自主研发出的产品能够解决这些痛点难点。"王韧奇(金融财务与管理专业毕业生)说。

　　现在,项目组成员正不断根据用户反馈和市场动态,调整迭代产品设计,搭建适老化产品集群和全链条失智失能老人家庭支持体系。这一群在养老行业乘风破浪的宁诺学子秉承初心、砥砺前行,在社会创新的舞台上留下了青年的声音,在"老龄群体"中融入青年的身影。

　　解决现实问题、成就更美好的未来生活,是宁诺的战略目标之一,也正是在这样开放、创新、多元的校园环境中,"智养天年"项目得以萌芽、诞生和发展。项目组坦言,他们希望这个"养老梦"越走越远,愿每一个中国的高龄家庭,都能拥有有尊严的生活,拥有温暖而充满希望的明天。

六、袁孟豪、王彦哲:解决独居老人的健康监测问题,"智能拖鞋"斩获国际大奖

　　随着中国老龄化进程的加速,对独居老人、空巢老人这一群体的关怀与护理成了一项社会性议题,如何为独居老人提供远程的健康监护更成了一个挑战。宁波诺丁汉大学工业设计专业的师生设计的一双兼具高科技和实用性的拖鞋,为解决这一问题提供了切实可行的方案。

　　这款由宁诺大四学生袁孟豪、王彦哲在导师马丁博士带领下设计的智能拖鞋斩获了国际鞋履设计界最高水准大赛全球鞋类设计奖(Global Footwear Awards)的三个奖项:总冠军、社会影响力大奖和医疗类鞋履大奖。

这双由普通布料制作的露趾拖鞋外形极简,乍一看普普通通,其实内有乾坤。用袁孟豪和王彦哲的话来说,它是对物联网技术的应用,是一种"可穿戴科技"。

袁孟豪和王彦哲把独居老人作为产品的目标用户。在设计开始之前,他们先针对独居老人的生活状态和老年人鞋类市场进行了一系列调研,明确了独居老人群体最需要的鞋类功能。考虑到老年群体高发糖尿病足、痛风等疾病,他们因此设计了一双可以感测脚部压力、进行实时健康监测的智能拖鞋。

这双智能拖鞋的鞋面和鞋底都可以感知压力的分布与改变。在鞋面制作上,他们采用了一种具备压力感应功能的导电织物,并将其用 3D 编织技术编织而成。鞋底则暗藏了一个芯片盒,用以收集、处理健康监测数据,并传导至系统,方便用户在手机应用界面实时查看。为保障芯片的续航能力,这双高科技拖鞋的鞋底还具备无线充电功能——当老人上床睡觉时,智能拖鞋就会在充电板上自动充电。

考虑到穿脱的方便性,这款拖鞋采用了可以调节松紧的魔术贴来适应足部疾病患者的不同脚型。"我们在拖鞋的后半部分设计了一个提手,既可以踩下去当拖鞋穿,也可以提上当'一脚蹬',穿着出门买菜也十分方便,"两位同学介绍说,"拖鞋穿久了如果需要清洗,也可以直接把上半部分丢进洗衣机,不用再去专门清洗鞋子的店铺。"

这款智能拖鞋是宁诺工业设计系学生为独居老人设计的远程健康监测体系的一个部分。在马丁博士的带领下,还有两组学生团队分别负责设计可感知压力变化的坐垫和手机应用,三者形成一个完整的产品生态。

袁孟豪和王彦哲从大二暑假开始参与这个科研项目,至今已经快两年了。由于是与上海圣东尼公司合作开展的项目,袁孟豪和王彦哲在设计过程中多次前往上海,向公司研发团队进行项目汇报,再与技术人员沟通具体的生产环节。从最初确立设计方案,到出样品,再到测试和产品迭代,两位同学说,他们得到了很多专业人士的帮助,也积累了设计生产交接的实际经验。

七、蔡露曦和邵逸飞：以青春之声讲述中国禁毒故事

2024 年 3 月，在奥地利维也纳举办的联合国毒品与犯罪问题办公室暨麻醉品委员会青年论坛上，宁波诺丁汉大学国际事务与国际关系专业大四学生邵逸飞分享了中国在预防毒品和药物滥用方面的措施和成果。邵逸飞是继蔡露曦之后，宁诺学子的身影再次出现在该青年论坛上，也是中国唯一一所高校连续两年成功派出学生代表，代表中国青年在全球的禁毒舞台上发声。

这次青年论坛历时三天，包括主旨演讲、公开辩论等环节，邵逸飞全程积极参与。"我深度参与了会议成果《青年宣言 2024》的编写，我后来对照了下，最后发表的定稿大约三分之一的内容来自我撰写的原稿。会场外，我还接受了联合国官方媒体的采访，向世界传达了中国禁毒的决心。对我来说，这次参加论坛的经历是很丰富的。"对自己能在国际舞台上展示中国青年的禁毒力量，邵逸飞言语间满是自豪。

出席本次论坛的各国青年代表从本国基本国情出发，就毒品形势与禁毒政策展开了充分交流，分享自身的禁毒工作经验。邵逸飞表示自己在与其他青年代表的交流讨论中收获颇丰。"他们当中一些人很有想法，其中一位来自巴基斯坦的青年代表给我留下了特别深刻的印象。他研发了一种可以甄别新型毒品的技术，并在他们国家获得了专利。同时，他还是一家从事青少年毒品预防相关业务的非政府组织负责人，把自己研发的技术在全国尤其是青少年当中推广，我认为他做的事情非常了不起，很佩服他。"

在联合国毒品与犯罪问题办公室 2023 年度青年论坛上，蔡露曦作为中国代表之一，与来自俄罗斯、印度尼西亚、美国、奥地利、加拿大、墨西哥、沙特阿拉伯等 28 个国家及地区的 34 名中学生及大学生共聚奥地利首都维也纳探讨禁毒话题。论坛闭幕后，大家通过联合宣言表示："青年不仅代表未来，更是当下最具潜力的群体。打破毒品

滥用的闭环需要我们每一位青年人的参与和努力。"

维也纳之行让邵逸飞和蔡露曦有了更多共鸣，并对禁毒工作以及自身的责任和使命有了更深刻的认知。邵逸飞说："在这次青年论坛上最能引起我共鸣的会议是讨论在紧迫的全球挑战背景下赋予青年权利的重要性。作为青年，我们能够为防止药物滥用做些什么，如何运用青年独特的思维视角积极为毒品预防相关政策措施的制定建言献策，这体现了我们作为当代青年的一种责任感。"

第四节　跨文化交流能力的彰显

一、威廉·克里奇洛：英伦学子渡重洋，情系中华做贡献

威廉·克里奇洛（William Critchlow）曾是宁波诺丁汉大学国际关系专业的英国籍研究生，毕业后他决定留在宁波，做一名基层英语教师。他给宁诺的老师写过一封信，记录与回忆了他在中国学习与生活的难忘经历。

在信的开篇，克里奇洛谈及他来中国学习之前的感受时写道："我从小就对中国文化很感兴趣，最早是因为受我母亲的影响。20 世纪70 年代，她在大学里修了中文课，中文对那时的她来说是那么陌生且晦涩难懂。后来我在英国的大学校园里学习了中国近代史，但我始终觉得中国文化神秘而遥远。"

2017 年，这位英国学生远渡重洋来到宁波诺丁汉大学攻读硕士学位。当他真正踏上中国的土地时，他对中国有了全新的认识和更深的感情。他在信里热情洋溢地写道："在中国读书期间，我游历了 17个省份，从广州到天津，从成都到哈尔滨。我记得我曾在气势磅礴的长城脚下感慨中国古代人民的坚强毅力和高度智慧，也记得我曾在中国的长白山、华山等自然风景中惊叹中国山河大地的壮丽神奇；更记

得我曾在香港、上海等城市夜景的留恋驻足中感慨中国城市的现代与繁华。"

在宁诺的学习生涯结束时,克里奇洛回望在中国的学习生活与体验:"中国是一个到哪里都很安全的国家,中国的文化那样神秘而尽显包容,东方人也并非那样封闭冷漠实则真诚热情。当我来到这个国家学习与生活之后,我才发现这个国家的独特魅力,它比人们想象中的更开放更大气。"

二、应轩冉:"网红学霸"的"发现中国之旅"

2020年,一档名为《功夫学徒之走读中国》的节目在芒果 TV 和 Discovery 探索频道热播。来自英国的宁波诺丁汉大学毕业生应轩冉(Saul Stollery)是其中一位"功夫学徒"。

全奖入学,一等学位毕业,研究生考入清华大学,被节目组打上"天才学霸"标签的他,在节目中凭借浓眉大眼的形象和直播带货的出色表现圈粉无数,还因一张开拖拉机的照片,被网友戏称为"拖拉机小王子"。

这档节目由国务院新闻办监制,邀请来自世界各地的十位"学徒",深入领略中国精准扶贫,体验乡村风土人情。在节目中,令应轩冉印象最深的,是他们在湖南宜章"直播带货"的那一期。学徒们被分为三个小组,需要同时通过网络直播的方式,向大家推荐宜章的优质特色农产品。

当其他小组都致力于通过唱歌跳舞等方式来提高流量的时候,应轩冉带领团队回归产品和扶贫本身,用幽默风趣的语言突出介绍农产品的特点,让消费者最大限度了解所要购买的产品,并最终以超过第二名近五倍的成绩赢得了比拼的胜利。

"我希望能和这些善良的人交一辈子的朋友,也希望能通过直播、关键意见领袖(KOL)等营销方法帮助我的朋友们致富。我还希望将广袤中国的真正魅力展现给不那么了解中国的外国人,告诉他们中国不只有北上广。"

在他看来,来到中国求学,进入宁诺读书是"人生最好的选择"。"当时我的寄宿家庭把我当成他们的亲生儿子一样,我真切地感受到了'家'的温暖。"这也使他尽己所能帮助需要帮助的人。在宁诺读书时,他每周都抽出时间参加学校组织的志愿者活动,为贫苦家庭的孩子补习英语。"他们之前害怕跟人打交道,但是通过我们的课程,他们更愿意交朋友,更愿意团队合作。我相信这对他们之后的人生都是有好处的。"

节目外,应轩冉一直在不断尝试新鲜事物,可谓真正的"斜杠青年"。学生时代,他就是一个"社交达人",演讲、主持、歌唱比赛一个不落,还在东钱湖为上万人唱歌。

毕业之后,应轩冉又成功解锁了"网红"和"创业者"的标签。其实从清华大学硕士研究生毕业后,他本可以顺利地找到一份稳定且高薪的工作。然而一次偶然的机会,他接触到了"网络直播",并凭借个人魅力收获一众粉丝。随后,他又抓住商机创办了自己的皮肤管理公司,从娱乐圈内拓展到圈外,目前已在北京拥有七家门店。

提到现在的生活,拥有多重身份的他,无奈地笑称自己"忙忙忙",但同时也表示"随时准备着"去做一些稳定的工作。应轩冉说,"年轻只有一次",在年轻的时候,他还是希望多去尝试,拥有更多的人生体验。

三、外籍青年突击队:校园防控最美"逆行者"

利亚姆(Liam)是来自沙特阿拉伯的留学生,疫情防控期间,他联合了几名在校留学生自发组建了一支青年突击队,这些来自世界各地的成员有一个共同的目标:服务在校学生,成为校园防控第一线的最美"逆行者"。

青年突击队成立后,利亚姆和其他志愿者们主动关心、帮助留校的外籍学生,解决他们在生活中的疑难杂症。他们了解到不少留学生自己做饭,但因为学校实行封闭管理,食材的采购成了问题后,立刻在微信群里收集大家的需求,在做好防护工作的前提下,从学校附近的大型超市采购食材和生活必需品,得到留学生们的一致好评。

乔治·卡波吉安尼斯(Georgios Kapogiannis)是宁波诺丁汉大学理工学院建筑系助理教授,他和妻子都来自希腊。作为青年突击队的成员,卡波吉安尼斯总结了中国政府和宁波诺丁汉大学有效的防疫举措,通过社交媒体提醒希腊民众要学习中国的做法,一方面鼓励民众疫情防控期间自觉减少外出,外出时要佩戴口罩;另一方面展示了中国利用数字技术控制疫情的创新性和有效性。

他在和宁诺同事的交流中说道:"在这场突如其来的疫情中,中国能迅速做出反应并有效控制疫情,很重要的一点是政府的公信力,即民众能听取政府的建议并自觉执行。我们将中国防疫的做法总结给希腊媒体,希腊媒体都觉得这些信息非常有用并值得报道,因此我们接受了希腊国家级媒体的采访,分享了疫情防控期间我们在中国的经历,分享了中国如何克服挑战的经验,这个采访深受好评!"

四、"文艺出海"! 宁诺志愿者赴保加利亚讲述中国文化

从宁波出发,持续 16 小时的飞行,跨越 10571 公里。宁波诺丁汉大学的十名志愿者远赴保加利亚首都索非亚,为保加利亚民众带去了为期两周的中国特色文化艺术培训课程。

近年来,在"一带一路"倡议、中国与中东欧国家"17+1"合作平台的推动下,双方的文化交流迅速升温,色彩纷呈。此次开展的"文艺出海"特色文化艺术培训由索非亚中国文化中心主办,旨在共享人类艺术、传播中国及宁波本地文化,为期一年,覆盖四大板块、九大内容,包括中国书法、国画、武术、中医、舞蹈、音乐、非遗等。

首批赴保加利亚进行志愿服务的"先行军"共十位,其中七位是宁诺大一"萌新",两位是宁诺毕业生,一位是宁诺学生事务与发展中心的老师。首期课程为八极拳和中国书画。教授八极拳的崔振峰是宁

诺硕士毕业生,是吴氏开门八极拳九世弟子。教授书画的是大一学生邱伊霖和孙郡,另外七名志愿者则配合教学,并特别准备了两门兴趣课——剪纸和脸谱。

出发前,队员们都做了充足的准备,如上课的材料和教具。家在重庆的彭少扬还精挑细选了一批变脸面具,打算在脸谱课后送给当地人。到达索非亚机场等待行李时,他们有人注意到一幅印有天一阁、写着"海丝古港·微笑宁波"的城市宣传海报。"感觉挺奇妙。才从宁波出发,下飞机又看到了宁波。"

队长穆希雅说,第一节书画课,保加利亚民众就给了所有人一个大大的惊喜。"因为担心参加八极拳的课程人数少,我们临时将其改为书画课,等到课程快开始的时候,越来越多的人走进来坐下,参与人数出乎所有人的意料,多到现场没有一个空位,多到好多人只能站在后面或者坐在地上。"她记得有一位两个孩子的母亲,一家四口来参加。这位母亲说自己曾去过中国两次,非常喜欢,想让孩子们接触传统的中国书画。

短短的两周时间,志愿者们向保加利亚民众介绍了中国书法和国画、剪纸艺术和脸谱文化,教他们画竹、写福、剪喜字、创作脸谱。志愿者赖姝怡说,课堂上的每个人都异常认真,从最开始不懂如何握笔,到经过两节课,所有人都能写出一个福字。最后的国画课上,大家也都能画出水墨竹子。脸谱课上,很多人已经添上自己的元素,设计创造出具有异国风情的脸谱。让邱依霖印象深刻的是艺术家乔治。"国画课上,他画的整个线条很不一样,最后的竹子几乎是重造了,但有一种别样的美感。"采访中,几位志愿者都提到保加利亚人对中国文化的热情深深打动了他们。比如,有每天从城市的另一端坐很久的车赶来上课的大叔,他说志愿者们的热情让他感觉"像家一样";有每节课早到一个小时,即将来中国交换学习的小姐姐;有说着一口不错的中文,还拉着男朋友来学习的女生。"这趟志愿服务最大的收获,不是英语口语水平的提高,而是在与当地人的交流相处中,我既领略了别样的艺术文化,又坚定了文化自信,能够传播中国文化真的非常自豪。"负责国画教学的孙郡说。

近年来,一批又一批宁诺学子走出国门,奔赴世界各地从事志愿服务。据不完全统计,宁诺每年有数百名学生利用寒暑假时间,到世界各地参加志愿活动。

五、韩薇:助力中国企业出海,国际视野帮她在职场开疆拓土

刚刚入职谷歌北京两个月的韩薇,已经跟手头上几位头部互联网企业客户做完了上一季度的复盘,正积极投入下一季度的业务计划。她戏谑自己是一个闲不住的主,这种在每个时期都秉持着积极努力的优质惯性,若追根溯源,母校宁波诺丁汉大学对韩薇的影响最为深远。

宁诺采用了英国诺丁汉大学教学质量保障体系、共享英国诺丁汉大学网络和教学资源。入学后,韩薇真正感受到了英式教学的魅力,在宁诺的学习经历为她日后求学、工作打下了扎实的语言基础,更是全面锻炼了她的个人能力。

韩薇大三时,作为交换生前往英国诺丁汉大学,这进一步拓宽了她的国际化视野。"既然有了广阔的平台,自己更加要努力,无论是学业还是实习都是对自己最好的提升。"韩薇说。

"每个人都会有一个执着的梦想,当初我想出去看看,拓宽自己的认知和视野。申研时,在几个录取通知书面前,我选择了英国伦敦大学学院。初到异国他乡,肯定比较蒙,而宁诺在英国的校友会真的对我帮助挺大。"韩薇说,校友会的学长学姐都已经在英国工作若干年了,他们会以自身的求职经历和心得给学弟学妹们做参考。韩薇也正是受到校友会一位学姐经历的启发,开始考虑跨专业求职。

韩薇就读的专业中,不少毕业生会去国内媒体单位或大型企划类公司,但有个跟韩薇就读相关专业的学姐,她建议韩薇无须局限于专业背景公司,可以尝试跨界找工作。最后也是经学姐的推荐,韩薇进

入了英国美妆电商独角兽公司 The Hut Group。通过自己的努力,韩薇还未毕业便开始了她的职业生涯。

一个文科背景出身的学生,在英国的电商企业工作,似乎每个关键词都不太搭,可是只要够努力,一切也没那么困难。韩薇说,初入公司,只有自己的母语是中文,其他同组同事的母语都是英文,看上去自己起跑就慢了一步,但她从不灰心,认真做好手头的工作。"以前在宁诺学习过多种数据分析工具,国际传播专业要求学生大量阅读,这为我学习和分析新事物打下基础。学校国际化的学习环境也帮助我很快融入了跨文化的工作氛围。"韩薇迅速适应了海外电商的工作节奏。

机会一直青睐有准备的人。每周一的工作会议上,都需要提交一份回顾报表,这是熟悉公司业务的好机会,于是,韩薇主动揽下了这份制表任务。"压力肯定有,但我之前已经看过了其他人的制图案例,而且对公司的业务也有所了解,所以有备而战也还可以!"韩薇调皮地回忆道。两年后,她成了最快升职的人员,她的销售业绩也让公司领导十分赞许。

就在一路顺风顺水时,韩薇却决定回国了。带着想为祖国事业而努力的热忱,和在国际舞台学习工作的经历,韩薇回国最终选择了谷歌,入职谷歌担任国际拓展客户经理,负责国内头部互联网企业的出海业务。

为何选这份职业呢?她说,自己还有点小小的英雄主义情结,希望通过自己的努力,把国内的好产品向全球推广,为中国的优质企业贡献一点点的力量。

六、田峦津:将宁诺的多元化教育成果带到宁波市学生联合会

田峦津是宁波诺丁汉大学国际关系专业大四的学生,从就读天津市名声在外的"市三所"到高中赴美交换一年,从宁诺国际事务与国际关系专业的学生到第十七届宁波市学生联合会驻会主席之一,田峦津

抓住生活中每一个锻炼自己的机会,拥抱来自世界各地的文化与知识,并把学习所得带到了更广阔的平台。

田峦津在高中阶段就已经一个人赴美国成为交换生。向外探索的兴趣推动着他走向了这条道路,也是他与宁诺精神内核共振最强的特质所在。"或许在很多人看来,这是个让人匪夷所思的决定,"田峦津笑道,"但从那时,好像就注定了我不会循规蹈矩地选择一所传统的大学。"

以理科生的身份跨考国际关系学,身边的亲友有诸多不解,可在他看来,这个决定与人生中其他选择相比,反而并不那么突兀。在收到宁波诺丁汉大学国际事务与国际关系学录取通知书后的暑假,田峦津去了会计师事务所实习审计相关的工作,参与企业混改的项目。虽然工作内容好像和自己的专业学习没有联系,但他认为,专业的方向不会局限他的尝试,这也为他之后参选并当选宁波市学生联合会驻会主席埋下了伏笔。

进入大学后,对国际关系领域的兴趣让田峦津的专业学习变得格外生动。尽管学习一直是大学生活的重心,但他并没有忽视宁诺多元化课外活动的优质资源。在宁诺的三年,田峦津并没有把自己的社交圈限制在单一的同专业同学。通过参与宁诺丰富多彩的社团组织与课外活动,他找到了自己热爱的活动,并留任了羽毛球校队和校团委,抓住这些机会接触更多的同学和老师。在相处的过程中,他的阅历也更丰富了。他很感谢在宁诺学到的独立思考与辩证性思维,让他在与老师对接工作时有判断对错的能力,不一味地遵从与相信别人的观点。而这种理性且目标明确的沟通方式在生活中各个方面都对他产生了积极的影响。

大部分人对多元文化的探索都体现在选择去外企实习或是参加国外活动,很少有人会想到竞选学生联合会这样一条略显"与众不同"的道路。而这份工作在田峦津心中,也是对自己能力的又一重考验。竞选的过程出人意料的不是对知识储备的考查,而是更偏向思维灵活度与现实的工作安排,这也是宁波诺丁汉大学一直希望通过教育传递的内容。"在驻会主席面试环节,有一道关于安排日程表的面试题让我印象很深,"田峦津分享道,"其实考验的是我们平衡生活不同部分和日程规划的能力,和小学安排沏茶步骤的题目原理很相似。而在宁诺的课堂中,老师会通过社会问题的讨论和布置论文考验学生思维的灵活度与看待事物的广度。"

当选宁波市学生联合会驻会主席,不仅是对田峦津能力的认可,也是对宁波诺丁汉大学教育方式和多元环境的肯定。不管是宁波市团代会的举办,还是宁波市学生代表大会的召开,都离不开学生联合会主席们的付出与辛苦。一年的工作充满了未知的挑战与困难,朝九晚五的驻会生活也是他没有经历过的。但是田峦津始终认为,只有对多元文化心存向往,才能积极踊跃地尝试新事物,更清楚地认识自己与世界。探索的意义便在于不断突破自己的舒适圈,发掘新的可能。

七、沈俊成、何喆帆:参加全球重大挑战论坛摘得冠军

2019 年,宁波诺丁汉大学作为浙江省唯一的参赛队伍,选拔了五名同学前往伦敦参加全球重大挑战论坛。现场,300 名来自中、美、英三国的学生被重新编队并展开协作。宁诺两位同学(沈俊成、何喆帆)所在团队从 50 支队伍中脱颖而出,最终获得冠军。

沈俊成是宁诺商学院金融财务与管理专业的大四学生。他所在的团队不仅拿到了冠军,还获得了最受观众喜爱、最受观众欢迎的创意等荣誉。主持人在评价他和团队成员时说:"他们真正展示了协作的力量,我特别喜欢这支队伍。"

这支队伍与其他队伍一样,由 2 名中国学生、2 名英国学生和 2 名美国学生组成,不一样的是他们的创意:在印度,有约 4300 万名女性无法负担在生理期购买普通卫生巾的开支,从而导致当地妇科疾病增多等残酷现状。与此同时,全球快时尚产业每年有 22.2 万吨废弃衣服被运到印度帕尼帕特销毁。沈俊成和团队将两者做了一个关联,运

用科技手段将这些原来要被销毁的衣服在当地消毒,并生产出极具性价比的卫生巾。这个项目就叫作"用一张卫生巾赋予女性力量"。凭借充满想象力的创意、清晰的财务分析和极具操作性的商业模式,目前,这个项目已经陆续收到一些落地的邀约。

第五节　用智慧书写创意的青春

一、李正汉:2.8万米! 宁波诺丁汉大学学生自制小熊气球冲上云霄

2023年10月31日,一则"玩具熊飞上万米高空"的视频火遍全网。视频中一只毛绒小熊从位于东海之滨的宁波诺丁汉大学出发,一路跋山涉水,来到辽宁阜新和内蒙古通辽的交界处,在经历了称重、温度检测、设备调试等一系列前期准备后,伴随着"呼啦"一声,带着小熊的气球乘风扶摇直上。在穿越翻滚如波涛的云海后,散发着梦幻蓝色光晕的地球缓缓出现,呈现出一幅绝美的画面。

这次飞行试验和视频的制作者,是来自宁波诺丁汉大学理工学院大四材料成型及控制工程专业的李正汉和王泽晨以及他们组织的项目团队。

李正汉表示,自己从小就有一个航空航天梦,而"小熊飞天"的想法源自一次网上冲浪。当时,他看到其他手工发烧友实践了类似的试验,埋藏于心底的飞天梦再一次被唤醒。在经历了大学四年的机械工程学习后,随着机械工程领域知识、编程技术、建模技能、电路知识的日渐充足,以及数次机械工程试验的经验积累,李正汉觉得时机到了,他与志同道合的队友王泽晨一拍即合,选择了学校理工学院的特色吉祥物——理工实验服小熊,决定在毕业之前尝试这个很酷的项目,给青春画上圆满的句号。暑假,他们和项目组其他成员住进了宁波诺丁汉大学理工楼机械工程实验室和机房,从盛夏到初秋,经历了60个日

夜,画草图、捣鼓电线装置、3D 打印模型、反复实验温控,团队全身心扑在实验上。在综合考虑地形地势、气候、气温、风向等客观因素以及得到有关部门关于"项目不违反航空管制"的反馈后,李正汉和队友决定去东北放飞"小熊"。

国庆假期结束后,李正汉和队友带着经过测试的装备奔向梦想的旅程。在一个晴空万里的日子,玩具熊晃晃悠悠地爬升了 1.5 个小时后来到了 2.8 万米高空,拍下了和蔚蓝地球的美丽合影。26 分钟后,这只玩具熊返回陆地,完成了一次关于青春和梦想的优雅谢幕。

图 10-1 2023 年 10 月,宁波诺丁汉大学理工学院李正汉团队在内蒙古实现
让实验服小熊飞上天空

二、张明欣:宁诺建筑专业学生获 2024 世界园艺博览会国际竞赛一等奖

2024 年,被誉为"园艺界奥林匹克"的世界园艺博览会在成都举行。宁波诺丁汉大学建筑专业大二学生张明欣和团队在花园建造专项竞赛中,从 500 多个投稿的作品中脱颖而出,荣获一等奖,并斩获 2024 世界园艺博览会花园建造专项竞赛"最佳景观呈现奖"。

张明欣团队由来自宁波诺丁汉大学、伦敦大学学院、北京林业大学、大连理工大学的六位同学组成。张明欣负责前期方案构思和后期的团队构筑物数字建模。团队其他成员分别负责方案构思、实体模型建造、平面图纸绘制和花园景观设置等。在比赛中,团队成员配合默契,迸发多样的灵感,击败了来自清华大学、中国美术学院、东华大学等高校的强劲对手。

张明欣团队经过五个月的努力,获得了最终的搭建资格。他们以摇椅为灵感,就地取材,通过将竹弯曲,打造出了层层叠叠的波浪,在三天内完成了题为"轻摇慢曳"的美好花园搭建,并且凭借着与自然共舞、动静结合的特点,最终获得竞赛一等奖和"最佳景观呈现奖"。

在宁波诺丁汉大学,张明欣不仅注重个人发展,还不断提高自己的团队协作能力。他对建筑学的热爱和追求使他在专业学习中保持领先,并在团队中为其他成员提供源源不断的灵感和动力。学校提供的优越资源和环境,特别是 24 小时开放的建筑设计工作室,为张明欣等建筑专业学生的成长提供支持。

三、方媞媞、高一宁:"鹅岭二厂"、贫民窟改建方案……宁诺建筑学校友用创意书写未来

"走在街上,你能从每个角落感受到设计者的浪漫与用心。"旅行者这样评价近几年重庆火起来的旅游地——鹅岭二厂。鹅岭二厂的前身是重庆印制二厂,在 20 世纪 50 年代到 70 年代,可以算是工业彩印的巨头。如今的鹅岭二厂不仅保留了旧工厂原貌,还增添了许多现代时尚元素。电影《从你的全世界路过》便在这里取过景,吸引了不少旅行者慕名而来。

这个网红景点的打造者,正是宁波诺丁汉大学建筑学第一届毕业生方媞媞和她当时所在团队。新与旧的碰撞,沧海桑田下的变迁与传奇,是方媞媞希望能赋予鹅岭二厂的独特风貌。这个项目也是她与英国建筑大师、皇家艺术学院院士威尔·艾尔索普(Will Alsop)教授合

作完成的。在方媞媞看来,在她的职业探索中,与艾尔索普教授共事的经历无疑是浓墨重彩的一笔。大三暑期,她在宁波诺丁汉大学个人导师奥雷尔·法布里(Aurel Fabri)的推荐下,进入好典空间设计(All Design Studio)重庆办公室实习,从而开启了她与艾尔索普教授的缘分。

"当时我被邀请参与一个建筑项目的初期创作绘画。恰好艾尔索普教授飞到重庆就一个住宅项目与客户开会,并在那里完善设计。我的工作就是把他的设计草图深化到图纸。"得益于出色的沟通与专业能力,两个月的实习后,方媞媞就收到了好典空间设计抛出的橄榄枝。艾尔索普教授也对她给予高度评价,后来她参与了许多他和当地客户以及伦敦团队之间的沟通合作。她与艾尔索普教授共事了四年,其中就包括"鹅岭二厂"项目。

与大师共事,方媞媞感受最深的是建筑是一种平衡的艺术,讲求设计理念与客户需求之间的平衡。所以必须在一开始就打好牢固的基础,这不仅包括设计能力,还包括个人品牌的建立和商务沟通能力。"很幸运的是,宁诺不仅给我提供了全面和开放的建筑师教育,更重要的是锻炼了我的许多技能,比如沟通、协作、辩证性思维。"

目前,方媞媞在上海的一家建筑事务所担任建筑师,正在推进多个项目落地。她期待着能打造更多有趣特别的建筑。

"对环境公平、对人类公平,也就是对下一代公平",当看到连续两年建筑界的最高荣誉普利兹克奖都颁给了自己崇拜的建筑师时,高一宁感到很有力量。"他们坚持的建筑理念——在尊重建筑环境与直截了当的方法之间实现平衡,正在引领整个行业。"

2018年本科毕业于宁波诺丁汉大学的高一宁已经在业界有了多段职业探索。她曾独立完成了伦敦贫民窟的改建计划书,这份独具风格的计划书让她在求职中受到多家专业建筑事务所的青睐。相比许多建筑师偏向个人风格凸显的建筑理念,高一宁直言更偏向建筑师消隐在场地特性后,即主张保留场地特性,尊重建筑环境。这也是为什么当她看到普利兹克建筑奖颁给了有着同样精神的建筑师时,深受鼓舞。

在她看来,这种风格的形成与宁诺独特的建筑教学方法息息相关。其中,专业采风和实地考察让她尤为印象深刻。比如去北京的考察,"长城脚下的公社"民宿让她领悟了"场地精神";去日本的实地考察让她学会了独立且敏锐地去观察建筑与环境……

"宁诺是我梦想的起点。学校不仅教给我学习建筑设计的基本过程和方法,更培养了我独特的批判性思维能力。比如要怎么去看待不同的设计风格,找到自己的风格,"高一宁说,"我在宁诺还学到,建筑的创意是无限的。从建筑本身及其他领域中汲取灵感,这会大大促进设计进程。包括后来伦敦贫民窟的改建计划书,我就从历史学和人类学的角度去设计,同时也去平衡经济效应。"

这两位校友各自有着独特的成长轨迹,不变的是,她们都带着从宁诺出发时收获的批判性思维、不断学习与思考的姿态,以及高标准国际适用的专业技能,去表达她们对建筑的思考以及对未来城市的想象。

四、章奎亮:"跨界"商科生,实力诠释数据分析从入门到大神

提到学校的金融财务与管理专业,你会想到什么?金融、投行、咨询或是银行?即将毕业的章奎亮给了我们另一种答案。在毕业季的秋招中,他凭借不俗的学术成绩和实习背景,一路过关斩将,在"最难求职季"斩获了字节跳动的游戏数据分析录用通知。

在记录自己求职经历的文字中,章奎亮说自己是"一个非典型背景的人"——本科期间读的是商科,职业方向却走了技术路线,求职之路对"跨界"的他似乎也并不友好。那么,他究竟是如何做到的呢?

早在高中,章奎亮就获得过全国信息学奥林匹克竞赛二等奖,与计算机结下缘分。大学期间,章奎亮选择了自己同样很喜欢的商科,

但从未放弃计算机的爱好。或许你没听说过他的名字,但只要是一名来自宁波诺丁汉大学的学生,就一定知道 uCourse 和 UNNCMap 这两款火爆全校的小程序。在 uCourse 里,你能找到学校所有课程的信息,从课程表到课程测评一站搞定。UNNCMap 则可谓是宁诺版的谷歌地图,能探索学校的各栋建筑,是初来乍到的新生们必备的小程序。这两款小程序均隶属 uFair 开发团队,而章奎亮正是团队的初创成员之一。

渐渐地,这些致力于为宁诺学子提升学习体验的小程序拥有了越来越多用户,团队从最开始的四五个人,壮大到 30 人左右,uFair 的创业成果也初步显露。"现在每天平均有 3000 左右的日活、1 万多次的访问量。"章奎亮对此十分自豪。创业同时,他还在 Coursera 上学习了关于数据库、数据可视化、编程语言、机器学习等的课程,课程数量和时长甚至能和学校的专业课齐平。在这一路"杂食"中,章奎亮逐渐对数据分析有了更深入的了解。为了离这个领域更近,他选择在大三之后进入间隔年,去滴滴出行国际化数据分析部门进行全职实习。

"比起 uFair,滴滴的工作难度大了很多,要处理来自拉丁美洲、大洋洲等世界各地的订单,数据的体量和复杂程度是我在学校做小程序时远不能比的。"工作期间,章奎亮根据业务指标建立了自动化场景挖掘方案,分析墨西哥乘客订单取消率上升的原因;还通过乘客订单的海量数据,建立机器学习模型,预测乘客流失率和将来成交额,准确率高达 90%。"这次实习拓宽了我的视野,我更加认定数据分析是自己想要的职业方向。"

章奎亮原本计划在本科之后去读数据分析方向的研究生,却被突如其来的疫情打乱阵脚。"当时非常焦虑,"他这样形容那几个月,"是朋友和老师的鼓励给了我继续前进的自信和动力。"学校身心健康中心主任帕蒂·华莱士(Patti Wallace)是他最想感谢的人。"从大一到大四,她一直给予我很大帮助,让我逐渐认清自己的内心,也终于能够坦然面对人生中不可控的因素。"

最终,他决定放弃申研。"学习商科教会我如何与人沟通合作,校内创业让我学会如何管理团队,在自学和实习中付出的努力让我有勇气面对技术上的挑战,我想冲一冲秋招。"章奎亮用三个词总结自己的求职之路——艰辛、运气、实力。"遇到过很多对我跨专业申请技术岗位的疑问,也遇到过靠实力证明自己的高光时刻——看到面试官眼睛慢慢变亮,我知道自己并不差。"

他在文字记述中写道:"和大部分人一样,我遇到的失败远远多于成功。但是我相信,只要遵从自己内心想做的事情,总有一天会有一道缝为我们打开。而我们要做的,就是从缝中钻过去。"凭借着"商科＋技术"这样一份看似"割裂"的履历,章奎亮终于收获了自己满意的工作。

即使确定了未来的方向,章奎亮依然闲不住。"得知今后团队的同事都很厉害,其中有来自杜克大学和香港中文大学的数据分析硕士生,我真的不敢停下来,"他说,"在正式入职前的这半年,我还会夯实一下以往学过的知识,并进行一些拓展。"

五、江东轩、冉燎原:电摩少年来炸场!

在宁诺理工楼 119 实验室,停放着一辆由宁诺学生自主研发的电动方程式赛车。2021 年 9 月,它曾代表宁诺首次出征中国大学生方程式汽车大赛。作为它的主设计师、宁诺材料成型及控制工程专业毕业生、宁诺在读博士冉燎原感触颇深。三年前,正是他和他的小伙伴们在理工楼的一间杂物间里开始了研发方程式赛车的尝试。如今,这台赛车已经锋芒毕露、蓄势待发。更重要的是,它的诞生也见证了几位宁诺追风少年一路"打怪升级"的成长历程。

冉燎原与方程式赛车结缘于 2017 年。那年暑假,本身就对赛车很感兴趣的冉燎原果断加入了宁诺理工学院暑期科研项目中的"电动方程式赛车设计"项目。也正是在那个时候,冉燎原结识了同样热爱赛车改装的江东轩。

彼时的江东轩已经是小有名气的"电摩达人"了。大一时他购入了自己的第一台电动摩托车。凭着对电摩的热爱和对速度的追求,江东轩开始学着改装电摩。作为电子电气自动化专业的学生,专业课中学到的知识使他在改装电摩方面事半功倍。

冉燎原和江东轩,一个擅长车架的几何结构设计,一个对车辆电气系统颇有研究。两人一拍即合,一起投入赛车研发。然而,随着暑假结束,方程式赛车项目还停留在纸上设计的阶段。两人都不希望止步于此,他们找到理工学院的杜南·哈林(Dunant Halim)博士,希望将方程式赛车研发正式立项。

"刚开始真的挺难的。我们只有一个方案,学校提供了一间杂物间。当时经费也不充足,我们天天跑到别的实验室借工具。为了降低成本,各种零件也都尽可能自己加工,"冉燎原说道,"因为缺乏相关经验,我们还经常跑到汽车维修店,向师傅讨教轮胎定位、装配等问题。"半年多的时间里,冉燎原、江东轩和他们的团队逐步打造出了车架,各个模块的研发也稳步推进。虽然两人分别在 2018 年和 2019 年毕业,但仍不断给新加入的追风少年们提供建议。2020 年 5 月,他们打造出了一台整体质量仅为 330kg,最高设计时速可达 135km 的电动方程式赛车,也成功获得了 2021 年中国大学生方程式汽车大赛的参赛资格。

2019 年夏天,已经毕业并且在电动摩托车行业工作了一年多的江东轩选择开始创业。而此时,刚刚毕业的冉燎原正在申请直博,研究方向为非线性动态系统的振动分析和主动控制方法。基于过去一年在台湾和上海的电摩公司担任工程师的经历,江东轩发现,国内的电动车市场潜藏着商机。特别是在电动车的减震系统控制器方面,国内鲜有厂家自主研发的产品,国外的大企业凭借价格和渠道优势,几乎主导了这个领域。"如果能够自主研发出兼具创新性和较低成本的产品,一定能在市场上有所作为。"他再次和冉燎原商量,两人一拍即合,决定共同研发电动车减震系统的电子零部件。

就这样,"战场"从停放了方程式赛车的理工楼 119 实验室转移到了不到100米外、位于海洋楼的李达三孵化园。"研发方程式赛车的经历确实让我们至今受用,"冉燎原说,"包括如何用软件对车辆运行的姿态进行建模、如何通过传动实现减震等,都是当时积累下的经验。"

经过一年多的研发和与合作厂商的不断协商,一款适用于二轮车的半主动减震电调系统横空出世。团队已经在为厂商提供订单产品。据江东轩介绍,这款产品打破了传统车辆需要手动调节减震系统阻尼系数的桎梏,能够通过安装人机交互终端和半主动悬挂系统,实现对车辆减震系统阻尼系数的及时调节。"比如说,在曲折的山地行驶时,车辆会调节到能够保证车身姿态的减震模式;而在城市道路行驶时,则会选择更能提升舒适度的减震模式。"冉燎原介绍道。

江东轩和冉燎原表示,目前他们希望更进一步,研发一款能够在电摩运行过程中检测速度信号和车身姿态等数据、通过算法计算出最适合当前路况行驶的车辆减震模式并且自动调节减震系统阻尼系数的电调系统。

六、邵天宁:以地狱难度打通任督二脉,跨学科论文揽国际大奖

在能源、水、环境可持续发展国际中心(SDEWES)全球权威学术会议上,由宁波诺丁汉大学建筑环境与能源应用工程专业毕业生邵天宁负责选题并参与编写的论文获得了一等奖。这份国际大奖并不是邵天宁在毕业季的唯一收获,刚刚参加完宁诺毕业典礼的他收到剑桥大学、帝国理工学院和伦敦大学学院三大名校的录取通知书,此刻正在为前往剑桥大学就读做准备。他的宁诺之旅在这个夏天画上了圆满的句号。

尽管千帆过尽,但回忆起一切的开始,邵天宁对自己的求学过往仍然记忆犹新。大一暑假的经历对邵天宁来说是一段传奇。刚来宁诺一年,还没有系统地学习过专业课,懵懵懂懂的邵天宁在选择暑期

学校时全凭兴趣，"我兴冲冲地选择了美国加州大学伯克利分校的课程，学习流体力学和建筑能耗分析。去了才知道这是一门难度大到几乎只有大四学生才会选的课程，非常不适合我这种连英语基础都还不牢固的大一萌新"。

夏校第一课，教授一眼就注意到了这名班上年纪最小的学生，而毫不知情的邵天宁一脸无畏地坐在台下，完全不知道自己即将面临什么。"教授并没有来劝退我，或者来提示我暂时还不适合上这么难的课程，他心里可能在想，你敢选我就敢教。"邵天宁说。

从此，邵天宁成了班上被"重点照顾"的对象。"每次讲完一个新知识点，教授都会第一个提问我。我猜他在以我为最低评判标准，只要我懂了，其他学生就更没问题了。"邵天宁一边觉得不好意思，一边暗暗不服气。为了赶上学习进度，他每次上课都打起十二分精神，周末和晚上也在机房学习，每天宿舍教室两点一线，早出晚归。

邵天宁坦言，刚开始的时候相当难熬，不论是满满当当的实验、课程和考试，还是和来自各国的学长学姐组成团队做小组作业，对自己来说都是挑战。但也是这两个月，邵天宁的抗压能力得到了极大的提升，学术和语言能力也有了质的飞跃，提前学会了很多建模软件和绘图技巧。

不仅如此，他还在异国他乡感受到了令人难忘的温暖。"每天晚上结束学习，我都在回宿舍途中的快餐店买一份夜宵，时间久了，老板都记得我了。好几次我回家很晚了，老板还在等我，直到我买完他才打烊。"经受过"地狱夏校"磨炼的邵天宁仿佛被打通了"任督二脉"，均分一直保持在年级前 1%—2%，还是各种奖学金的常客。每到假期，他就会回忆起那个夏天的充实，积极寻找其他学习和提升的机会。但跟很多选择假期实习的宁诺同学不同，邵天宁一心向科研，对校内外的科研项目格外留意。他说："每个人都有自己合适的方向，与其随波逐流地去跟随别人，不如潜下心来找到自己真正喜欢的领域。"

大三时，邵天宁参与英国诺丁汉大学的暑期科研项目，利用 CFD

（计算流体动力学）模拟技术，研究绿化带植被对室内空气质量和通风策略的影响。"项目跟我平时所学的知识联系非常紧密，都是需要结合多个学科的知识，比如建筑学、工程数学、流体力学、环境科学等。我们反复进行模拟实验、对比数据结果、调整相关参数，寻求如何通过不同种类、密度、高度的植被，将污染物往建筑内的扩散降到最低。"

他和小伙伴将这次研究成果写成了论文《论利用城市植被降低交通污染物的扩散，寻找提升建筑内空气质量的更优策略》，文中提到很多既创新又有建设性的建议和策略，获得不少业界专家学者的认可。最终，这篇论文在国际权威学术会议上斩获一等奖。"是跨学科学习与应用给了我帮助，"邵天宁说，"现在对建筑的研究跟以往相比，更加注重建筑物和周围环境的关系。一座优秀的建筑不仅要巧妙应用建筑学、美学知识，还要注重它的环保、性能和经济价值。"

申研时，邵天宁的科研经历引起了多所世界名校的注意，他发出的申请基本都能收到积极回复。参加剑桥面试时，邵天宁分享了一个废弃工厂改造成博物馆的想法。没想到，考官对这个工业再生的创意非常感兴趣，进一步问他对于项目的选址有什么看法，"这非常考验平时的观察和积累，我结合了夏校时期对周围环境的认识，以中国和美国为例，分析了选址在不同国家和城市需要考虑的不同因素"。

邵天宁身上这种很多理科生所缺乏的文化敏感性和洞察力打动了考官，也最终让他顺利拿到名校录取通知。未来，邵天宁将如愿去往自己梦想的剑桥大学，攻读建筑与城市研究项目。

七、虞烨炯：作为核心研发成员，让新冠检测试剂盒在发展中国家大范围使用

30分钟即可判断被检测者是否感染新冠病毒，并且无需配备专业实验室，在社区即可推广应用。这是宁波诺丁汉大学毕业生虞烨炯所在团队的最新研究成果，他们还获得了英国皇家工程院院长特别贡献奖，团队研发的首款检测试剂盒也已经获得 CE 认证并上市销售。

这个由牛津大学高等研究院（苏州）院长、英国皇家工程院院士崔占峰教授和首席科学家黄巍教授领衔的团队，开发出了一种新冠病毒快速检测法。使用者只需要将鼻咽拭子或唾液样本放入检测管中并进行样本灭活和核酸检测，30分钟后即可通过简单的颜色变化读取结果。

2012年，虞烨炯从宁诺环境工程专业毕业后，考取牛津大学工程科学系攻读博士，师从崔占峰教授。在牛津读博期间，虞烨炯还获得了全额奖学金。2020年新冠疫情暴发后，他就和团队一起着手开发新冠病毒快速检测法，主要负责蛋白及疫苗的常温储存及运输研究。

据他介绍，目前市面上大部分的蛋白和疫苗的运输都需要低温冷链来保持活性，因此，疫苗运输的设备要求高，花费昂贵。发展中国家，特别是在非洲、东南亚这样的高温热带地区，很难提供标准的冷链运输，许多生物产品在使用前就已经失去了活性。这样一来，对于人力和物力都造成了巨大的浪费，人们的健康安全也失去了保障。

而他的博士研究课题就是找到一种在常温甚至较高温情况下保存生物制品的方式。在新冠病毒检测试剂盒的研发中，虞烨炯尝试将液态试剂干燥成固态的粉状试剂，保持活性的同时，也降低了运输的门槛，使检测试剂盒在发展中国家可以大范围使用。

目前，该检测试剂盒已通过临床样本验证。首款产品由一家社会企业Oxsed Limited开发，已获得CE认证并上市销售。虞烨炯则作为研发团队的核心成员，以技术顾问的身份加入该公司，把控检测试剂盒的开发与生产过程。

"大批量生产对于反应环节需要更严格的把控"，他坦言，自己没有在一线工作过，但对工厂的工业生产与流程设计非常熟悉，因此也可以"无缝对接"技术顾问这个新的身份。"这离不开在宁诺打下的坚实基础。宁诺开展的实验课及工程周让学生将知识运用到实际应用中，并发展了主动学习及探索的能力。"他说，正是这些活动，让他找到自己的兴趣所在，并确定了攻读博士的想法。暑假期间，他还通过参加科研课题来提高自己的科研能力。"这些实践和科研经历,让我在申请直博的时候,顺利地通过了面试并转去生物医药方向。"

2021年,虞烨炯完成了自己的博士论文,他希望,自己可以继续在科研上深耕,也为人类的知识海洋增加点滴泉水。对于宁诺的学弟学妹们,他也表示,随大流并不适合每一个学生,选择自己喜欢的专业,并且为之付出努力,一切都是值得的。

八、彭云柯:在顶刊发文的宁诺"斜杠青年"

毕业于宁波诺丁汉大学的彭云柯在2022年欧洲地理学年会进行演讲,分享全球植物光合作用在气候变化下的未来趋势。毕业仅四年,他已经以第一作者身份先后在植物学顶级期刊《新植物学家》和《自然》杂志旗下期刊《通讯生物学》发表两篇文章,探究下一代植物性状和光合作用模型。

殊不知,这位在学术界初露头角的宁诺校友是个不折不扣的"斜杠青年"。他是湖南省作家协会会员,曾在《人民日报》(海外版)、《湖南日报》、《湖南文学》等报纸杂志发表文学作品。他还曾为黄健翔的个人公众平台撰稿。

特别喜欢地理地貌相关知识的彭云柯从小就跟着父母走遍了国内外的大江大河。在高考填报志愿的时候坚定内心,追寻自己的兴趣领域,选择了宁波诺丁汉大学的环境科学专业,开始了他的本科学习。"来宁波诺丁汉大学是我做过的最好的选择之一。我对研究的兴趣源于在宁诺的学习经历。"

他第一次独立完成研究课题是在大学二年级,研究"宁波地区的冷岛效应"。彭云柯每周都会和同学一起去学校附近的公园进行考察采样。户外考察培养了他数据收集的第一手经验,同时他也积极和各个专业的导师一同讨论公园比市中心温度更低的成因。"老师们非常支持我们进行跨学科专业研究,并提供技能培训,如文献阅读、写作、考察采样、数据分析等。这为我后来的科研工作打下了很好的基础。"

　　此外,彭云柯表示宁诺的科研活动给了他很大的影响。2017年,他参与了宁诺的暑期科研项目,通过遥感技术研究宁波土地类型在过去几十年的变迁;也利用漫长的假期,先后在世界自然基金会和中国科学院进行过短暂实习。大概是从独立完成科研课题开始,他逐渐对生态学和植物学的研究产生了浓厚的兴趣,这也为他后面的硕士和博士研究方向奠定了基础。宁诺本科毕业后,彭云柯进入英国帝国理工学院攻读硕士,师从英国皇家科学院院士伊恩·科林·普伦蒂斯(Iain Colin Prentice)进行全球植被模型方面的研究。随后他受到瑞士国家科学委员会的四年全额资助,在苏黎世联邦理工学院攻读博士学位,研究全球陆地系统碳氮循环模型。

　　回顾在宁诺的四年,彭云柯觉得学校不仅教会他一些硬性技能,如跨学科的基础知识、良好的英文写作和英文表达等,更重要的是对他思维的启发,包括批判性思考以及如何有逻辑和条理同时又较为灵活地处理问题。这些收获不单来自课堂本身,更来自课堂以外对于生活的体验。这也是宁诺提倡的博雅教育的核心之一。

　　宁诺一直以来所倡导的博雅教育,让他得以将自己的爱好发挥到极致。他是湖南省作家协会会员,宁诺学习期间和本科室友一起运营微信公众号,累计写下了超过十万字的文章推送,其中数十篇散文发表在《人民日报》(海外版)、《湖南日报》、《湖南文学》等报纸杂志。他还曾梦想成为足球记者,并短暂实习于媒体行业。通过成为黄健翔自媒体平台的编辑,为黄健翔的个人公众平台和视频节目独立撰稿。他也曾加入宁诺创行协会的"行者无疆"项目组,探究出一种可持续的公益营利模式,通过推动宁波旅游行业与周边产品的发展,提高当地居民的经济收入。该项目最后获得了创行全国赛的二等奖。

　　这些看上去和科研并不相关的经历,成了他大学阶段最美好的回忆,既培养了他的人文情怀,又加深了他对社会的责任感。"无论是想成为一名环境科学家,还是想在地方政府或环境行业工作,环境科学专业能让我们在职业生涯中做出正确选择。"问到未来规划,彭云柯表示计划在瑞士苏黎世联邦理工学院完成博士学位之后回到国内的高校工作,为植物模型领域的基础研究做出自己的贡献。

九、布莱尔·罗伯逊、哈维·斯科菲尔德、莱昂·哈迪:放弃阿里邀约,举家选择来宁诺创业

2022年底,阿里巴巴诸神之战全球创客大赛上,三位来自英国的小伙子分享了他们的创业经历和想法。最终他们从1万名参赛者中脱颖而出,获得了第九名的好成绩,并接到了入驻阿里巴巴孵化器的邀约。没想到的是,他们放弃了这个诱人的橄榄枝,选择入驻宁波诺丁汉大学孵化园。

"几乎是第一眼,我们整个团队爱上了这个校园、这座城市。只花了30秒时间,我们就决定在这里安家立业。"课程主管布莱尔·罗伯逊(Blair Robertson)说,他们甚至把整个家也搬了过来,准备在这里实现创业梦想。

据布莱尔介绍,他们三人都来自英国诺丁汉市,对宁波诺丁汉大学有一种天然的亲近感。在来中国之前,三人都有超过十年的高中教育经验,而他们的创业平台在英国教育界其实已然小有名气,与全球多个教育组织达成合作。2021年,他们培训了30多所英国学校的老师。通过职业培训,很多学校的教学质量有了较大幅度的提升。

"在英国,每年有8万名初级教师培训候选人,如果放到全球来看,教师培训市场有万亿美元的规模,潜力巨大",布莱尔说,目前平台集成了20多门课程,超1000个教学视频,其中不少视频由教育专家为平台专门录制。

近些年,在线课程因不受时间空间限制而受到越来越多人的追捧。负责中国市场产品开发的哈维·斯科菲尔德(Harvey Schofield)表示,这正是他们选择做在线教育培训的原因之一——让教育资源流动起来,促进教育公平。但难题也随之而来,培训教师离不开课堂互动和实践模拟,为此,他们创新性地在平台引入了同步反馈机制,即学

员上传课堂讲课练习视频后,将得到来自平台老师或高级教师的实时反馈。

平台的发起人和创始人莱昂·哈迪(Leon Hady)曾被英国教育标准局(OFSTED)评为最年轻的杰出校长。他告诉我们,目前他们正紧锣密鼓筹划平台的中文版上线。与此同时,也在计划与宁诺英语语言教学中心开展合作。该中心已连续三年开展针对落后和贫困地区英语教师的公益培训。他们希望能定向开发针对这些地区教师的在线培训软件,让优质教育资源的受益面更加广泛。"我们看到了机遇,也看到了挑战。最大的挑战在于如何将我们的教学内容设计得更贴合中国市场,更贴近中国教师的实际需求。"莱昂说,他认为提升教师素质是教育的关键,他的理想是提升全世界教师的素质,从而让孩子们都能接受一流的教育。

生活—实践育人模式的成效最终要体现在学生相关态度和行为的变化上。由于篇幅所限,此处只能选取若干学生作为案例进行论述,但从这些案例中仍能看到学生在相关素养发展方面的优异表现。这些学生或在健康素养方面成就突出,身残志坚,勇于突破自我;或具有强烈的社会责任感,乐于助人,心怀天下;或在跨文化交流方面有所建树,学贯中西,积极参加各种国际性活动。在这些突出成就的背后,我们看到的是生活—实践育人模式在促进学生身心全面发展方面发挥的积极作用。同时,还可以看到生活—实践育人模式充分展现了宁波诺丁汉大学在国际化方面的特色和优势,真正在为培养社会主义现代化建设所需的国际化人才做出贡献。

后　记

　　宁波诺丁汉大学的创校校长杨福家院士始终倡导博雅教育。博雅教育包含了五个要素:博(文理融合,学科交叉)、雅(做人第一,修业第二)、以学生为中心(学校把"育人"放在一切工作的首位)、鼓励学生提出问题、打造丰富多彩的第二课堂。值得一提的是,宁诺自创办的第一天起就成立党委,把"立德树人"作为学校党委的中心工作并一以贯之。随着时间的推移和经验的累积,在当今新时代的大背景下,再一次赋予中外合作办学更深刻的内涵和更艰巨的使命,需要我们进一步思考和实践如何将思想政治教育工作在中外合作大学落实落细。

　　2018 年,时任宁波诺丁汉大学校党委书记应雄创造性地提出"生活思政"的理念。宁诺结合自身实际,将其进行阐释和解读,提出生活—实践育人模式。生活—实践育人模式是"生活思政"在宁诺的具体落实,也是宁波诺丁汉大学在"思政课程"和"课程思政"之外的第三条育人途径,即立足中外合作大学的办学特色和学生特点,更加重视学生课堂外的生活领域和第二课堂,让思政教育回归生活,在生活中提炼思政教育的内涵。思政教育不仅是思政课堂的事情,还应注重课堂教学之外的场域,更应落脚于学生的日常生活。在这样的理念指导下,我们课题组开始思考这样一个问题:如何让多元文化在中外合作大学实现互通互融,构建"大思政"的工作格局?针对这个问题,课题组开始进行系统的研究和总结,并开始了本书的写作。

　　这本书从一开始的框架梳理、素材收集、资料整理,到后期的部门咨询和汇总修订,再到最终成稿,整个过程是非常艰难的。为此整个课题组战胜了疫情大考,克服了许多困难,历经了很多意想不到的挫折,最终提炼出特色做法和理论模型,写成了《中外合作大学生活—实践育人模式研究——宁波诺丁汉大学的探索与实践》这本专著。该专著总结了大思政协同育人模式的宁诺实践,也是在中外合作大学背景下,关于更好开展思想政治工作的阶段性总结。对于宁诺育人团队来说,该专著的意义早已超出了专著本身,也让我本人对中外合作大学的思政工作有了更深的感悟和思考。

具体来说,经过这样学术化和体系化的工作梳理,思政课教师们更加了解学生工作和后勤服务工作,从往日课堂教学的场域走了出来;更加了解了一线学生工作人员的日常,从而能够反哺至思政课堂之中,让思政课更接地气,更贴近学生生活。此外,承担本书的编撰工作促使埋头在一线工作的辅导员团队和后勤工作团队能够超越烦琐的日常工作,用学术研究和理性思考的方式,解读自己的岗位和工作内容,对自身的工作价值和岗位设立的意义有了更深层次的了解和认同。通过对相关工作的总结梳理,全体思政工作人员能够更好地在自己的岗位上提供服务,增强育人团队的凝聚力和战斗力,大大促进了思政教育质量的提升。

这本书是我校全体学生工作同事集体智慧的结晶,在撰写过程中集合了学校不同部门同事的心血和智慧。就具体分工来说,本书由我主持、指导、统筹并起草专著大纲,课题组全体成员参与章节的撰写工作。整本书可分为理论和实践两大部分内容,其中理论部分由中国文化课教研室孙珂博士组织实施,由她及郑文龙博士、赵风波博士三人执笔。实践部分则是由学工部部长张赟组织实施,由他及校团委书记边璐佳执笔。陈微、蔡李平、梁晶晶、林芳圆、吴声、童金、王超、王思懿、黄世佳、徐钰正、周挺、杜飞明、徐曼宁、梁帅等均提供了丰富素材和生动案例。初稿完成后,经由各部门进行多轮的意见征求和反复修改,我最后进行了审核定稿工作。

在本书即将出版之际,我的内心充满感激。首先是感激学校广大思政课教师、学生工作人员和后勤工作人员,正是由于大家多年如一日的工作实践与坚守,才能总结提炼出宁波诺丁汉大学的"生活—实践育人模式",为在中外合作大学广泛开展思政教育提供经验借鉴。其次是感激参与本书撰写和提供素材的所有课题组成员和相关负责同事,感激大家在繁忙的工作之余,参与本书的供稿和撰写工作,并提出宝贵意见。最后是感谢浙江大学马建青教授对于我们学校思政工作的鼓励和肯定。

本书总结了宁诺 20 年来生活思政工作的实践与探索,并将其以专著的形式进行展现和展示,这是我们全体思政工作者对学校 20 周年华诞的献礼。当然,中外合作大学的思政育人工作是一个需要推陈出新、持续探索、不断实践的大课题。期待本书的出版可以让宁诺全体思政工作者更加清楚地了解自身工作的意义,从而更加热情地投身于日常工作,更好地服务学生、教育学生和培养学生。

由于水平限制,本书必然存在许多不足之处,恳请各位专家学者与广大读者予以批评指正。也期望本书的出版可以抛砖引玉,引发专家学者和读者对中外合作大学育人工作的思考和讨论,为从理论和实践两方面加强、改进和创新新时代高校思想政治教育工作做出贡献!

董红波

宁波诺丁汉大学党委副书记

2024 年 6 月